JN213525

ヤマケイ文庫

完本 山靴の音

Yoshino Mitsuhiko

芳野満彦

Yamakei Library

目次

青春の日の記録

徳沢の生活

詩と散文詩

装画・挿絵　芳野満彦

青春の日の記録

八ヶ岳遭難

この遭難記を書いているうちに、私たちの遭難は、山行の計画や装備の不備な点で、登山者としておおいに恥ずべきであることに気がついた。

しかし、これによって登山者が何ものかを見いだすことができれば、私の失敗もまた何らかの意義があると思った。私はこの遭難記を、人に見せるためではなく、ただ私の若き日の想い出として書き残すつもりであった。しかし、これが私の机の上に載ったまま永久に塵埃のなかに埋ってしまえば、何の意味もないことになる。しかしこれが一人でも多くの人に読まれ、山の危険に対する処置を知ってもらえば、初めて価値あるものになるであろう。

それにしても遭難記などに喜びなどあるはずがない。

もう一度書こう。これはただたんなる追憶に過ぎないと。

昭和二十三年十二月十九日（晴）

めずらしいほど、そして無気味なほど空は高く澄んでいた。松原湖の駅を後にした私と八巻は、重いザックを背に一路本沢《ほんざわ》へ向った。背後には新雪に輝いた浅間山が遠く私たちを見送っている。

十二月も中旬となれば、寒風が頬に刺すように強く感じる。稲子《いなご》の小集落でおかずを買い、左方に凍結した池を見ながらゆるい坂を登った。稲子の集落を過ぎたのは十二時をすこし回っていた。

弁当を忘れた私たちは、本沢温泉まで朝昼食とも抜きということにした。稲子より道はだいぶ強い登りとなる。

すこし登ると本沢方面より下ってきた一人の老人が、炭を載せた馬を引いてきた。呼び止めて本沢へ行く道をたしかめると、老人は非常に親切に教えてくれたが、それによると約四時間ほどで本沢温泉に着くことがわかった。後で知ったが、この老人は八ヶ岳の名ガイド井出清氏であった。私たちは礼をいい出発する。しかし二食抜くとさすがに身体にこたえ、足に力がはいらぬ。二人ともふうふういいながら稲子の牧場小屋に着いた。小屋といっても名ばかりで、まったく骨のような棟木だけである。あまり腹がへったので米を炊こうとしたが水がない。やむをえず八巻の持っていた菓子を食べたり、リンゴをかじったりして空腹を充たし、写真などを撮して約三十分ほど休んだ。また小屋より急な登りになったがすぐ平地に出る。ここから八ヶ岳が非常によく眺められる。正面に硫黄岳、横岳、赤岳と連なり、私たちの気をひきしめた。ザックの重いせいか、空腹のせいか、一歩一歩の登りが疲れて、ものもいわずにただ下をむいて歩く。

正面の硫黄岳は新雪に輝き、私たちをじっと見下ろして、〝早くこい〟と呼んでいるように見える。寒風が吹いてしきりに顔をたたくが、身体は暖かく、額からは汗が滲み出る。時計を見ると二時過ぎている。あと二時間も歩けば本沢だと、初めて見る本沢温泉を頭に描きながら、今夜のおかずのことなど心配して八巻に相談したり、明日の出発の時刻を予定より早くしようなどと、馬鹿に今夜と明日のことが気になる。

やがて道は白樺の林の中にはいると、その林の左手に炭焼小屋があった。黒い煙を大きな白樺の木の上まであげ、暗い冬の森林地帯をなおいっそう暗く見せた。炭焼の人に道をたずね、また暗い森林の中をたどる。そのうちに道の左右に雪を見るようになり、しだいに雪は多くなって、深い所はひざまでもぐるようになる。

三時頃には二人とも非常に疲れて、雪の上に腰を下ろして砂糖をなめたり、雪をかじったりして休んだ。薄暗い森林地帯はまだまだ続く。本沢温泉へあと二十町という道標があった。私たちはおおいに元気づいた。しかし雪中の二十町はだいぶある。雪が深くて巻き道をしたり、薄氷の張っている所をピッケルでステップを切っているのでだいぶ時間を費し、予定より一時間ほど遅れて本沢温泉に着いた。

私たちは初めての所なのと、雪のため、手前の小屋にはいってしまった（これも後でわかったことだが、この荒小屋は鉱山硫黄採掘場の小屋であった）。あまり荒れているので泊まれそうもない。川の向うを見ると電気小屋がある。非常に小さいがこの荒小屋よりも暖かい。私が薪を取りにゆき、八巻は米をとぎにいった。

五時になればこの辺はまったく暗くなる。電気小屋の中は約二畳ほどであるが、モーターやいろいろな機具で半分ほど占領されている。小屋の中で飯を炊いていると、一匹の犬が小屋の前を通って行った。

「おや、犬がいるぞ」

と二人とも不思議に思って外へ出ようとすると、一人の猟師がはいってきた。実

にすごい服装である。まったく山男といった恰好である。私は初め山賊ではないかと思ったほどだ。しかし親切に、

「本沢温泉はこのすぐ上にある」

と教えてくれた。また、

「仲間もそこにいるから早くこい」

といった。犬を連れて彼はどんどん行ってしまう。私たちはすぐ炊きかけの飯盒をぶらさげて彼の後をついて行くと、なるほど二、三分行った所に大きな小屋が二つもあった。いちばん手前の小屋の中へ猟師に続いてはいる。

奥の部屋に案内されて行ってみた。大きな十五、六畳もありそうな部屋だが、畳はない。片隅に囲炉裏があり、薪がいっぱい積んである。その前にいま一人の猟師がいた。彼もやはり山賊といったいでたちである。炊きかけの飯盒を囲炉裏にかけ、お茶を飲みながら山の話や猟の話を彼らから聞く。

やがて飯ができてやっと食べ物にありつけた。彼らも夕食である。彼らは私たちに野沢菜をすすめてくれた。ただ塩からいのだけわかった。岩塩と味噌をどんどん鍋の中へ入れているのが後でわかった。食後のお茶を飲みながら、私たちの菓子を

彼らにもわけた。

しばらくして彼らは外へ行き、雪のついた電柱のように太い薪を、二人で五、六本もかついできた。

夜は彼らのため非常に暖かく、シュラーフザックのない私たちにとっておおいに助かり、非常に暖かい一夜をすごした。

彼らは着の身着のままでごろごろと囲炉裏の廻りで寝てしまう。夜中に目がさめた時、彼らは交替で大きな薪を囲炉裏にくべていた。ときどき小さな雪崩《なだれ》の音がひびく。

十二月二十日（晴後風雪）
猟師たちに起されて目がさめた。
今日もわりあいよい天気だ。昨夜猟師に、硫黄だけ登って帰ってこいといわれたが、天気がよいので今日は石室泊りときめた。
本沢の水は非常に硫黄くさい。お茶にして飲めばわからぬが、今朝飯盒を洗う時一口飲んでみて驚いた。飯は二食分炊いた。昼と夜のおかずは昨日買った鰯を焼き、いざという時の場合に、兎を猟師からゆずってもらった。

小屋を出発の際、二人の猟師に写真を撮ってやった。彼らの名前は二人とも牛山といった。後でこの牛山さんが私の命の恩人になろうとは夢にも思わなかった。牛山さんたちに送られて、九時すこし過ぎに本沢温泉を後にした。

夏沢峠の登りはだいぶ雪があり、膝までのラッセルである。登りもずいぶんきつい。ちょうど北アルプスの徳本峠《とくごうとうげ》の登りを思わせた。一回ほど休んで夏沢峠の頂上に達したのは十時半頃であった。

峠の頂で三十分ほど休み、硫黄岳の登りは相当急であったが、三、四十分で頂上に達した。硫黄岳頂上の展望は実にすばらしく、北に浅間、上越、蓼科山、東に奥秩父の山々、とくに金峰山は美しく、頂の五丈石は目を射るように見え、その右方には、あの雄大な富士山が青い空に白く切りぬいたように目に映る。西には北アルプスの連山が白い鋸のように、また中央アルプス、南アルプスの山々が白い歯をむき出して青い空に映えている。鳳凰《ほうおう》、白根、甲斐駒岳などの巨容は、実に天を衝くがごとくそそり立っている。横岳、赤岳、阿弥陀、権現岳などは白い峰先を光らせている。急に風が出てきて頰を強くたたく。急いでウインドヤッケを出してかぶる。

すこし早いが硫黄岳の石室で昼食をとる。小屋の中は一面に雪であるが、風だけは当らない。湯を沸かして飲んだり、リンゴを食ったりして、十二時すこし過ぎ小屋を出た。しかし外はものすごい風である。ややもすると吹き飛ばされるのでまた小屋にはいり、風の止むのを待った。なかなか止みそうもないどころか、雪が混り風雪となった。

しかたがないので本沢へ引き返そうかともした。焚火などをしているうちに時間はどんどん経過する。午後二時、猛風雪の中をついに出発する。赤岳の石室まですこしアルバイトだが、暗くなるまでには着くと思った。しかしこれは大きなあやまりであった。遭難の第一歩であった。横岳主峰の登りは夏道に雪が多いため、偃松《はいまつ》の上を行く。しかしアイゼンはまったく必要としない。横岳主峰は無事通過。

三叉峰と石尊峰のエッジで八巻が大きなスリップをした。彼は私の後を歩いていたので、私は彼の「あっ……」という声で気がついた。だがわりあいに雪の多い所だったので二十メートルほどで止まった。まったく運がよかった。初めの二メートルほどは頭から落ちたが、ピッケルのおかげでどうにか止まった。五十度か六十度の傾斜面に雪と氷が加わっているので、私はどうなることかと思った。

そんなことがあったので鉾《ほこ》ガ岳、日の岳のへんは一歩一歩注意深く進んだ。また風のため時間は非常に経過し、廿三夜のへんでは真っ暗になってしまった。懐中電灯をたよりに石室へ向うが、ややもするとスリップをしたり、夏道を見のがすので、荒沢不動の大きなピークを目前にしてビバーク（野宿）を余儀なくされてしまった。なにしろ痩尾根のビバークなどは感じのよいものではない。ことに風がよく当るうえ、ツェルトザックもシュラーフザックもない私たちにはとくにつらい。

午後六時、風は依然として止まず。固形燃料とすこしの偃松で熱いおかゆをつくった。寒さはさほど身に浸みない。雪のない大きな岩かげに寄りかかり、オーバーを着て毛布を頭からかぶり、やっと寝ることができた。ゴリゴリとした岩が背中に当り、すこし痛むがどうやら眠りつくことはできる。

十二月二十一日（吹雪後風、後曇り）

さすがに昨夜は寒く、二、三度目がさめた。そのたびに二人とも身体を動かし暖をとる。

午前五時半、ようやく東の空が薄明るくなる。しかし昨日の風に付近の雪が飛ばされて吹雪となった。そのうえ強いガスのため五、六メートル前方しか視界はきかない。これから引き返し本沢へ行くか、それとも赤岳、権現岳を越えるか迷ったが、けっきょく赤岳石室へ行くことにした。ビバーク地点より石室までは二、三十分であった。

石室は前後に入口があり、両方の入口から雪が中にはいりこみ、真ん中の畳一畳ほどの所だけ土と岩が露出している。石室の中は比較的風は当らぬが、二つの入口がこわれているため、ときどき身体を震わすような寒い風がはいりこんでくる。さっそく火を起したが、薪がなく、濡れた偃松のため火力が弱い。雪はなかなか解けぬので、飯を食べたのが七時頃である。

残る食糧はこれで米が約三合程度、副食物はまったくない。昼の弁当として飯盒の飯をすこし残した。朝食といっても、玉ねぎの味噌汁と少量の塩だけである。おかずとアイゼンのはいった包みを忘れてきたのが今になって祟った。吹雪は依然として止まぬ。あとは赤岳と権現岳を越せば小淵沢《こぶちざわ》に出られるので、二人とも赤岳を越すことにした。

九時半、猛吹雪を衝いて石室を後にした。赤岳への登りで二人とも二、三回スリップをしたが、猛ピッチで登り、わずか三十分で頂上に達した。最高峰赤岳！　あの輝く純白の雪面に、われわれはついに達したのだ。二人は手袋をぬぎ固く固く握手を交わした。思えば、彼の頬笑んだ顔と温かい手を握ったのはこれが最後であろうとは……神のいたずらとしか思えない。

期待した三百六十度の展望に恵まれなかったとはいえ、長い間の懸案であった憧れの山頂に立った私たちの感激は、小さなものではなかった。

しかしすぐ頂上を辞し、権現岳へと急いだが、吹雪のため何度か吹き飛ばされそうになったり、雪が目にはいりスリップをする。二枚の手袋をはめても手が凍るように冷たく、ピッケルをもっているのも困難である。大キレットを一気に下り小休止、風はやや治まった様子であるが、ガスはなおいっそう酷くなってくる。このへんは雪も深く、常に膝までのラッセルである。無意識にだいぶ歩いた。夏道は雪のためわからず、林の中を通ったり、広い尾根に出たり、小高い山を幾つか越した。もう旭岳か権現岳へ着いてもよい時刻だ。いや私たちはいま旭岳の頂上にいるのかも知れないのだ。二人ともだいぶあせってきている。

道はいっこう変化がなく、ただ一面の銀世界を膝までもぐりながら行く。道に迷うはずがない。しかし地図と磁石を出して見ると、地形もすこしちがうし、方向もややはずれている。実に不思議だ。八ヶ岳で道に迷うはずがない。岩から落ちたとか、沢を下ってしまったとかいうなら別に不思議はないが、私たちの場合は尾根の上で迷う。いや現在いる場所がどこであるかわからないのだ。道のない所でいつまでもラッセルを続けていてもしかたがない。私は何度か八巻に石室へ引き返すことをすすめたが、彼は道がなくともラッセルを続けて行く中にどこかへ出るといい、引き返そうとはしない。このまま行けば明るいうちには人家へ着かないと彼にいったので、八巻もやっと同意した。

このとき八巻のいった通りに強引にラッセルを続けて行けば、遭難などせずにすんだのかも知れない。しかし私は、パーティのリーダーとして石室へ引き返すことを強調したのだった。

ゆるしてくれ八巻、君のいったことが本当だとすれば、僕は君になんといっておわびしたらよいだろう。

引き返した地点から約三十分ほど行くと、八巻は急に疲れを見せて雪の中に倒れてしまう。やっとのことで彼のザックを私が背負い、彼を励まし一歩一歩と石室へ向うが、彼は五、六歩行くと腰を下ろして二、三分休む。ときどき彼は私に手を合わせて寝かせてくれとたのむ。時間はどんどんと経過してゆく。大キレットの登りはまったく私も疲れてしまったが、その頃はすでに風も止みガスも引いた。キレットを登りきった時は午後三時であった。五時間ほど前は、二人ともこのへんをものすごいピッチで通過したが、いまはまったく綿のように疲れきって、ものもいわずに腰を降ろして休んでいる。

ザックを降ろし三十分も休んだろうか、八巻はまだ腰を降ろしたまま立とうともしない。

「がんばれ、後一時間で石室へ着くのだ」

彼は無言のまま歩き出すが、やはり五、六歩行くと、ピッケルを杖に顔も上げずに疲労を訴える。

「もう歩けぬ」

と彼は何度かいう。しまいにピッケルまでも私に渡してしまう。

赤岳と中岳方面の分岐点に着いた時はすでに暗くなってしまった。ここからは石室へ行くのも行者小屋へ行くのも、夏なら三十分程度であろう。彼は行者小屋へ行くといい出し、道を下にと辿って行く。また私もこの時は行者小屋へ行かなくとも、赤岳を巻いて石室へ行けるかも知れないと思ってしまった。実に大きな誤りであった。こんな大きなエラーをしなかったら、おそらく八巻もいまごろは元気に山へ行っていることであろう。

道はぐんぐんと下る一方で、赤岳を巻く道などまったくあるはずがない。それがわかった頃は八巻は立っていることが困難であった。彼はすでに凍傷を起していたのだ。赤岳と中岳のコルでついに彼は倒れ、

「もう一歩も歩けぬ」

といい出した。赤岳は真っ暗な空に新雪の衣を着て、非常に美しく見えた。そして私は、いまやアクシデントのクレバスに落ちたことに初めて気がついた。

彼はもう起きあがろうとしない。幸いこの付近は雪も少なく、風もさして当らないので、またもやビバークを余儀なくされてしまった。

夜は非常に寒く、二人とも偃松の中で震えながら風の止むのを待った。八巻は、

「足が痛い。身体中寒くてたまらぬ」

と終始訴える。彼は一晩中わずかなマッチをすって、火を起すことに努力したが

無駄であった。

固形燃料が、ジューと青白い火を残して焼け切れていったのは、十二時すこし前であった。

十二月二十二日（快晴）

昨夜三時頃から私たちは睡魔に襲われて、ついに寝てしまった。目がさめて見ると実によい天気である。八巻はまだ寝ているので、すぐゆり起して出発しようと思ったが、彼は両足とも凍傷で起きあがれない。

風も止み、空は水のように美しく青色に澄んでいる。赤岳、権現岳は目ざめてこちらを見ている。甲斐駒岳の巨容はほのぼのとモルゲンロートに映えている。遠く汽車の煙が静かに青く澄んだ地平線の彼方に消えてゆく。

私はさほど空腹を感じないが、八巻は非常に腹がへったと見えて雪を貪るように食べている。残りの米約三合を炊こうとしたが、昨夜八巻が二箱のマッチを全部使ってしまったのだ。いまはまったく火の気もなく、食糧もない雪の偃松の上で、救いの手を待つばかりである。私は何度か一人で下山しようかと思った。しかし友をここで見捨てて一人で下山する勇気はなかった。また彼と死を共にするのが山男の道徳ではないかと思った。ああ私たちのパーティがすくなくとも三人であったなら、このアクシデントをまぬがれることができたであろう。

死！　私の頭の中は死という大きな火の玉がぐるぐると廻っている。今夜吹雪にでもなれば、二人とも雪に埋まって冷たい化石となることであろう。

八巻は偃松の上に横たわり、どこまでも続く青い空をじっと見つめている。彼は動こうともしない。暖かい太陽の光を浴びて、いつか私も彼の側に横たわり、深い眠りに陥ってしまった。やはり疲れていたのであろう。

目が覚めた時はもう西の空に太陽は沈んでいた。またここで寒い一夜を明かすのかと思うと、あの暖かいフトンがばかに恋しくなる。そして、もうあのフトンで眠ることができないのではないかと思うと悲しくさえなる。午後六時頃、八巻は非常に苦しいといい出して、偃松の中をごろごろところげ廻る。私は手の下しようがなくただ茫然と見ているだけだ。彼は、

「水を一杯くれ」

という。しかし水などあろうはずがない。雪を彼の口元へ持っていったが、彼は

まったく口にしない。私は彼の背中をはたいたが、まだ苦痛を訴える。なにごとも忘れて私は、一時間あまり彼の背中をはたいたり足をもんだりしたが、彼は、「寒い寒い」といったり、「咽喉が渇く」としきりにひとりごとのようにいう。

私はさほど寒さも渇きも感じない。ただ不安となにごとか迫る恐ろしさで、心臓が強く鼓動していることだけわかった。星の夜空に黒雲がしだいに拡がってゆく。いまにも雪が落ちてきそうないやな天気と変った。私たちはなぜか身体を震わした。夜はあまり眠れなかった。眠れば悪夢にうなされた。

十二月二十三日（吹雪）

まったくこの日はいやな日であった。

夜明けは非常に寒く、足の先が痛くてたまらない。耳などは感覚がなかった。風は中岳方面より私たちの上を通り過ぎ、赤岳めがけて猛烈に吹きつける。もちろん一日中展望がきかず、ただ赤岳のみが灰色の空に薄黒く見えるだけである。

八巻はだいぶ弱っているし、天候はしだいに悪化するので、もし登山者があっても私たちを発見することができないであろうと思った。

私は猛風の中を意決して八巻を背負い、赤岳の石室へと五、六歩歩いてみたが、登りになると非常に疲れてとても石室まで彼を背負って行くことはできない。彼の両足は青くふくれ上り、氷のように冷たい。歩くことなどまったく彼にできるはずがない。

午後から吹雪となり、雪は容赦なく私たちに吹きつける。もう私たちは死を観念する。八巻は私に向い、

「俺が死んだらザックの中に帽子と櫛がある、それを形見に……」

とよく聞きとれぬ声でいう。私も彼にジャックナイフを贈った。

空腹と寒気、疲労、そのうえ悪天候と重なれば、あとに来るものは死である。死！　私の頭の中は死という大きな火の玉が、ぐるぐると廻っている。今夜猛吹雪にでもなれば、二人とも雪の中に埋ってしまうだろう。昨日から死という恐ろしい幻影で、空腹などまったく感じないが、八巻はしきりに空腹を訴える。

午後二時頃、空はますます荒れてくる。風もしだいに強くなり猛吹雪となる。八巻は私の横でだまって仰向けになり、空を見つめていたが、突然私に向って、

「電気コンロをつけてくれ」

といい出した。その後、彼は暗くなるまで、わけのわからぬ変なことをいい続けていた。まったく発狂したとしか思えない。

吹雪も止み、灰色の空もだんだんと黒色に染まり、あたりはしだいに暗くなり、やがて闇の世界となった。彼はもう口も聞かずにただ茫然として闇の世界を視ている。

午後八時、彼は、

「苦しい、苦しい」

といい出した。

「ああ、苦しい、たのむ……、背中を……」

語尾ははっきりしなかった。おそらく私が彼の口から聞いた言葉はこれが最後であったろう。

私はしきりに彼の背中をたたいた。また背中をさすったり足をもんだりした。彼の顔にも身体にもさほど苦痛は見えなくなった。

私が手を休めたときはもう九時近かった。

彼は目を閉じている様子であった。

私もいつか深い眠りに落ちた。

十二月二十四日（曇り、風強し）

時間はよくわからぬが、たぶん五時頃であろう。私は八巻にゆり起された。彼は立ち上っているではないか。凍傷のため青くふくれあがっている足、そして彼はにっこり笑って私に向い、

「俺が死んだら石室へ行ってくれ」

と、はっきりいった。私は、

「なんだ、歩けるんじゃないか」

と、すぐ立ちあがろうとした。しかし私の足は重かった。不思議なことがあるものだ。私は身体を起して隣りにいる八巻を見た。

いない。重い足に力を入れて立ってみた。彼は私のすぐ下の方五、六メートルほどの所で毛布とオーバーを半分かけたまま、青い両足をむきだして仰向けになって寝ているではないか。

「おい八巻」

呼んでみたが、むろん彼は答えるはずがない。彼はもうこの世の人ではなかった。彼の顔には苦痛の色は見えなかった。紫色がかって変りはてた彼の顔色、両足は膝まで青くふくれて、ズボンを股までまくってある。登山靴だけがいまにもぬげそうに彼の青い足先に凍りついていた。黒いツララのように、早朝のにぶい光に照らされて、静かに動いているようにさえ見えた。両手を折りまげて胸のへんにあて、掌はぐっと握っている。山で最後まで戦った姿である。私はなぜか涙は出なかった。やがては私もこのような姿になるであろう。

彼の腕時計は十時十五分で止まっている。十時十五分。昨夜私が目を閉じたのは九時すこし前である。約一時間後のことであろうか。おそらく彼の時計が示すように、またあの苦痛のため十時前後に私の横からこのへんへ、もだえながらころがってきたのではなかろうか。すくなくともその死は払暁であったろうと信ずる。

雪のない偃松の所まで彼の屍を運び、オーバーの上から毛布を掛けた。いまは、ただ一個の化石となった八巻の傍で茫然と佇んでいるばかりである。

昨日に比べると今日は空も晴れ、ぶあつい黒雲はずっと私の足の下にある。しかし風はまだ西方より赤岳めがけて吹きつけている。赤岳は新雪に輝き、真後ろから朝の光を浴びている。今日はあの赤岳を越えて石室へ行くのだ。やっとわれにかえった。

私はもうなにも考えずに、ザックを背にピッケルをたよりに立ちあがった。

「八巻、サヨウナラ、サヨウナラ」

私はどのくらい歩いたろうか。五、六歩行くごとに二、三分休む。そのようなことが数回、いや二、三十回も続いたろう。まったく根のない浮草のごとく、あっちへ行ったり、こっちへ行ったりするのが自分でもよくわかるほどであった。

この山が岳友の命を奪ったのだと思うと、私の心は急に山に対する復讐の念でいっぱいである。よしこの山を俺は征服してやれ、いや日本の山々を、世界の山々を俺は征服してやれ、と心の中で思っても、現実はやはり山に負けているのだ。私は山に大敗を喫したのである。しかし私はいままで山を友としてきたのだ。いやちがう、私は山をただ一人の恋人としてきたのだ。

八巻もこの山に深く抱かれて眠っているのだ。やはり山は私には美しく見える。

いつか私は夏道を失い、気がついた時はすでに壁のごとくそそり立った赤岳の西面をしきりに攀《よ》じ登っていた。それから私は必死にルートを右へ右へと取り夏道を捜した。

　時間はわからぬがだいたい午後二時か三時頃であろう。あたりはまったく薄暗い。暗くなってはなお面倒だ。

　疲れたので大きな岩の所で腰を下ろして休んでいると、上から小さな石がころころと落ちて来た。ふと上を見ると高さ二尺ほどの石碑のようなものがあった。ピッケルを杖にやっと立ち上り、石碑の所まで行って見た。

　おお、夏道ではないか。その時の喜びはとても書き表わせない。

　これからは尾根伝いに赤岳頂上を経て石室へ、二、三十分もあれば着くであろう。夏ならば、いや元気な時ならば、二十分もあればいいだろう。石碑に刻まれた文字は神大王五権現とあった。きっとこれは八ヶ岳の神であろう。しぜん私は頭がさがった。八ヶ岳の神が私に道を教えてくれたのだ。私はいままで神などまったく信じていなかった。しかしこの時だけは山の神を私は見た。長いあいだ私は頭をさげたまま立っていた。

　そうだ石室へ行かなくてはと、立ち去ろうとして、もう一度石碑を見た。しかしもう神の姿もなく、ただ一片の岩と氷があるばかり。そして私の身体には猛風が襲いかかっていた。尾根の東面の夏道を行くのだが、風はまだ止まず、私の頭の上を小石とともに飛んでくる。毛髪が目の前に垂れ下り、それが一本一本凍り、まったく歩行に困難である。

氷と岩、そして凍った髪の毛。頤《おとがい》を伝って流れる汗。心臓の鼓動の音、ああ風とともに友の叫び声が聞えてくる。

おそらく私が歩いていた時間より、腰を下ろして休んだ時間のほうが長かったろう。その証拠には、あたりがもう薄暗いではないか。

やがて真教寺尾根の分岐点の大きなケルンに達した。ケルンの左を登って行けば、すぐ赤岳の南峰である。八ヶ岳の最高峰赤岳、海抜二八九九メートルは南峰のピークである。しかし私はケルンの左を一歩登った所で、もう動けなくなってしまった。

どのくらい休んだろうか、気がついた時はすでに風も止み、真っ暗になっていた。まるで蝸牛が這うようにやっとのことで赤岳頂上に着いた。頂上に腰を下ろしたというより、腰がくだけた。どうしても立ちあがれない。もうしかたがない。またここでビバークだ。頂上よりすこし南に下った所の夏道は、ちょうど小さな塹壕のようになっている。そこでビバークすることにした。

岩に寄りかかり雪をかじりながら、オーバーの隙から北の空を眺めた。

あっ！　人がいる。よく見るとその人は立ったまま私の方を見ているではないか。

あっ！　また驚いてしまった。八巻ではないか。彼は空の星とともに私をみつめているではないか。私は彼のそばに近寄ろうとして足に力を入れて立ち上ろうとしたが、ザックの中に足を入れているためどうしてもだめだ。

もう一度彼の方を見ると、彼は首を動かし、こんどは阿弥陀岳の方を見ている。

あっそうだ、私はいままで錯覚を起していたのだ。やっと気がついた。赤岳頂上南峰にはちょうど人間大の銅像があるはずだ。よく見ればなんのことはない、銅像であった。だが銅像は首を廻して私の方を見るような気がしてどうも眠れない。いつか私は銅像のことも忘れ深い眠りに落ちていった。

十二月二十五日（晴）

朝日の光とともに目が覚めた。

すぐ出発しようと思い、立ちあがろうとしたが、足に力が入らぬのでよく立てない。やっとの思いで立ってみたが、右足はすでに感覚を失っていた。

赤岳頂上南峰を越し、北峰でしばらく立ったまま後を見た。尾根続きにすぐ向うに権現岳が見え、その後に甲斐駒岳の巨容がいつもと変らぬ姿で見えている。

赤岳の下はだいぶ時間がかかった。疲労の関係もあったが、雪面に薄氷がはっていて私はなんどかスリップをしたからだ。

石室の付近ではもう歩く気力がなく、ただ四つん這いになって、ザックを引きずりながら行くのみであった。石室の中にだれか登山者がいればよいがと念じながら入口をくぐった。

中は先日、私たちが出発した時のままである。たぶんだれも来なかったものと見える。

薄暗い石室の中は焚火のあとがぽつんと残っているのみだ。すぐ火を起そうと思ったが、マッチのないのに気がついた。しかたなしに雪をどかして、そこに坐った。ああ助かった。もう自分は死地を脱したかのように安心した。

急に疲れが出てきて、着のみ着のままでそこに倒れるように横になった。もう後は私にはよくわからぬ。ぐっすりと寝こんでしまったのだ。気がついた時はすでにあたりは薄暗くなっていた。

咽喉が渇くので雪のサラサラしたところを飯盒の中へ山盛りに取ってきた。非常に冷たく、とても美味であった。ザックをさかさまにして中のものを全部出した。地図や新聞紙などを出して下に敷き、その上にズボンの予備を掛けて寝る所を作った。ザックとピッケルを柱に掛けて飯盒は頭の所に置いた。

さてこれでもう、あとは救いの手を待つばかりである。靴をやっとのことでぬぎ、青くふくれあがった冷たい凍傷の足にマフラーを巻きつけた。私がオーバーを被り目を閉じた頃は、もう真っ暗であった。星だけがいつもと変らぬように銀砂のようにいっぱい光っていた。

•

十二月二十六日（曇、やや風強し）

薄暗い中に目が覚めた。

飯盒の雪を食おうと思い、半身を起して中をすかして見ると、昨日の雪が解けて水になっているではないか。私はまるで黄金でも発見したかのように驚いた。いや狂喜した。そしてかぶりつくように一気に飯盒の水を飲んだ。

私の廻りを見ると、足元の所に水たまりがあった。昨日の氷が昨夜の中に解けたのであろう。そんなに昨夜は暖かかったのであろうか。私は寝てしまったので気がつかなかった。足は両足とも青くふくれあがり、氷のように冷たかった。しかも完全に両足とも感覚を失って、凍傷にかかっているのである。

今日はきっと登山者があるだろう。私は救いの手を待つよりほかにない。

一日中なにもすることがないので、水たまりの濁った水を飯盒に汲みあげるのだが、一回にほんのひとたれほどしか取れぬ。疲れては休み、疲れては休みしてやるので、飯盒の中に水が一杯になった時はもう薄暗かった。

飯盒の水はまるで灰色をして、その中に木のくずや偃松の葉などがたくさん入っている。ふつうの時ではとても飲めそうもない。

暗くなってからあまり寒いので火を起そうとして、木と木をこすってみたが、まったく無駄の労力を使うのみであった。

さすがに五日間も絶食すると、空腹がこらえられなくなる。水と雪ばかり飲んでいては腹がだぶだぶになってしまう。そのため小便ばかり出る。立つことが困難のため小用に行くのが非常に大儀である。さっきも小用を終えて雪の中を四つん這いになってくると、みかんの皮があった。ちょうどせんべいのようにバリバリに凍っていた。食べてみればなんのことはない、紙を食うようにまったく味はない。ただ冷たいだけわかった。

米はまだ一握りほどあるのだが、先日(二十一日)この石室を出発する時もう使用しないと思い、必要以上に帽子や袋で包んでしまったので、どうしても開かない。袋の結び目が硬く凍っているためもある。二十二日に八巻があまり空腹を訴えるので、必死になって開けようとしたが無駄であった。もちろんジャックナイフなどは凍りついているため、開くことができなかった。また、昨日ザックの中にこぶし大の玉ねぎがあるのに気がついた。やはりゴリゴリ凍っているが、ガリガリとかじってみた。初めは味などわかるはずがない。四半分ほどやっとかじって一息つくと、実ににがい。なんともいい表わせぬにがさである。まるでにんにくのくさったような味がする。大急ぎで吐き出そうとしたが、咽喉のところでつまってなかなか出ない。面倒だから飯盒の水とともに一気に飲んでしまった。しかし、腹はまだぐうぐういって、とても空腹をこらえられない。あまりの空腹で草履をも食ってみた。草履はみかんの皮よりも玉ねぎよりも美味であった。うどんの味のない硬いのを食べているような味がする。

昨夜とちがって今夜は、星も見えない真っ暗な空に、風がうなりを立てて石室の屋根に当る。風に吹きとばされて、大きな雪のかたまりが、サラサラと音を立てて毀れた入口からもはいってくる。

だいぶ寒いが、眠ってしまえば寒さなどわからぬ。時間はわからぬが、たぶん午後七時か八時頃であろう。米の入った小さな袋を枕に寝た。

十二月二十七日（晴、風強し）

頭の上でガリガリと変な音がしたので、まだ暗い中に目が覚めた。しばらくしてまたガリガリと音がしたので、頭の方へ手をやって見た。するとなにか私の手にふれた。ギュウギュウとこんどは変な鳴き声が聞こえた。実に不思議だ。こんな寒い石室になにか私以外の者がいるとはきっと気のせいだと思ってまた寝た。するとまた頭の上でギュウギュウと鳴いた。よく聞くと鳴き声は鼠のようであるが、私がちらっと見た姿は大きさからいって兎ほどある。暗い中で見たのでよくわからぬが、私以外この石室になにか動物がいるということは実に気が強かった。

それからは鳴き声もなにも聞こえなかった。朝までだいぶ長かったが、私も寝ることはできなかった。昨夜は寒かったのか、飯盒の水も水たまりもコチコチに凍っていた。半身起きあがって頭の上を見ると、枕にした米の袋が破れて米が飛び出していた。昨夜の動物はやはり鼠であった。袋をかじった歯形でわかった。

米をかじってみたが非常に硬く、どうも草履の方が美味いような気がした。戸外まで行ってきれいな雪を取って来るのが一苦労だ。

今日はきっとだれか登山者が来るだろう。今日は来なくとも、明日はきっと来る。もし明日だれも来なかったら、明後日はここを出発して何日かかってもよいから本沢温泉へ行こう。どうせここで死ぬのなら、行ける所まで行こうなどと、いろいろ考えてみたが、けっきょく一月一日までここでがんばることにきめた。別にこれといった理由はない。ただなんの気なしに一月一日ならきっと登山者が来るであろうと思った。

目を閉じてじっと考えてみれば、もう家を出発してから一週間以上経過したのだ。そして私の予定は二十一日帰京することになっていたので、たぶん家でも心配していることであろう。もしかすると救助隊が、そのへんまで来ているのではないかと思う。

考えれば考えるほど、東京が恋しい。ホーム・シックなどというものではなく、ただもう自分が再びこの足で東京の地を踏むことができるであろうか？　自分は生きた姿であの街々を見ることができないのではないか？　何故か非常にかなしくなってくる。

父の顔、母の顔、そして友や先生の顔が、大きな大きな山となって私の頭の中をぐるぐると廻っている。そしてまたあの美しい東京のネオンの街々、電車、汽車、ありとあらゆる物が遠く近く、小さくなったり、大きくなったり、私の頭の中には、追憶の波がどんどんと押し寄せてくる。

私はもういつ死ぬかわからぬのだ。いや、二、三日の中にはかならずこの世を去る身だ。私が助かれば真に九死に一生を得たことになる。私はその九死の中の一生を守っているのだ。生きるところまで生きよう。

半身起き上り、ポケットから万年筆を取り出し、今日までの簡単なデータと八巻の逝ける場所をはっきりと書いた。万年筆のインキは不思議にも凍っていなかった。データを書き終えて横になると、友の叫び声がしきりに聞こえる。風が屋根に当るのであろう。叫び声は、しきりに私を呼ぶ八巻の声である。きっと彼が私を呼んでいるのだ。私も明日、明後日の中にはきっと彼の処へ行くであろう。死などということはもうまったく超越してしまった。地獄へでもよいからこの空腹、寒気、疲労より脱したい。この時だれかが「暖かいコーヒーをやるから君の命をくれ」といったら、私は喜んでコーヒーを飲んで、長い帰らざる旅に着いたであろう。

私はいつか横になったまま眠ってしまった。何時間たったろうか？　あまり寒いので目が覚めた。

オーバーは氷のように冷たく、トタンのようにバリバリに凍っている。そして私の背と地とがベッタリ凍り着いている。まつ毛までもに薄氷がはっている。手を身体の中に入れて見ると、まるでガラスのように冷たい。ああ、このまま血も肉も凍ってしまうのではなかろうか。

十二月二十八日（曇ときどき風雪）

あまり寒いので、咽喉が渇いても、手をのばして雪を取ることができない。ただ身体を動かして暖をとるのみである。むろん一昨夜の鼠など姿も現わさなかった。おそらく零下十五、六度はあったろう。

夜は明けたが、太陽は黒雲に覆われて日の光を見せなかった。昨夜の寒さで身体はまったく冷えきっている。そのうえ、いまとなってはもう空腹も渇きも夢のように忘れてしまった。ただ両眼のみが鬼のように光って、茫然としているだけである。われにかえった時は、もう二十八日も暮れようとする頃であったろう。八巻を先頭に、兄ともう一人はよく顔のわからぬ老人が石室の入口に入ってきた。そして先頭の八巻が私に向い、

「なんだ、こんな所にいたのか、火を起そう」

といって私の側へきた。

私ははっとして、思わず上半身を起した。しかしもうそのときは三人の姿も見えず、ただ真っ暗な夜空に風がうなりを立てて吹き去るのみであった。

十二月二十九日（晴、風強し）

昨夜は猛風と寒気のため、骨まで凍るほどであった。あまり寒いため一睡もできず、ただ身体を常に動かしているだけであった。風とともに入口から入ってくる雪が、しばし八巻の姿に見えた。そして彼の声も風とともに私の耳にひびいた。朝に

なって日の光が岩の隙間から射しこむ頃、咽喉が痛いほど渇きを感じた。

もう二夜も眠らないので、非常に疲れ、日の光とともに睡気が増してきた。眠ろうとして目を閉じたが、寒さのため頭が冴えてどうしても眠られぬ。

いつか私は目を閉じて、やがて辿り行く死という世界を考えた。そうだ、私の命は今日、明日とないのだ。いまの中に遺書でも書いておこう。万年筆のインクは凍って出なかったが、エンピツで地図の裏に綴った。

遺書といっても、だれに宛てたものでもない。ただ自分がいま思っていることを書き並べたに過ぎない。いま考えて見れば、真に私の書いたものはつまらぬ一つの文字の羅列に過ぎない。内容はだいたい次の通りであった。

この遺書は父母に宛てたものでなく、兄弟に宛てたものでもない。私がいちばん愛する山に宛てたものである。山は私の友を奪った。しかし山は、きっと私をも、彼八巻のように天国へ連れて行くことであろう。一人で地獄へ行く。地獄の針の山も天国の山も、私には美しく見えるであろう。私は針の山のガイドで暮そう。皆さんさようならサヨウナラ。私は地獄へ旅立つのです……。

地図の遺書を細くたたんでヤッケのポケットに入れた。きっとこの間に眠れば死んでしまうと思い、目を静かに閉じた……。なにごとも考えずに、手を胸に当てじっと目を閉じた。そして死を待った。その時……戸外でアイゼンを付けたわら靴が見えた。きっと地獄の死者であろう。しかしアイゼンを付けたわら靴は、

「おお」

と一言いって私のそばに近よってきた。顔を見れば、なんで忘れよう、あの本沢温泉で会った猟師の牛山さんではないか。私はまだこの世を去らずにまごまごしていたのだ。いや助かったのだ生きていたのだ。

牛山さんはまるで幽霊でも見たように、

「ああよく生きていた」

といった。私もなにかいおうとしたが、よく声が出ない。

「ミズ、ミズ、ミズヲクダサイ」

やっとのことでかすれた声が出た。

「もう一人はどうした。死んだか？」

私は無言のまま頭を下げた。彼牛山さんは、

「いますぐオジ様とアニ様がいらっしゃる」

といって戸外へ出て行き、なにか大声でどなっていた。しばらくして叔父を先頭に兄が入ってきた。叔父は、

「もう助かった。大丈夫だ、気を落すな」

といった。しばらくは皆無言のまま私の顔を見た。叔父も兄も涙さえ浮べていた。それからすぐ食物を与えられ、何日ぶりかで、赤い榾火《ほだび》と、人間の美しい顔を見た。八巻のことを聞かれ、私は声が出なかった。彼は二十三日の夜、中岳と赤岳の鞍部で死んだことを告げた。

三十分後、下山することにした。

午後一時三十七分、兄の背にザイルで負われて石室を後にした。風は相当強く、信州側より吹きつけていた。遠く西の地平線に北アルプスの連山が白い鋸歯のごとく、また東にはあの雄大な富士山が先日と変らぬ姿で私の目に映る。

三十分も行ったろうか、あのナイフエッジの所（石尊峰付近）で、もしスリップをするといけないので、私は兄の背から降りて歩いてみた。むろん自分の足で歩いているような感じはまったくしない。それでも十メートルほど行ったろうか。手に

も感覚はなくなり、足は一歩も上にあがらなくなってしまった。ここでぐずぐずしていてもしようがない。そこから再び兄の背に負われて石室へ帰った。私が下山するのは無理であったのだ。

ほんの一時間のできごとであるが、戸外へ出て寒風に当ったせいか、自分でも非常に疲れがよくわかる。いまはまったく寒さを感じない。

さっき石室を出て行く時、もう石室ともお別れだと思い、しばし後をふりかえり名残りを惜しんだものだが、一時間とたたぬうちに、戻ってきてしまった。石室へ着き、すぐ火を焚き、身体を暖めたが、初めは火に当っても暖かさはぜんぜん感じない。そのうちに身体が震えだし、非常に寒くなる。ガタガタ震え、あごがぬけたようにポカンとして口が開かぬ。牛山さんが、

「震え出せばもう大丈夫だ」

といった。

兄が私につきそい、ここに残ることになった。叔父と牛山さんはすぐ下山の用意にかかった。三時ちょうど、二人は石室の入口をくぐり、本沢温泉より松原湖へ下って行った。兄は明るいうちに薪を捜しに行く。明日になれば救助の人びとが私た

ちを迎えに来るので今夜だけの薪である。

久しぶりに兄とともに榾火を囲み、山の話を語りつつ、静かな夜を迎えた。二人とも夜は一睡もせずに語り合い、朝を待った。

夜になるとしばしば風とともに八巻の歌さえ聞こえ、榾火はぱちぱちと燃えていった。

*　*　*

十二月三十日は、八ヶ岳の老ガイド井出清、戸一氏の両氏が食糧を石室に持参しすぐ下山。三十一日、稲子村の人びと二十二人に助けられ、諏訪側へ下山後、茅野《ちの》の病院へ入院、翌年の一月に足部切断。

私は病院で、一時は今後の山行を断念したが、いまはまた、たとえ義足をつけても、松葉杖を突いても、あの山へもう一度亡き友を追って行こうと思っている。

――一九四九年春これを綴る――

風雪の富士山頂

僕らの仲間（アルム・クラブ）では、いつ頃からそうなったのか、十一月の下旬は富士山で来るべき冬山にそなえて何日間かを過ごすことになっている。

昨年の一九五五年度、富士山行は予定通り二十六日に新宿を出発し、翌日は、吉田大沢六合五勺付近に幕営し、ベースキャンプ付近でスリップ止めやアイゼンウォークの練習を行った。前年と異なり、ベースキャンプ付近でも完全にクラストし、アイゼンが快調にきき、絶好のコンディションだった。

十一月二十八日、あの未曽有の大惨事、一瞬にして大雪崩が若き十五名の命を奪った一周忌だ。その日は朝から太陽は消え、山頂がわずかに雪を飛ばせているのがベースキャンプより望めた。ベースキャンプ付近は前日同様の雪で風もさしてない。

ルックザックに荷を詰めている間に、仲間の連中はもう山頂に向っていた。誰か僕のアイゼンをはいて行ったのがいるので、残ったアイゼンを自分の靴にくくり付けるのに一苦労する。

シュラーフザックやツェルトザック、それにガソリンコンロ、スコップなどがルックザックの中に詰め込まれているので、仲間の連中を追うようにベースキャンプを後にしたが、先行の連中はもとより、僕より後から登って来たサブザックの人たちがどんどんと登って行ってしまう。

吉田大沢から奥道の尾根に取付いた頃（十一時頃）から風は強くなり、ウインドヤッケのフードをかぶる。とうとうこの日の吉田大沢口から登頂する何パーティかの一番どん尻になってしまった。重荷のため、何度か休む。視界は二、三十メートルしかきかない。登頂を断念して下山するパーティも出て来た。七合五勺の小屋の前で昼食中、仲間の連中が下山して来た。

「なんだい、馬鹿に早いじゃないか……もう頂上まで行って来たのか……」

「八合五勺までだ。精神的には登頂したのも同然だ。かの有名なアルピニスト、ウインパーだかマンメリーだかがいってたぜ、悪天候の場合、頂上を目の前にして登頂を断念するアルピニストは、もっとも勇気を必要とし、もっとも美しい姿だとか……なんとかね……」

仲間の連中は濃いガスと風の中を、どんどん駆けるように消えて行った。

僕はこれから、下ろうか、登ろうか、随分迷った。マットからスコップまで背負っているのだ、行けるところまで登ってビバークしよう。

それに、たかが富士山だ、スリップでもしない限り遭難なんて考えられない……これがいけなかったのだ。もう昨年の雪崩のことも、突風のことも忘れていた。

雪は硬い。氷のようだ。シュタイクアイゼンは実によくきく。十三時三十分、八合目の小屋に着く。この頃から雪が降り出した。小屋の谷側の吹きだまりは二、三十センチも積っている。ツェルトザックを出してかむってみるが、寒くてどうしようもない。頂上に行けば測候所もあることだし早く登ろう、歩けば汗も出るし暖かくなるだろう……九合目の小屋は素通りした（十四時）。

風雪は烈しく、破れたウインドヤッケからは、ようしゃなく粉のような雪が冷たい風と共に襟首や脇の下にはいり込んで来る。風雪の山に「快適」を想ったことはないが、一体この酷い風雪と烈しい登高、それにこの重荷、もうとっくに三千メートルは過ぎただろう、北岳や奥穂よりは高いだろう、空気も薄くなっているはずだ……鏡のようにツルツルした硬雪の上に、カラカラと霧氷のかけらが落ちて来る。

そんな時はほとんど風はない、今だ、一気に五、六歩駈け上る。

また、雪を伴った強い風が突風のように僕の不安定な姿勢を掬《すく》いにやって来る。僕は負けない。シュタイクアイゼンは、しっかと雪面に突きさざっているから、斜面にフラットに置いたアイゼンのツァッケとピッケルのシュピッツェは、五ミリも雪にがっちりとかじり付いている。

頂上の鳥居をくぐったのが十六時。強風を小屋かげに隠れて休む。やはり、単独で重荷を背に風雪の中を登頂出来たことは人並みに嬉しい……。だがその喜びも風雪と酷い霧に打ち消されてしまう。早く好適なビバーク地を発見するなり、測候所へ行くなりしなくては、もう日没もせまっている。

左に大日岳付近へ空身でうろついてみるが、よいビバーク地もない。すぐ引き返し、荷を背に今度は右に久須志岳へ登る。吉田大沢と白山岳のコルは、スノーホールも出来そうだが、あまりにも風が強い。止むなく白山岳に登る。頂上の方示板（?）の陰にルックザックをデポしてビバーク地をさがす（十七時）。

シャカの割石（?）直下の窪みに割合風もなく、好適とはいえないがツェルトビバークにはよさそうなので、ルックザックを引きずり下ろしてツェルトザックをかむる。

まずマットを敷き、ガソリンコンロ（ホエーブス）に点火し煖を摂る。それまで凍っていた手袋やウインドヤッケなど、融け出しグショグショに濡れて来る。たばこに火をつける時、時計を見ると十八時には大分前だ。僕はふと考えた。汗と雪とで体中しめっているような感じがするし、まだ明るいうちにもっとよいビバーク地（完全なスノーホールが作りたかった）を発見するか、測候所に行けるかも知れない。風も小止みになったので再び荷をまとめて白山岳に登る。この酷い風と雪……そして深い霧も、やはり僕のように呼吸をしている。ほんの二、三秒だが風が霧をのける、また霧に視界を奪われたと思うと、また晴間が見える、……そのほんの僅かの時間は僕を勇気づけてくれた。まだラテルネを出す必要もないほど、この富士山頂の雪は明るい。

暗くなり、寒気に襲われる前にどうしてもビバーク地を発見しなくては……と、自分では冷静に冷静にと気を落ち着かせようとするが、レントゲン色の、あの霧と風を伴った雪は、コークスの焼け屑《くず》のような小石と共にウインドヤッケのフードを強くうつ。白山岳の岩稜は、富士山頂とは思えないほどの悪場の連続だ。もうこの頃から疲労が足に現われて何度かスリップした。

再び吉田大沢のコルに着いた時はすでに十九時過ぎ。噴火口のヘリにそって剣ガ峰とおぼしき方向に向う。風は依然と吹きまくるが新雪は膝まであり、この付近はアイゼンよりもワカンが欲しいくらいのラッセルが続く。……アイゼンの緊張感より脱したせいか、ラッセルのアルバイトもさほど苦痛を感じない。

二十時、もうこの富士山頂も真暗になった。

剣ガ峰直下の鉄梯子がガスの切れ間から見えた。もう測候所は近いナ、と思うと急に気力がぬけたのか、空腹のためか、ザックを背にしたまま雪の上に坐ってしまった。そうだ、七合目の小屋の前で二片のパンと凍ったリンゴをかじっただけだ。とにかく食事だ。ツェルトザックをかむり、風をよけながらパンをむしゃぶるように頬ばった。

寒い。腹は満ちたがジッとしていられない。ガソリンコンロを取り出そうとザックの中に手を入れた。金属製のコンロの箱に手が触れると、電気にでも触ったように指が離れない。そうだ、こんなに寒いんだ、完全なビバーク態勢を整えてから火をたこう。寒くてたまらないので夢中で穴を掘った。重いスコップも、まるでシャモジのようにしか感じない……というより一メートルも掘り下げたら、もう岩が出て来た。それでもシュラーフに入り込み、寝るだけは十分の雪穴だったが、雪洞とかスノーホールと呼ぶにはあまりにもお粗末だ。

だが、その雪穴の上にツェルトザックを張り、風からは完全に遮断された。ガソリンコンロも快適な音を立てている。アイゼンをはずすのも面倒なので、少し無茶かと思ったが、オーバーシューズもアイゼンも付けたまま、シュラーフザックにもぐり込む。

時計は二十時三十分でストップしている。あわててネジを巻くが、竜頭が雪の中に落ちてしまった。時間は分らないがおそらく二十三時は過ぎたろう。僕らの仲間はもう東京に着いたろうか。きまっているじゃあないか、今頃暖かいフトンにくるまっているよ、それとも風呂にでもつかっているだろうか、眠い、サァ寝よう、きっと眼が覚めれば空は明るくなり風も止んでいるだろう。富士の突風なんて昨日の伝説だ……。

僕は快適に眠った。奇妙な臭いで眼が覚めた。ガソリンコンロに火をつけたまま寝たため（暖を摂るため、わざと火力を弱くして寝たのだ。エアーがなくなれば自然と火は消えると思った)、頭髪が火に触れて焦げ出したのだ。いやな臭いだ。人を焼く臭いだ、しかも遭難者を……あっ、そうだ、今日は富士山の大遭難の一周忌だ。

ツェルトから顔を出す。吉田大沢のコルから久須志岳に、何人かの人影が飛ぶように登って行く。……変だ。こんな真夜中に、一人、二人、三人、あの遭難死者はたしか十五人だ、いや十六人だ……つまらぬことを考えるものだ。雪穴に寝る時までは全く視界がきかぬはずだった。大沢のコルや久須志岳があんなに近く、しかもはっきりと見えるなんて……。

寝呆けまなこをこすってよく見ると、霧が断続的に、風でぐんぐん白山岳より久須志岳に向って動いて行く。しばらく霧のブロック(?)の動きを眺めていたが、すぐ眼の下に小屋が、やはり霧の間から見下ろせた。「小屋だッ」こんな貧弱な雪穴よりもあの小屋に行こう、人がいるかも知れない。シュラーフザックからぬけ出しそのまま荷を置き、駆けるように小屋にたどり着いた。一面に雪で覆われているが、一個所だけ雪洞の入口のようにポカンと黒く開いている。

僕は雪崩《なだ》れるようにころがり込んだ。しかし小屋の中は真暗でなんにも見えない。

あの雪穴のビバーク地点からこの小屋まで、五分とは歩かなかったはずだが全身バリバリに凍りつき、よろいを着ているようだ。ガクガク震え出した。シュラーフザックを持ってくれればよかった。それよりもマッチを、ローソクを、いや、荷を全部持って来ればよかったんだ。朝になるまでこうして震えながら待つか。

時間が分らないので馬鹿に気があせる。さっきの雪穴であんなに快調に眠ったんだから、もう夜明けになってもよい頃だ。荷を取りに行くファイトは全くない。それにしてもこんなバリバリに凍ったヤッケとオーバーズボンで、果して明るくなるまで体がもつか……大きな声でむやみに歌を唄ったり、体を壁にたたきつけたりして夜明けを待つ。ほとんど空身での風雪のビバーク、こんなことは何度か経験したことがある。が、こんな時、いつもたばこでも喫って気を落ちつかせるのが常だ。が、今はたばこはおろか、マッチすら持ち合わせがない。

暗い長い寒い夜だった。夜明けまではそんなに長い時間でもなかったのだろうが、暗い穴のような中で、話す相手もなく、ただ吹き込む雪と霧の妖気をみつめながら過ごすのは、あまりにも寒く長く感じてならなかった。

穴の出口から四つん這いになって這い出してみるが、依然として酷い霧と雪、風の世界だ。もうがまんが出来ない。ふらふらと立ち上り、新雪の上を二、三歩、例の前夜のビバーク地に向ったが、左下方から吹きつけた突風に五、六メートル飛ばされた。右も左も分らぬままに、新雪で腰までもぐりながらどうにか前夜の例のビバーク地に達した。新雪が五十センチぐらい積もり、ツェルトを掘り出すのに一苦労だ。

時間が分らないまま荷をまとめ、例の鉄梯子にゆわえつけ測候所を捜す。ゴワゴワに凍ったウインドヤッケとオーバーズボンは、前夜同様、中世のナイトが着けるよろいのように歩きにくい。昨日と同じように横なぐりに吹きつける突風に何度か転倒した。

凍り付いたまゆげの間から、ついに測候所のやぐらを発見した。ころげるように測候所に飛び込み、暖かいお茶をごちそうになった。意外にも時間は八時を少し回っていた。

その日は測候所の御好意に甘えて一泊させていただいた。測候所よりお借りしたオーバーを着て、例の鉄梯子にデポした荷物も取って来た。測候所から鉄梯子まで往復十分とかからないのにはがっかりした。暖かいストーブを囲みながら本を読んだり、テレビをながめ、下界での生活以上のものをあんな風雪の富士山頂で、文化生活（？）を味わうのは一風変ったものだ。

翌日、測候所の山本三郎氏と共に七合五勺まで下山し、前夜作った手製のソリで一気に二合目まですべりおりた。山頂から七合五勺まで僕の荷を背おって下さった山本三郎氏や、いろいろ御親切にして下さった測候所の皆様のことは、風雪の富士山頂と共に生涯忘れることはないだろう。

たかが富士山だ、それに十一月だ、と馬鹿にして山に入ったのがいけなかった。もし山頂の測候所がなかったら、一体どうなっていたか分らない。多分、あの酷いレントゲン色の風雪に凍え飛ばされて終っていたであろう。もう、こんりんざい、胆に銘じて富士山を、いや雪山を馬鹿にすることがないように……と下山の帰途、雪におおわれたあの大きな富士山を何度も何度も見上げた。

前穂高四峰正面岩壁

ベースキャンプ設営

一九五七年三月六日夜半、重荷を背に梓川から中又白谷出合を辿り、松高ルンゼを登る五つのキャラクターがあった。ラテルネをかざし雪を踏む音、それに続くように規則正しい心臓の鼓動、吐く白い冷たい息……松高ルンゼ出合から奥又白の池まで二回の荷上げ、これらはすべて雪崩の危険を避け夜半におこなった。全物資の荷上げが終了したのは三月七日の午前三時をまわっていたと思う。

奥又白の池畔、宝ノ木の横にベースキャンプのカマボコ型テントを設営し、われわれ五人は七日の昼過ぎまで、まるで凍った石のように眠った。テントの外は快晴であった。めざす四峰は白銀の鎧をつけ、デンと居坐り、ベースキャンプを見下ろしセセラ笑っていたことだろう……。

アタックメンバー

このテントの中に眠っている五人。それはこの一年間というものを同じ思いで、ただ一つの雪と氷をまとった岩壁、前穂高北尾根四峰正面のために、あらゆる情熱を打ちこんできた男たちなのだ。

前園陽太郎（ソノさん）、久野泰山（デンちゃん）、加藤幸彦（ドンちゃん）、高田光政（ピンちゃん）、以上いずれも名古屋山岳会のツブヨリの精鋭四君と、その名古屋山岳会の春山合宿に特別参加を願ったアルム・クラブの僕。

名古屋山岳会のこの四君と僕がなぜ同じテントの中にいるのか。そして目的の四峰正面壁とは？

ここですこし前置きが長くなるかも知れないが、この四人がテントの中で凍った石のように寝ているあいだに説明しよう。

その岩壁について

これから僕たちが登ろうという四峰正面壁とは正式には、前穂高岳北尾根第四峰奥又白谷側正面壁、新村北条ルートといい、この長い岩壁の名称は、前記のごとく

四峰正面壁

簡単に「四峰正面」とよばれている。高距三百メートルのその岩壁は、無雪期では何度も登攀されており、毎年積雪期になるといくつかのパーティが狙っていた。はたして積雪期の登攀は可能なのだろうか？　そしてもし可能なら、いつどこのパーティにより登られるのだろう？……積雪期の穂高の最も大きな課題とされていた。

友の墜死

その雪と氷で被われた根強い城のような岩壁を、はじめは単独で登ることを考えてみたが、自殺に行くようなもので不可能に等しい。そこで僕らの山仲間、北村文男君とザイルを結び合うことになり、計画も着々と進んでいた。がここに思わぬアクシデントがひそんでいた……。

空には一片の雲もなく、風さえ鳴りを静めた夏の日、午後の太陽を正面に、僕は梓川の河原にたたずんだ。かげろうを伴った強い陽は頬を照りつけ痛い。灰色の乾き切った河原の大きな石に腰をおろして、奥又白谷と前穂高を仰ぎ見る……一昨日友が堕ちた岩壁を眺める。すでに逆光線に近いこの時間では、岩壁の色彩などはわからずにただ黙々とせまり、残雪・碧空が眼を射るほかに、なにか靄の中にかくれたようにかすみ、あの四峰の岩壁を認めることはできなかった。

変り果てた友は、いまシュラーフザックの中に横たわり、涙も枯れた母堂の静かな、あたたかいまなざしの中にある。われわれ数人の仲間の疲れきった体と瞳は、予期していたこのありさまを、どのように過してよいか一瞬ためらった。

僕は卑怯者のようだが、もう一度あの岩壁を、いまはものいわぬ冷たくシュラーフザックの中に横たわるこの友と共に狙ったあの岩壁を見たかったのだ。この友は一昨日、われわれの狙っていたあの岩壁のルートと百メートルとはなれていない地点で、だれも考えられない懸垂下降の支点となるハーケンが抜けて墜落……そう、ザイルを握ったまま五百メートル近くのダイビングを終え、あの岩壁の下に永久《とわ》の眠りに……そして僕と結ぶべき、あの雪と氷の岩壁のザイルもここで断ち切られてしまった。

葬列は静かに、父や兄、母と姉、そしてわれわれの仲間、岳友どもに見守られ、山道を梓川の流れと共に下って行った。ものいわぬ友は、じっと、あの恨みの四峰の岩壁を凝視していた……。

大気は息詰りそうに澱《よど》んで、そよとの風もない。

再計画と準備

僕のもっともよきパートナーであった北村君の死の痛手は登攀の鍵を失ってしまった感があった。が、北村君の墜死後一カ月を経ないうちに、名古屋山岳会の友人一行が、来春あの岩壁を、四峰正面をアタックする、と知らせてくれた。もう、それを聞いただけでも矢も楯もたまらず、ぜひとも同行参加を願った。名古屋山岳会の友人たちもこころよく同意してくれた。

一度僕も打合せかたがた名古屋に行き、御在所山でのトレーニングに参加した。何度か、名古屋山岳会のただひたむきな四峰正面への情熱には頭が下る思いだった。何度か、名古屋山岳会の四峰のアタックメンバーであるデンちゃん、ソノさん、ドンちゃん、ピンちゃんの四君が打合せやら装備の購入のため上京し、行を共にした。

秋になり、名古屋——東京と、細かい打合せは何度も長距離電話でデンちゃんと僕の間に取りかわされた。十一月上旬には、それぞれ冬山合宿の荷上げのため上高地で落ち合った。

十二月暮れから正月にかけては、名古屋山岳会の人たちも僕もそれぞれ会の合宿に参加するため、アタックの時期は三月と決った。装備の新調や、アタックの手順などの準備を終えて、あとは、あの岩壁が雪と氷で被われる日を待つばかりとなった。

同じルートを狙う二つのパーティ

十二月上旬、僕は都会の準備を終えて、小屋番をかねて、また冬山合宿の先発と翌年三月の四峰正面にそなえて、上高地の奥、徳沢園に重いルックザックをおろした。

何年かこの地で冬を過したことはあるが、このときほど緊張し、年が明けるのが待ち遠しかったことはない。夏場の小屋の人たちや、小屋主も下山してしまって、一人でストーブにかじりつき吹雪の音を聴きながら暮らす何日間は、寂莫とか静寂などという形容はもう通用しなく、ただ荒れ狂う吹雪の音と寒気がそこにあるだけだ。そんな吹雪と寒い日が何日かつづいた。そろそろ人の顔が恋しくなる頃、大きなルックザックを背にした三人の若い男が徳沢園の冬小屋の戸をたたいた。

「どちらへ?……」

「奥又へ」

「まさか四峰正面じゃあないでしょうね」

僕はまさかと思ったがいちおう奥又というからには……と思い、たずねてみた。だがその返事は意外にも、

「そうです正面です。新村ルートをやるつもりで……」

僕はガアーンと横面をなぐられたような気がした。

彼らは、同志社高校OB会の京都讃嶺岳会の第一線メンバー岸本、裏野、細井の三君たちであった。その夜はお互いに小屋番とお客とのへだたりはまったくぬきにして、四峰のあの岩壁の話題でもちきりであった。彼らがあらかじめ徳沢に荷上げしてあった荷を二度に分けて奥又白の池へ運ぶため吹雪の中を出発したのは二日後であった……それからも吹雪は一週間も続いた。

その間は徳沢園の冬小屋で、もし晴天になれば、きっと彼ら三人は又白の池のベースキャンプより、あの岩壁にアタックに出るだろうと思い、もうこうなれば同じ晴天を利し、無謀に等しいが徳沢からラッシュを行うよりほかに積雪期の四峰正面をなしとげる道はないと思い、風と雪が止めばいつでも出発できるようにストーブの横にルックザックと山靴などを置いて、静かに晴天を待った。

だが前記のごとく吹雪は一週間続き、彼ら三人も下山を余儀なくされた。徳沢園下山の途中、松高ルンゼ下のシーデポは雪崩のため流失し、ベースキャンプまで荷上げできなかった荷物デポを掘り返して、一週間ぶりに徳沢の冬小屋の戸をたたいた。

なにかホッとしたものを感じ、彼らを迎え入れた。また、それから二日間吹雪は続いた。彼らは日数の関係もあり、吹雪の中を荷物デポを掘りに出発した。それから約四時間後、雪崩のため岸本、裏野君は埋没し、翌年の四月下旬と五月の中旬の雪どけまで凍り、眠り続けた。

この悲惨な事件の一週間後、十二月の下旬に、やはりあの岩壁、積雪期の四峰正面を登るべく、紫峰山岳会の水島、甘利君が重荷を背に、雪の梓川を行くのに出会った。このときは冬には珍しく風もなく晴れた日であった。紫峰山岳会の水島、甘利、永光の三君は、いままでに二回積雪期の正面と取組み、そのたびに悪天候のため撤退している。無雪期には数回も登下降して積雪期のルートを研究しているので、あの岩壁を狙うパーティの中ではもっとも新村ルートに対しては精通しているし、もし不文律ながらも、ヒマラヤのごとく最初に狙ったパーティが、というシキタリがあるとすれば、当然紫峰山岳会の手により、あの岩壁の積雪期の栄誉はかちとられるべきであったろう。

ベースの又白の池に荷上げにむかう顔見知りの水島、甘利君の後を、京都讃嶺岳会の岸本、裏野君の眠る地点まで送るようについて行った。アタックは晴天であれば二、三日後になるだろう。二、三日後には僕はアルム・クラブの冬山合宿のため涸沢にいなくてはならない。そして名古屋山岳会の人たちも合宿で明神の東稜に入る予定だ。

三度目の正直、今度は紫峰山岳会の人たちが成功するかも知れない……僕は涸沢で北尾根をにらみ眠られぬ夜が続いた。

最終のトレーニング

正月、涸沢の合宿から徳沢園に帰ってくると、名古屋山岳会の人たちも、明神の東稜を終えて三月のアタックに使う荷をボッカして徳沢にやってきた。そのとき、理由は分らないが、また紫峰山岳会が失敗したと聞いた。積雪期の初登は半ばあきらめていたのが、またわれわれの方に転びかかってきたのは嬉しく思ったが、三度もアタックし、未だに落ちぬあの岩壁の悪さに、僕は驚きよりも戦慄を覚えた（その後われわれの登攀、二週間後に紫峰山岳会の永光、甘利君により四峰正面の松高ルートの積雪期初登攀がなされた）。

一月の下旬から二月の初旬にかけて、どうしても僕の装備に不足品があったので、一度徳沢から下山し東京に帰った。そのとき名古屋から何度も長距離電話があった。正月の合宿から週末にはかならず、御在所の岩場でトレーニングを続けているアタックメンバーは、いまではアイゼンのツァッケ一本で小さな氷と岩のスタンスに立てるようになったと聞き、僕も早く徳沢に行き、その周辺の岩場で氷と雪の岩になじまなくては……。新宿駅を出発して二時間も行った頃より大雪が降りだし、汽車は塩尻で止り、松本から上高地に入るまで十日間も費やして、やっと無人の我が家のごとく勝手の知った徳沢園の冬小屋にもぐりこんだ。

昨年の十二月の暮れ前は（京都讃嶺岳会の遭難時）猛烈に荒れたが、正月はまるで春山のごとく暖かく、晴天が続いた。一月の下旬に下山するときも積雪量は例年の半分にも充たなかったが、この二月の中旬には冬に逆戻りして、くる日もくる日も吹雪が続き、積雪はついに窓をも没した。

名古屋山岳会の仲間がこの徳沢にやってくるのは三月の四日五日、それまでの約二十日間を僕はトレーニングに費やそうと、冬の小屋番唯一の仕事である屋根の雪下ろしもそっちのけで、下又白谷出合の小さな岩場を利用してアイゼンワークに励んだ。

東京からアルム・クラブの若い連中が二人きたので、奥又のベースキャンプまでのボッカを共におこなったが、積雪深く荷を背にしてはどうしても松高ルンゼは登れず、やむなく、松高ルンゼの取付点、中畑新道の末端の岩に荷をデポしてきた。上高地のレインジャーやアルムの仲間と共に西穂高へ遊びに行き、雪のしまるのを待ったが、深夜でさえもラッセルはひどく、ベースキャンプまでのボッカは中止した。

吹雪・停滞・風雪・停滞

ここで書き出しの奥又白池畔のベースキャンプに戻る。前夜の疲れも七日の午後には目が覚めた。いちおう明日アタックときめ、その用意などととのえて早く寝る。

翌八日、午前三時にシュラーフから這い出し、小雪舞う中をいちおうアタックに出発するが、ベースキャンプより十メートルぐらいの地点でトップのドンちゃんが、新雪表層雪崩のため三十メートルぐらい流された。出鼻をくじかれた感もあったが、その頃より天候は悪化し猛烈な吹雪となった。

この吹雪とも風雪ともわからぬ猛烈な荒れようは完全に十三日の夜明けまで続き、まる五日間というものは冬眠に似て、無精者の僕のごときは小便まで水筒の中にして極力テントから出るのを避けた。

又白の池に閉じこめられていたのは、われわれの他にもう一組あった。一橋大学山岳部の中村保君とその友人で、われわれより半日ほど遅れて池に入り、われわれのテントのすぐ隣りに雪洞を作り、同じように吹雪かれた。この風雪の停滞は実に長かった。はじめの一日二日は、これから始まる登攀の話や、ポータブルラジオに耳を傾け、陽気にさわいで話題も豊富であった。雪洞の中村君たちも昼間はテントに遊びに来たし、この停滞がそんなに長く感ずるはずはなかったのだが、名古屋山岳会の人びとは一日一メートル以上も積る降雪のため、交代で除雪に出てくれた。

そのとき全身雪ダルマになって宝ノ木の下を掘っていたドンちゃんが、京都讃嶺岳会（十二月中旬に雪崩のため遭難死した一行）の一斗罐三個を掘りだしてきた。

もしこの食料がなかったら、われわれの計画もつぶれていたかも知れない……。停滞三日から四日目となると、さすがにごくつまらぬ話題も切れ、ラジオの天気予報の雪、大雪と、白馬での明大山岳部の遭難などがいつまでも耳に残った。とうとう、十二日夜、デンちゃんが、「会社の都合上どうしても明日は下山し帰名する」と、あらかじめ予測はしていたがわれわれに告げた。そして明日晴れれば雪洞の中村君などと下山することになった。その日まで……アタックの前夜まで、気象通報には欠かさず、下手ではあるが、天気図を書いてみたが、完全な冬型気象配置であった。みんな青黒い顔をしてしょげていた。

アタックに出発

五日間降りに降ったさしもの大雪も、ついに降り尽したのか、十三日の朝は強風と共に雪が切れ、陽の光が、皓々たる日が、ついにわれわれの上におとずれた。

下山するデンちゃんに見送られ、ソノさん、ドンちゃん、ピンちゃんと僕は、ベースキャンプを後にアタックに出発する。いままで行を共にし、下山するデンちゃんの瞳の底には四峰が濡れて光って見えた。いちばん最後にでかける僕の手を握り

「ガンバッテ……」といおうとしたのだろうが、声がかすれて言葉にならなかった。

僕も彼の顔を正視することはできなかった、というより、正視することは許されなかったろう。あとで、デンちゃんが、「そんなことはない、あのときちゃんと僕はガンバッテクレといって握手したはずだ」と怒ったようにいっていたが、あのとき、だれが彼の顔と四峰を見較べて正視でき得たろうか。下山する彼の姿は、登るわれわれ以上に勇気と意志が必要だ。われわれの登攀の勝利以上に彼の姿が美しいといった何人かの岳友の言葉を、いまここで思い出す。

岩壁に取りつく

又白の池から、本谷――ルンゼ末端――C沢下部と取りつきまでのラッセルは深く、腰に達するほどであったが、つねに名古屋山岳会の三君により続けられ、僕は労せずに夏の第一テラスに着くことができた。ザイルのオーダーも名古屋の三君のつぎに僕がラストに入った。

積雪は多く、夏の第二ピッチから岩場がはじまった。その第一ピッチには正月に残置された紫峰山岳会のフィックスがあった。

トップのピンちゃんが岩壁に取りついたのは十二時、ラストの僕がその岩に手をかけたときは、すでに陽の光は岩壁から消えていた。

登　攀

第一ピッチは、紫峰のフィックスとピンちゃんの見事なバランスで、そのガリーを乗越し右のカンテ（角稜）に出て、新しくハーケンを打ってビレーし終った。次の第二ピッチも傾斜はきついが、ソノさんがトップに立ち、十五メートルばかりのガリーを直上、第三ピッチ草付きと氷が混ったガリーを二十メートル、これはドンちゃんがトップに立ち猛牛のように突破した。あとハイマツテラスまで二十五メートルほど、右上にトラバースぎみに登る。

ここで僕はほんの二〜三メートル、トップに立ってみる。大きな雪のブロックをしきりにピッケルで落そうと努力するが、そのブロックの重みでピッケルが飛ばされ、ついに甲南ルートの第二テラスにピッケルが落下してしまった。すぐドンちゃんにバトンを渡すようにトップを交代。ザイルは静かにのびた……ガッ、ガッとスタンスを探るアイゼンの音、ここは、岩と雪、氷の断面の世界……またザイルがのびた……。

トップの苦しい喘ぎ、氷と雪の岩壁への登攀、そこには堅忍と執拗な抵抗とが待っている。それらを求め、それらにうちかつために……巨大な雪庇《せっぴ》で被われたハイマッテラスにずり上った。

ラストがここを通過する頃は月が静かに上った。

一回目のビバーク

ハイマツテラスでは、幾重にもザイルが体を巻きつけ、岩としっかりつながっている。ツェルトザックの中は暖かく快適だ。

ローソクに手をかざし、うとうとと眠った。ときどき天候が気になり、外を見る。遠く尾根をいくつもへだて街の灯は麓に小さくいすわっていた。星も動かずに、銀の小さな貼紙のように空に貼りついていた。

オーバーハングと吹雪

翌十四日、無気味な朝焼と共に小雪が舞いはじめた。このビバーク点を出発する前に、僕はここに昨年夏この同じ岩壁で墜死したわがアルム・クラブの北村文男君の名と、十二月にこの岩壁を狙い雪崩のために逝った京都讃嶺岳会の岸本、裏野両君の名を記した小紙片をハーケンにしっかりと結んだ。

今日のトップはソノさん、ビバーク地点の雪壁をそのまま右にトラバースし小オーバーハングの下に出る。途中茸状のブロックを叩き落したり、ハーケンを連打しアブミを二個使って、その小ハングを乗越す。この上の登攀のキーポイントとされている大オーバーハング下の小テラスも雪の壁で、ソノさんはタンネンに長時間費やし雪壁を切りくずす。

巨大な岩の庇……そう、例の登攀のキーポイント、大オーバーハングは一片の雪をもつけていない。ラストの僕のいる小テラスには、粉雪の表層雪崩がシャワーのように落下し、僕を包む。

大ハングに、まず身軽なピンちゃんが挑んだ。つぎつぎとアブミ、カラビナがセットされ、みごとなバランスで右のカンテへ。思わず下にいる三人は「よう、レビュファー」と声をかけた。まだその頃は、それだけ十分にわれわれに余裕があったのだ……が腕力が足りずに失敗。

ザイルに身を託してしばらく呼吸をととのえ、再び試みたがならず、テラスへ戻った高田の顔は青白く一抹の不安が頭をかすめた、と名古屋の人びとは報告している。

続いてソノさんとドンちゃんが試みるが、いずれも乗り切れずもとの位置にかえった。

ドンちゃんがいま一度と、薄刃のハーケンを持ち再度試みる。もしこれが失敗すれば、今度はラストのオレの番だ、といま空中に、僕の頭の上にいるドンちゃんのアイゼンのツァッケをみつめる。ガッガッとアイゼンの音、はく息と鼓動の音が不規則に、しだいに早くまた弱まり、耳を打つハーケンの唄う音が遠ざかったとき、われわれ三人の視界からトップのドンちゃんの姿は消えた。とうとうやったんだ。乗越しちまったんだ。このときはじめて気がついたが風と霧が出て、ついに吹雪となっていた。ツェルトザックの入ったサブザックを、ザイルのもつれから落してしまったのもこの頃だったろう。こういう高い所で物を落すのはまことに無気味だ。

トラバースと夕暮

オーバーハングを乗越し、スラブを右にトラバースすると、アンカー・レッジの尖岩に着く。尖岩から右には身軽なピンちゃんが再びトップに立つ（十三時）。吹雪はさして強いものではない。ときたま風も雪もやみ、薄い絹のような雲が目の前を流れ過ぎる。

尖岩から十メートルほど右にトラバースしてカンテを回りこみ、再び左にカンテを登りハイマツの小テラス（夏の登攀終了点）に出る。僕はこの辺が、この登攀中最悪のものだと思う。僕の力はその頃すでに尽きていた。何度か体が宙に浮きだし、気がついたときは足も手も岩から離れていた。名古屋の方々の懸命な努力により、引っぱり上げられ、ずり上がった感がある。すでに僕がトップのもとに立ったとき、陽は沈み、再び闇の世界と吹雪がやってきた。

第二回目のビバークと凍傷

夕暗の中をさらに一ピッチ、雪の急な壁を登り、斜面を切り開いてビバークすることになった。この作業中、またザックを落してしまい、残りの一つのザックの中には若干の食糧と手袋のスペアーがあるのみだ。暗くなってからは風が強く、とてもツェルトなしのビバークでは眠るどころの話でない。雪の多いところを利用してやっと一人ぐらい入れる穴をつくるが、風のため屋根（?）がすぐ吹き飛んでしまう。

ソノさんは、みんなに「こんな状態であと三日も四日も、又白の池のベースキャンプで吹雪かれたように過ごさなくてはならぬかも知れぬから……」と悲壮なことをいい出した。鼻の下から口だけすこし開き、顎からウインドヤッケの胸もとまで大きなツララができてビクともしない。凍傷にやられたことを自覚しながらも、一晩中吹雪と強風に闘い疲れ果て、なんらなす術がなかった。

この寒気と疲労、それに空腹と凍傷、睡気……こんな経験は何度かあるが、今度のように大きな登攀をなしとげた後のビバークだけに、僕はどんな拷問より酷烈に感じた。

ビバークというより「遭難」という方に近い状態だったろう。

登攀終了とベースキャンプへ帰着

放心したような一夜は明けた。われわれの頭上には陽が、歓喜の焰がそこにあった。

雪の壁をスタッカットで四ピッチ、四峰の稜線に出た。四・五峰のコルまではそう遠くなかった。

一九五七年三月十五日午前十時半、四・五のコルで四十八時間ぶりにザイルをわれわれ四人はといた。ドンちゃんやピンちゃんは自分の手袋やザイルが、凍傷のため脱いだり、解いたりすることができなかった。凍ったような白い手の名古屋の人たちに、僕は何度も何度も握手を求めた。

四・五のコルから腰までもぐるルンゼを一気に駈け下り、懐かしの奥又白の池に帰着した（十三時）。僕もベースキャンプに着き、はじめて自分の足が何度目かの凍傷にやられて痺れたようになり歩行困難なことを知った。

ベースキャンプより望むあのお城のような四峰は、われわれのトレールを残し、いつもと変らぬように美しく胸に焼きつけられた。

登攀を終えて

この登攀を終えてもう一年以上になる。思えば、われわれの登攀は欠点だらけで反省の余地は十分にある。とくに僕の場合、ラッセルひとつ行わずに、つねに名古屋山岳会の人たちにおぶさるように世話になり、岩場でも引っぱり上げられた感があるが、ソノさんがわれわれを代表し、その報告でつぎのように言った。

「この一年間、私たちは盲目的ともいえるほど、ただひたすらこの登攀に打ちこんできた。これからもこんなことができるかどうかわからない。将来私たちの人生に、こんなに純粋に、ひたむきになれるときがあるだろうか。この想い出を、私たちは一生真珠のようにたいせつにしたいと思っている」と。

そうだ。

幾年となく久しい間、僕のすべての希望と憧憬とは、幾多の山々にあり、そしてあの雪と氷で被われた、硬き岩壁にかかっていたはずだ。あの永遠なる岩壁も、ここに一歩僕の前に近づいたことを僕はこのうえもなく幸せに思っている。

滝谷グレポン

「滝谷に未登攀の岩稜がある……」しかもその急峻な岩稜は何度か試登されている。「グレポン」の名が滝谷の残されたルートの一つとして「C沢右股奥壁」とともに、滝谷を訪れるものにより大きくクローズ・アップされ、その登攀の可能性が話題になったのは、一九五五年八月、大江幸雄君らのパーティにより完登された第二尾根フランケの後である。もちろん、フランケが登られる以前に、グレポンは北穂小屋の小山氏らにより上部を試登された。

一九五六年夏、涸沢で大江君に会い、グレポン登攀のために試作されたという埋込ボルトを見せられ、急に僕も登ろう、われわれもやってみようと思い立ち、北穂南稜の上部に天幕をかつぎ上げた。前後二回にわたり、二十日間も南稜にねばり、グレポンの全貌を望見し、あわよくばと考えていたが、悪天候の後、霧の中に浮かぶ針のような岩塔の一部を見出しただけの徒労に終った。南稜に持ち上げた天幕が冬用のため、降雨のたびに浸水し、天幕の中はまるで池のようになり、水をかい出すのと乾しものが南稜生活の一部であった。

一九五七年八月十日、今年こそは、今度こそはと思い、前年同様、南稜の上部に天幕を張った。今度は夏用の小型の天幕だし、登攀に必要なアブミや補助ザイルも十分あるし、天候もおちついていると考えている矢先に、われわれの仲間アルム・クラブの永嶋照平が下山してしまった。僕が勝手に自分のパートナーときめていたのだが、永嶋は惜しいことをした。僕たちと常に親しくしてきた気象庁の山岳部の人たちがやって来たのもこの頃で、いままで、気象庁の山岳部の人たちと山に行き、天候がよかったためしが一度もない。

十三日に梅雨前線のような気象庁の人びとが下山するまでは、雨、雨、十四日に晴れ間が見えたので濡れ物を乾していると、南山大学山岳部の中世古君がやって来て、第一尾根に行こうといい出した。翌日の十五日の第四尾根も彼と行をともにしたが、晴天続きのためグレポンがぎらぎら輝き光って見えた。

無精者の僕に輪をかけたような南山パーティは、彼らの登るものだけ登ってしまうと、食いちらかして十六日には下山するといい出した。しかたなく彼らの後につ

グレポン略図

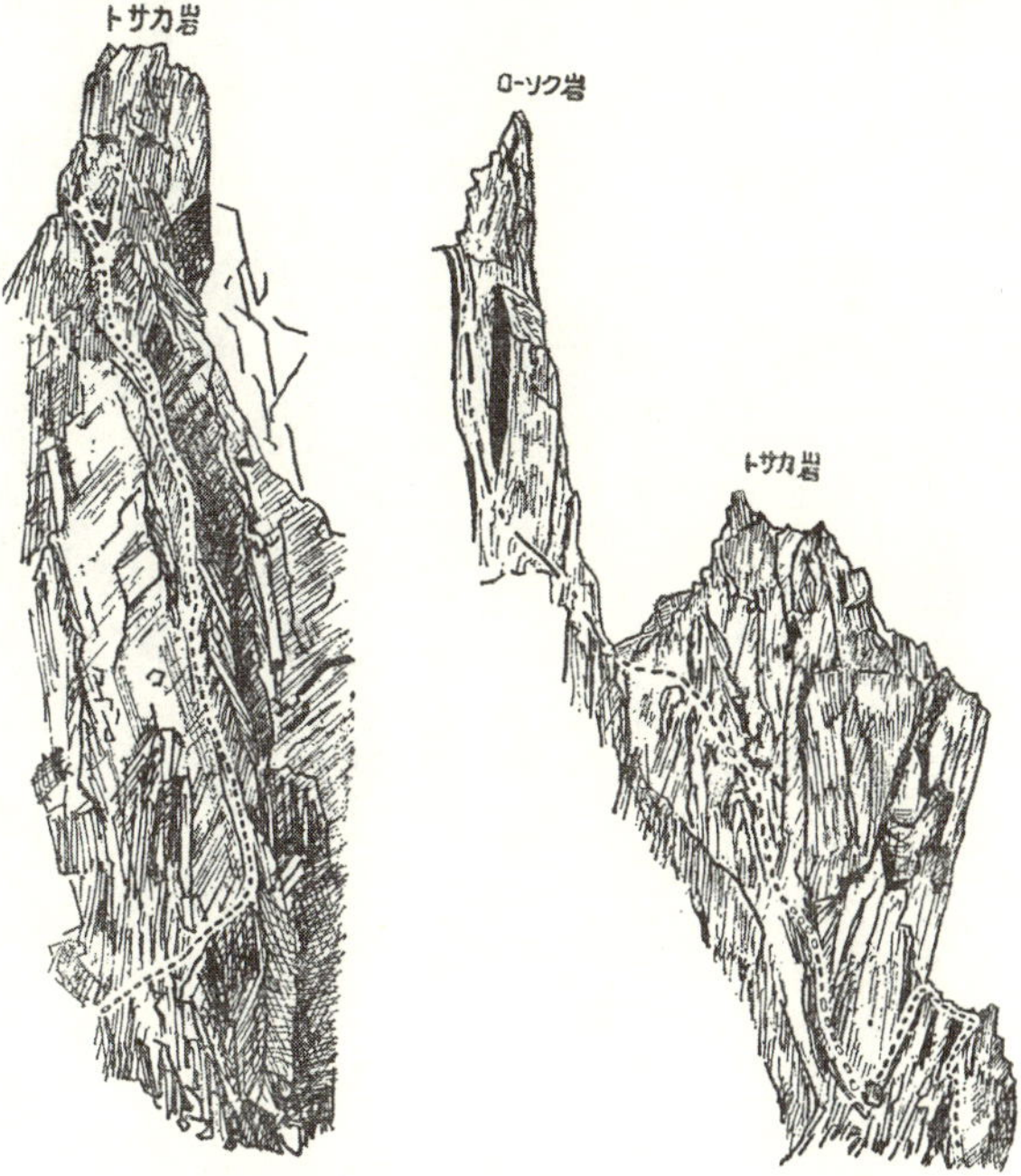

いて、天幕を無人のまま残し、涸沢より横尾の、やはり無人のまま放りっぱなしになっている南山大のB・Cにやって来た。

上高地で食糧を仕入れて、今度は厚生省のレインジャー中島、下川君を「レインジャーともあろう人が滝谷を知らぬことは……」とかなんとかうまく誘いこみ、人混みに暑気をさけ、十九日の真夜中に南稜の無尽の天幕に着いた。目的の登攀ががびくと、不思議に落ちつき、二日ほど第二尾根付近で霧の中の乾いた岩を楽しんだ。レインジャー氏の二人は仕事のため槍の方へ出発してしまった。

二十一日の夜半から始まった強風と雨は、冬山級のスゴイ奴で、夏山天幕は大黒様のザックのようにふくらんだ。天幕の一部が破れて雨と霧の流れが映画のスクリーンに見るようだった。それでも快適に寝た。朝、起きたら、天幕はフッ飛んでなかった。あるのは天幕の支柱とシュラーフにもぐりこんだ僕だけのミジメな姿だ。皮肉にもそれから二日間も、夜は強風と濃霧、豪雨の連続、明るいうちは天幕が飛ばぬように石垣を積んだり、濡れ物をしぼるのが精一杯だ。そんな中を二十三日、われわれの仲間アルム・クラブの平岡誠一郎と和田礼子の二人がやって来た。

二十四日の夜は、豪雨、強風の中でついに天幕付近に落雷があった。金属製の支柱に手をふれるとビリビリと全身がしびれた。

二十五日、やっと雨があがった。平岡は、滝谷はどこも登らず雨でふやけたようになり、くさって下山、和田はさすがに女だけあって、洗濯物をサブザックに入れ、水のある涸沢へ往復した。僕は乾し物と天幕の移動に終日費やす。

二十六日、晴。和田は涸沢まで水汲みに往復、一橋大学山岳部の中村保、篠原君の二名来る。第一尾根に行った。僕は例のごとく稜線より滝谷にすこし下り、グレポン見物に一日終った。夜になり、一橋大学山岳部の中村幸正君が北穂よりやって来て、小さな天幕は中村保、篠原君で五名とふくれあがった。

もう、いつでもグレポンはわれわれの手で登れる。だが僕のパートナーがいない。そこで二十七日、和田礼子をドームの中央稜に連れて行き、グレポンに誘いこもうと秘かに考えた。一メートル七十センチ近くある彼女は、長身を利して見事にその岩稜をこなした。一カ月ほど前やはり彼女と品川敬三の三名が中又白谷を登ったときより、なにか見るべきものがあった。

明日はいよいよグレポンだと勝手にきめこみ、天幕にもぐりこんだ。篠原君は下山し、中村保、幸正君と僕らの四名、まだ和田にはグレポンのことは黙っていた。

二十七日、雨の音で目が覚めた。またか、もう僕は雨にも、濡れることにも驚かない。が、今度は、天幕の山側の岩からシャワーのように落ちて来る雨水は、小川に化けてわれわれの寝ている下をチョロチョロと流れ出した。四人であわてて立ち上り、天幕の中からピッケルで流水口を掘ったが、岩に突き当り失敗。そんな作業をやっているうちに今度は天井から漏り出した……。ヤブレカブレとはこんなときにいうものだろう。中村保君のごときは裸になりビニールのレインコートを着てシュラーフにはいっていた。不精者の僕でさえ、何度かシュラーフの中に溜った水をかい出した。

八月二十九日（快晴）
あたりの明るさに目が覚めた。陽はとっくに天幕の片面を乾かしていた。濡れたシュラーフを岩の上に置いただけで、黒ビールのような水が流れた。中村君と僕は顔を見合わせ、ニヤッと笑った。こんな日はそこらの岩でトカゲをきめこむのがいちばんだろう。しかし帰京の日も近づき、食糧も水攻めでとぼしくなってきた。
「どうだい、中村君、僕とグレポンをやってみないか？」

「よし、ブッツケ本番ですか……それは愉快だ。ヤリヤショウ」

二人の中村君が同意してくれた。話が決ったのが十時。和田礼子は、ちょっと変ったサポートに廻った。水汲みと握り飯つくりに涸沢へ下山することである。もちろん、彼女自身の洗濯や入浴も兼ねたものだ。

中村保君は通称T中、中村幸正君はY中と呼ばれ、一橋大学山岳部の名物男で、古くから僕と懇意（？）にしていた。もちろん山の中でしか会ったことはないが、ともに山を歩いた経験や、ましてザイルを組むことなどなかった。だが、お互いに、信じ合い助け合うことと最良のコンディションなので、ファイトもあり、十分に自信はあった。

北穂滝谷、第三尾根のドームからローソク岩が真っ正面に見おろせる草付き混りの斜面で写真を撮ったりスケッチをして、ゆっくりと第三尾根を下った。これから大きな登攀をやろうという時間にしてはあまりにもおそい時刻の十三時だ。

P2からアップザイレンで下降し、やがてT4に降り立った。十四時。ここから見上げるグレポンは壮観だ。底ぬけのヒョウキン者のY中君が、

「グレポンとはいったいなんだい。白色レグホンという鶏がいるが、あれの間違い

じゃあないかな」

なるほど、ローソク岩の岩塔は鶏のトサカに酷似している。

「いやモンタンベエルのグレポン……、本場のアルプスのグレポンにどこか似ているからだよ」

Y中君と対照的ないつもブッツリしているT中君が答えた。

「そうだ、あの岩はトサカ岩と命名しよう、いい名前だ」

僕は勝手にきめてしまった。

そのトサカ岩から下部は、白色のもろそうな岩稜が第三尾根と第四尾根の中間に落ちこんでいる。

われわれは、T4より第三尾根の取りつきの通称クラックスラブと呼ばれている赤茶けたボロボロの岩溝を下り、グレポンの末端に出た。

末端付近は傾斜五十度内外のもろい白く風化された岩で、ほとんど登攀の対象にならず、すっきりした登行などとても望めそうもないので、グレポンの第三尾根側の沢を五十メートルほど登り、頭上に白い大きな菱形のスラブ(白色ダイアモンドスラブと命名)が見える地点より右に水平トラバースした。この付近も極端にもろく、大石がゴロゴロ剝げた二つの凹角を右にトラバースして、三ツ目の凹角上にやっと小さなテラスを見つけ、三人が立てるようによく地ならしをした。十五時。

三ツ道具が出され、二本のザイルでがっちり繫がれたセルフビレイ用のハーケンはY中君の手により歌い出され、トップのY中君が地下たびの摩擦を利用して小さな凹角をずり上る。左手に白色ダイアモンドスラブが望める地点より赤バンドに達した上のカンテ（角稜）に立つ。この付近でこぶし大の石が、T中君と僕のいるテラスに砂時計のように落下してくる。三人立つのがやっとのテラスなので、落石を避けるのはまったく苦労した。ハーケンを一本打ち、やっと第一ピッチを獲得。続いて僕、T中の順でY中君のいる地点に達した。

ラストを登ってきたT中君は、先登のわれわれの姿が見えず、常に落石の危険に見舞われ、ぼやいていた。ザイルオーダーのチェンジはこの小さなテラスでは不可能、そのまま第二ピッチをY中君が進む。急傾斜のため、頭上の足裏が見えたとたんに視線から消え去る。十メートルほど行くと凹角の中によいテラスがあるので、再びそこに集結する。この第二ピッチは左右に大石がグラグラゆれてきわめて不安定。

第三ピッチ。右の見事なスラブのリンネに入り直上し、オーバーハングの手前より左方のカンテにのし上る。カンテというより稜角といった方がピッタリする岩稜からは、草付き混りの不安定な斜面を右上に縫うように登れば、トサカ岩真下のナイフリッジに立てる。このピッチはだいぶ長いが、スラブとカンテの登攀が気持よく、長さや時間を忘れさせる。Y中君が、これまで常にトップをやってくれたので、疲労の痕は暢気な彼の顔にまざまざと現われていた。ラストのT中君は落石という精神的なものに悩まされ、いっそうムッツリしてきた。

このリッジの上から見上げるトサカ岩正面の垂壁は、二個の大オーバーハングとともにわれわれの頭上を圧し魅力をそそる。何段ものアブミと数メートルの補助ザイルがあるので、取付けばなんとかなるかもしれないが時間がない。すでに十七時だ。時間が遅いのでビバークになるかも知れないとは和田に伝えてきたが、やはり未知のルートと未登攀の岩稜だと思えば、時間的な失態はまぬがれたい。

小憩の後、トサカ岩の左、第三尾根側のリンネに取りつく。すでに滝谷にいる登山者はわれわれ三名を残し、陽の光までが去ろうとしていた。僕は二度ほどそのリンネの直上に力つきて失敗した。ハーケンも何本か連打し、アブミの力を借りて、やっとトサカ岩とローソク岩の鞍部の見える地点に達した。今度はミドルに入ったY中君がアブミも利用せず登ってきた。T中君のくる間もわずかな時間のように思えた。第四ピッチは終ったのだ。あとは鞍部までトラバースぎみに十メートルほど、陽かげになった岩が馬鹿に黒く濡れて見えた。

トサカ岩とローソク岩の鞍部は大小の石がゴロゴロしたガラ場で、右側にC沢右股奥壁の核心部が一望できる。ちょうど第四尾根ツルムとDカンテの鞍部と対比し、ほぼ同高の位置だ。思いのほか時間を費やした。十八時半、やはり僕のトップが遅劣なのだろう。そのままザイルを引きずるようにローソク岩の右裏側へ廻りこむ。ガラ岩の詰ったルンゼ上の容易なもので、十五、六メートルくらいでローソク岩の裏側基部に達した。もう稜線に近いことは、何度かの偵察でわかっていたが、暗い闇の壁で閉ざされてライトをたよりの登攀でもあるまい。それに星がビバークを知らせてくれた。

「寝よう、今日はバテたよ」

十九時ちょうど、ローソク岩に数本のハーケンを打ちこみ、何重にも余ったザイルを体に捲きつけ、われわれはやっと腰を下ろす場所を獲得した。まさにカクトクという言葉がふさわしい。なぜならばY中君のごときはガラ岩をのけ去ったのはいいが、腰を下ろせばローソク岩に背中を押され、目の前のガレのルンゼに飛びこみそうだ。T中君も僕も、やっとつくり上げた大事な場所は、ガンとして動きたくなかった。ツェルトを持ってくればよかった。もっと多くの食糧も燃料も、水ももってくれば……と考えても、だれも口に出さなかった。風もない、雲もないこの薄暗い岩稜。まるで、水底深く沈んだような滝谷だ。

井戸の底にいるにしては、ツルムの岩峰が星の中にあるのが不思議だ。いっそのこと、霧でも湧けばと、狭い中空を仰いで明日の登攀に思いふけっていた。

それでも僕はいつの間にか、うとうとと寝た……。

寒さで目が醒めた。「もう三十日ですよ」……なるほど二時だ。Y中君は暢気に歌を唄っている。驚いたことには彼は直立不動の姿だ。マイクロホンの前で歌っているつもりなのだ。山の歌なんか二十九日中でとっくに終り、いま、深夜放送の特別番組、三橋美智也ショーだ。一橋大学学生といえば流行歌などには縁が薄いと考えていたが、Y中君の流行歌の博学さにはタマゲた。おそらく僕らがだまって聴いていれば朝まで唄い続けたろう。

T中君は「寒くて、尻の岩が痛いし、うるさくて眠れない……」とほとんど聴きとれないような小さな声でブツブツいっている。ツルムと奥壁が蒼白く星屑の中に光っている。

三十日、寒気のため、夜明けとともに行動を開始した。僕は昨日のまま、チムニー状の上が開けたルンゼを、がむしゃらに直登し、左の稜角にのし上った。ハーケンを打つのに、手こずったこと、岩が冷たく手が痛かったことぐらいしか記憶にない。凸角上のもろいテラスは、ローソク岩の先端とほぼ同高ぐらい、リッジ通しにローソク岩まで簡単に行けそうだ。この付近から左側の第三尾根方面に大きなルンゼが見下ろせる。そのルンゼに逃げれば主稜線までは時間的に楽そうだが、直上すればあと一ピッチで完全なテラスに出られる。Y・T中両君が続いてやってくる。和田らしき人影がドームの上から声をかけてきた。僕はヨーデルで応答する。

もろい凸角から右の広いルンゼに入り直上、小オーバーハングにはばまれ、右上の凹角に入らんと努力するが力尽きる。オーバーハングの左下にハーケンを打ち、それをたよりに右上の凹角上部を見ると赤錆びたハーケンが打ってあった。残念だがその凹角のハーケンには僕の力では達し得ない。ハング下のハーケンを利用して右方のカンテに振子のごとく飛んでみた。案外うまくカンテに取りつくことができた。カンテをそのまま直登すると、赤錆びた例のハーケンの真上に出られた。広い大きな安定したテラスだ。ミドルのY中君には、僕との間のザイルを利用して例のハーケンのある凹角を直上してもらった。やはり下からあのハーケンに達するには無理のようだ。おそらく試登の際、下降のために打ち捨てたものだろう。

最後の安定したテラスで大きくグレポンの尾根は上下に二分される。C沢右股の奥壁を包むように主稜線の縦走路までいちおう続くが、ほとんど傾斜もなく、偵察のおり、何度か登下降しているので、左側にさけて十六時間ぶりにザイルを解いた。七時ちょうど。出発の早い縦走者が二、三人、稜線を北穂にいそいでいた。

南稜の天幕着七時三十分、和田が暖かいスープと大ナベ一杯の握り飯をつくって待っていた。北穂の小屋では今朝方、水槽に初氷が張ったといっていた……寒いはずだった。もう滝谷は秋になったのかもしれない。

北岳バットレス中央稜

本邦第二の標高を有する北岳は、その東面の大樺沢側に高差六〇〇メートルにおよぶ大バットレスをもち、南アルプス随一の岩場としてクライマーの関心を集めている。そのスケールにおいては、剣岳、穂高岳にくらべてまったく遜色のない、日本有数のバットレスであるといえよう。

その最初の登攀は、昭和四年、京都大学山岳部によってなされた。その後昭和十年から十二年にかけての東京商大（一橋大学）山岳部小谷部全助氏らのパイオニヤー・ワークによって、中央稜と第二尾根を除くすべての岩稜が無雪期、積雪期ともに登攀された。そして昭和十八年夏には第二尾根が東京徒歩渓流会の松濤明氏らによって完登され、さらに戦後の昭和二十三年の夏、同じく松濤氏によって残された最後の未登ルートである中央稜の完登が果たされた。

積雪期における北岳バットレスの登攀は、前記小谷部氏らによって第一、第三、第四、第五の各岩稜が登られ、戦後二十三年に法政大学山岳部による第三尾根の第二登、二十七年には法政、信州大、北穂会の混成パーティにより第二尾根と第一尾根支稜が完登された。

昭和二十九年頃から東京聖峰会、独標登高会、大阪大学、稜渓山岳会などのパーティが中央稜を除く積雪期の各岩稜を続々とトレースし、北岳バットレスにおける積雪期の開拓は終幕近きを思わせるものがあったが、中央稜のみが、最後の防壁として登攀者を寄せつけなかった。

法政大学山岳部の傘木徳十氏は、積雪期第二尾根および第一尾根支稜の初登攀報告の中で、中央稜についてつぎのように記している。

「中央稜については今のところ、積雪期登攀は不可能ということを再確認するのみである」と。

だが不可能を可能とするための戦いは続けなければならなかった。そして昭和三十三年一月、五人の登攀者、すなわち日本山嶺クラブ・奥山章、アルムクラブ・僕、紫峰山岳会・甘利仁朗、東京朝霧山岳会・吉尾弘、東京理科大二部山岳部・小板橋徹の混成パーティの攻撃によって、ついに雪の中央稜は陥落したのである。

中央稜を登ろうとする所属団体の異なる五人をはからずも一本のザイルに結びつけたのは、〝だれか中央稜にザイルをフィックスしたものがある〟というショッキングなニュースだった。フィックス・ザイルは夏のうちにとりつけたらしく、第四尾根から望見したものの話では、取付点の最も困難なピッチにセットされてあるという。このカンニングに等しい行為に対する疑念から、奥山兄は甘利、僕と話し合った。その結果問題のそれには三者のいずれも関係のないことがわかった。したがって中央稜を変態的な手段で手に入れようとするもうひとつのパーティが存在する

北岳バットレス中央稜

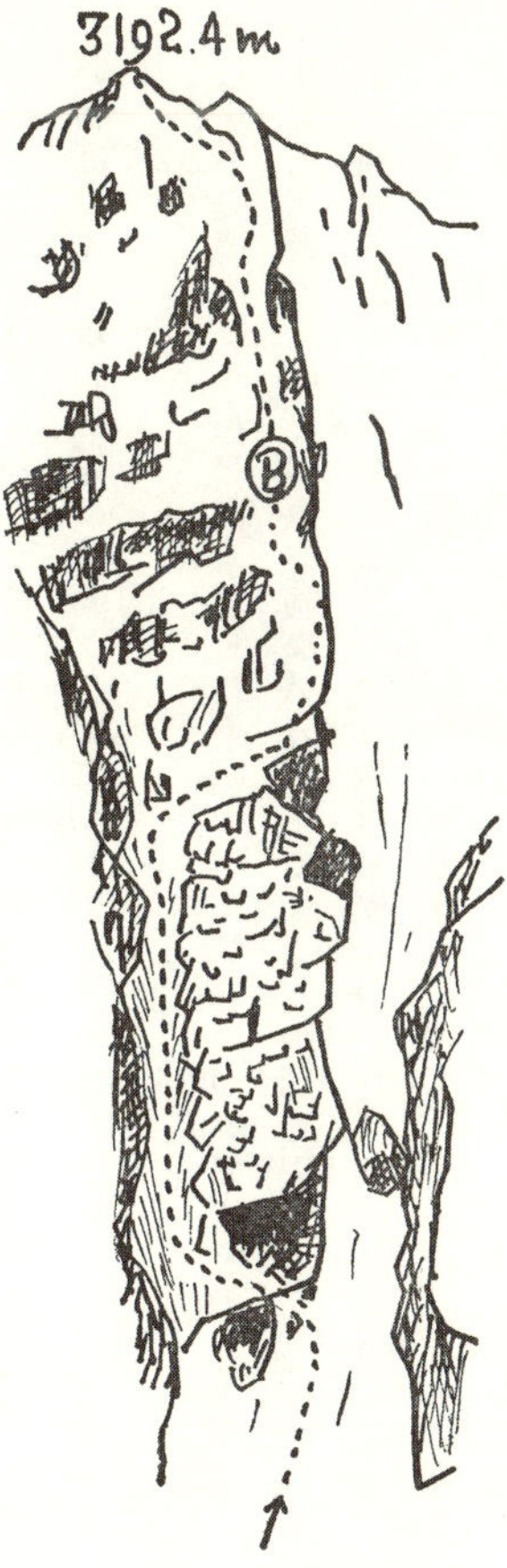

ことがわかった。それまでの三人は別々の立場で中央稜アタックの計画をすすめている、いわばライバルの関係にあり、互いに初登攀をさらわれまいとする焦燥があった。

ところが中央稜にザイルをセットした不明のパーティについて、その対策を考えてゆくうちに三者のあいだに協力的な気分がうまれて、合同でアタックしようという話にまで発展した。正直なところでは甘利君と僕は自分たちのパーティのことでゆき悩んでいた。甘利君は一橋大山岳部のOBとなった現在、現役の若いものを簡単にパートナーとするわけにはいかなかったし、僕は自分のクラブの合宿に参加する仲間を個人的な計画に引き入れるわけにもいかなかった。そこで僕は甘利君を誘ってみようというのが本当の気持であった。

それから三日後、奥山兄のひきいる若い吉尾、小板橋の両君を加えた五人のメンバーが集まり、中央稜アタックの計画をねった。すでにライバルとしての敵対した気持はなく、甘利君と僕は奥山兄のひきいる若い二人のクライマーに大きな期待を抱いてやってきた。積雪期の一ノ倉滝沢の初登攀者である吉尾君、すでに無雪期の中央稜をトップで登っている小板橋君、この二十歳の若さにあふれる二人に甘利君と僕は大きな信頼を感じ、この二人をアシスタントに持つ奥山兄に嫉妬めいた羨望さえ感じた。

意見は活発に交換された。食糧も装備もすべて共同で使用し、五人は完全な一つのパーティとなることにきまった。フィックス・ザイルの件は、トップはそれに一指も触れぬこと。もし、ザイルをフィックスしたパーティが、われわれよりも先に登ったとしてもそれを初登攀とは認めないことを申しあわせた。日程、食糧の買いつけ、荷上げなど打合せを行い、準備会は終った。

＊　　＊　　＊

昭和三十二年十二月二十八日

吉尾弘、約二十五貫の荷と共に夜行で新宿を先発する。

十二月二十九日（曇）

吉尾、甲府で台ガ原の荷役二名と落合い荒川小屋に入る。

十二月三十日（小雪）

吉尾弘、荒川小屋より荷役二名とともに池山吊尾根より池山の小屋に入る。

十二月三十一日（曇）

荷役二名下山。吉尾、池山の小屋より吊尾根を登り八本歯付近に荷上げデポして池山の小屋に帰着。

昭和三十三年一月一日（雪）

奥山、芳野、小板橋（他にアタック・キャンプまでの荷上げを手伝ってくれた早大の吉田君、三井銀行の風間君、ニュース映画撮影の中日ニュースの羽田氏）計六名は芦安に入り、桃ノ木鉱泉泊。

一月二日（雪のち曇）

甘利、桃ノ木鉱泉着。全員トラックで夜叉神峠へ。トラックをおり鷲ノ巣山へむかう途中、森林開発工事事務所で中央稜にアタックした稜渓山岳会が雪崩で遭難したことをきく。問題のフィックス・ザイルを中央稜にセットしたパーティが稜渓山岳会であることが判ったが、それに対するわれわれの憤懣も遭難の悲報の前におのずと解消した。夕刻全員荒川小屋に入る。先発の吉尾は池山小屋より荷の一部を八本歯に上げ、天幕泊。

一月三日（雪のち晴）

吊尾根を登り、池山ノ小屋で先発の吉尾と合流八本歯へ向ったが、日没のため荷を砂原の頭にデポして池山ノ小屋に引返す。僕は砂払付近でツェルト・ビバークする。

一月四日（晴）

八本歯の基部にアタック・キャンプを建設（以下ＡＣと略す）、吉田、風間の両君は北岳頂上を往復して下山する。

一月五日（晴）

ＡＣより、ｅ、ｄガリーを経て第四尾根のトラバース・バンドに補助ザイルをフィックスする。のちｃガリーに入り、中央稜の基部までラッセルする。僕は停滞。羽田カメラマン下山。

一月六日（雪のち晴、風強し）

停滞。

一月七日（曇、ときどき雪、のち晴）

ＡＣよりｅ、ｄガリー、第四尾根をトラバースしてｃガリーに入り、中央稜にとりつく。五ピッチの登攀で日没となり、中央バンドでビバークする。

一月八日（快晴）
中央バンドより二ピッチ、さらにコンテニアスで二ピッチで北岳頂上に達する。八本歯を経てＡＣ帰着。
一月九日
吉尾、小板橋、第四尾根のトラバース・バンドよりフィックス・ザイルを撤収、午後、ＡＣ撤収して池山ノ小屋へ下る。
一月十日（雪のち曇）
池山ノ小屋より荒川小屋を経て鷲ノ巣山に達し、森林開発工事事務所より電話で甲府からハイヤーを呼び、それに乗って甲府着、夜行で帰京する。

＊　＊　＊

一月七日
未明に起きてベンチレーターから星の数をかぞえる。中央稜を眼の前にして強風のため二日間の停滞を余儀なくされたわれわれである。今日こそ……という祈るような期待で出発の準備にかかる。われわれ五人はともにザイルこそ結びあっていないが、すでに二日の予行演習で支度の段取りは正確だ。吉尾君が残った雑煮のモチを嬉しそうに五、六枚食うのも、甘利君が面倒くさそうにストーブをしまうのも、いつもとまったく同じだ。

　午前六時。用意されたアタック用のサブザックを肩に出発する。

　八本歯からシュプールにしたがってcガリーへのトラバースにはいる。すでにラッセルしてあるので能率があがる。太陽は高層雲にかくされ、空はしだいに灰色を濃くしていた。第四尾根のフランケから雪がサラサラと落ちてくる。フィックス・ザイルに助けられて第四尾根を横断しcガリーにはいる。cガリーは先日のラッセルも雪崩で埋まり、新雪の馬鹿ラッセルだった。トップの吉尾君が猛牛のように進む。足もとから新雪が崩れるのでアリ地獄のような苦しみをなめさせられる。途中雪崩が二度、あわを頭からかぶり、やっとの思いでcガリーのどんづまりに達する。

　中央稜と第三尾根側壁の間に大きなチョックストーンを持つ滝となって、cガリーは消えている。その下に全員集結してアタック前の興奮を無理に静めようと務めた。

　二メートルも張り出しているだろう、中央稜基部の大オーバーハング……これには一片の雪もなく、小さなツララが幾本かわれわれの頭上に垂れ下がっている。トップの吉尾君はそのハングを右に敬遠し、予定通りのアイスリンネに姿を消す。下のわれわれからはまったく彼の姿は見えない。ときたまきこえるハーケンを打つ金属音、絶え間なく落下する氷片のカラカラという音、吠えるような風の音、そのアンサンブルのなかで、はりつめた時間が流れてゆく。

下にいるわれわれは実にのんびりとかまえているが……トップはいったいどうだ、アイスリンネにカッティングのバイルをふるっている。トップの吉尾君が第一ピッチを獲得。続いて小板橋君、奥山兄と、ガリガリ、アイゼンを軋ませてトップとのザイルの距離をちぢめてゆく。後に残った僕、甘利君は、小雪模様の薄暗い狭い空を仰ぎ、たえず足踏みをしていなくてはならない。まだ自分たちの登攀は始まる前なのにもう凍傷の心配だ。

よくもステップを切ったと思われる、完全に蒼氷化したリンネを、四番の僕が「すげえ、すげえ」といいながら第一ピッチを登りきった頃、すでにトップの吉尾君は第二ピッチの右への水平トラバースを終え、第三ピッチのオーバーハングの乗越しにかかっていた。五番の甘利君はアイスリンネの中で全身雪ダルマになり三番、四番にザイルを送る。このリンネの中ではだれでもが一度は上部から落下してくる新雪表層雪崩、というよりスノー・シャワーに近い状態のもとにおかれ、雪ダルマかサンタクロースの爺さんのようになる。

この岩稜に取りつく前からの計画で、五人という大量のパーティのため、常に二人が行動できるようにしたことは、忠実に第二ピッチ、第三ピッチと守られた。それにトップの疲労もはげしいとみて、すぐにザイルのオーダー・チェンジも考えられたが、トップの吉尾君は一度昇り出した風船玉のように止ることを知らなかった。それに二人以上並んで立てるテラスなども皆無だ。

逆層の屋根瓦のようなスラブの上に立ち、三番の奥山兄がオーバーハングを乗越した時、トップの吉尾君は第四ピッチの獲得に、ラスト五番目の甘利君と四番の僕が並んで、オーバーハングの下のテラスにいる。雪が舞い出し、霧をともなってわれわれ五人の姿をつつむ。

第三ピッチは三番の奥山兄まではスムースに行ったが、四番の僕になり急にピッチは鈍ってきた。荷が重過ぎたのと、アブミが踏みきれず何度も失敗し、やっと空身になり五番に荷をあずけて、ハングを乗越えた。が、アブミを踏みきる瞬間にアイゼンが残り、ナイロンの靴紐がとけて靴がぬげそうになった。オーバーシューの細ヒモだけで足についている状態だった。時間の消費とトップ二番を寒気に追いやり、三番の奥山兄は長時間の確保のため、きわめて小さなスタンスに無理に立っていたので、軽い凍傷にやられた。

第三ピッチはまだ五番が残っている。五番の甘利君の頭上には、僕の残していった荷がうらめしそうにぶらさがっている。その荷を上に押しあげるようにしながら登るのだが、これがひどい苦労だ。荷がつかえてビクとも動かない。空腹と疲労の色が五人のだれの顔にも濃くなっていった。

第四ピッチは雪のややゆるい稜角だった。日没寸前の中で五人は夢中で登りきったが、四番、五番が第五ピッチにかかる頃は、すでに日は没していた。いや以前から陽は雪と霧の中に消されていたのだが、いつの間にか星が輝きだしたのだ。

星明りの中で雪ダルマの五人はようやく中央バンドに達した。息をつくひまもなく雪を切り開いてビバーク・サイトをつくる。ハーケンをたたきこみ、手袋を換えてツェルト・ザックの中にもぐりこんだ。ときに二十時。

食糧が配られたが、いずれも冷凍食品のようで食欲はなかった。それより暖をとりたかった。ガンガンに凍った靴をぬぎ、落さぬように尻の下に敷く。スイス・メ夕で食料をあぶりながら、どうにか腹に詰めこんだ。極度に疲れていた。明日の天候を気にしながら、浅い眠りに入った。

一月八日（快晴）

寒さで体は早くから震えていた。外に顔を出して驚いた。ツェルト一枚をへだててそこには別の世界が展開している。眼下を一気にガリーへと切れ落ちている高度感に急に恐ろしくなり、あわててまたツェルトをかぶってしまった。

全員がツェルトから這い出したのは太陽が高く昇ってからだった。ゆっくりと朝食をとり、九時三十分再び行動を開始した。奥山兄がトップに立ったが、彼のフランス製のアイゼンは、おそろしく爪の長いシロモノで、具合の悪いことには、その長い爪が岩にかかると、まるでスプリングのようにハズミ、細いスタンスに立つとはずれてしまう。彼は苦り切った表情で、ずり下りるようにもどってくる。冬の、雪と氷で被われた岩壁を登るには爪の短い、軽いアイゼンがどうしても必要だ。

バトンをわたすように吉尾君がトップに立つ。今度は、俺の番だ、僕の出番だと思っていたが、吉尾君はどんどん雪をはらい、シャワーのように下にいるわれわれの頭上に粉雪を落し一人で先行をきる。背に陽光を浴び、確保するわれわれも、トップの吉尾君ものんびりと登った。十五メートルほど直上し、今日の第一ピッチはツルベ式にそのままセカンドを登る奥山兄に、トップはチェンジされた。

奥山兄は最後のピッチの模様を、その報告の中でつぎのように綴っている。

「私がトップのもとに到達すると、吉尾君は私にトップを交替してくれといった。疲れたというのは彼の口実で、本当は最初に頂上に立つ特権を譲ってくれたのだと私は思った。若いものから労わられるということは嬉しくもあり、また淋しいものだ。私は彼の厚意を素直に受けてトップに立った。

ピッケルを振るって雪の下からホールドを掘り出す作業は楽ではないが、やはり先頭をきってルートを拓いてゆくよろこびは、トップならでは味わえぬ登攀のエクスタシーである。カッティングする雪の飛沫が陽光のなかに銀粉を撒いたようにキラキラ光る」

新雪に膝まで没し、奥山兄を先頭に五つのキャラクターは処女雪を、まるで規則正しい歯車の回転を思わすようなラッセルを続け、ついに、傾斜を失った感激の地点へ……このささやかな抵抗を最後に、厳冬の中央稜はわれわれに屈伏した。

五人は登攀の歓喜も哀しさも、ここに幾重にも回されたザイルとともに静かに解いた。一月八日午後一時三十分のことである。

剣チンネ正面岩壁

雪と氷で被われた一枚の巨大な岩壁……剣岳三ノ窓チンネ……。

僕がこの積雪期のチンネ正面岩壁に自分のアイゼンのツァッケと、手の爪あとを残そうと考えたのは、そう古いことではなかった。

二年ほど前の冬のある日、僕はいつものように上高地の徳沢園の冬番人として、ただ独りポツンと前穂高や明神岳を眺めて暮していた。その時、名古屋山岳会の精鋭、前園陽太郎、久野泰山の両兄が、いまでは小説『氷壁』でだれでも知っている前穂の北壁から東壁Aフェースにやって来た。その頃小パーティで東壁にアタックしようなどという岳人は、上高地にほとんどやってこなかった。もちろん『氷壁』などという小説や映画などもなく、僕には前園、久野両兄の姿が美しく羨ましく感じてならなかった。聞けばこの登攀のために一年近くも心を奪われ、綿密な計画のもとにやってきたと語ってくれた。そうだ、僕も心に描く岩壁がある。三ノ窓チン

チンネ正面壁

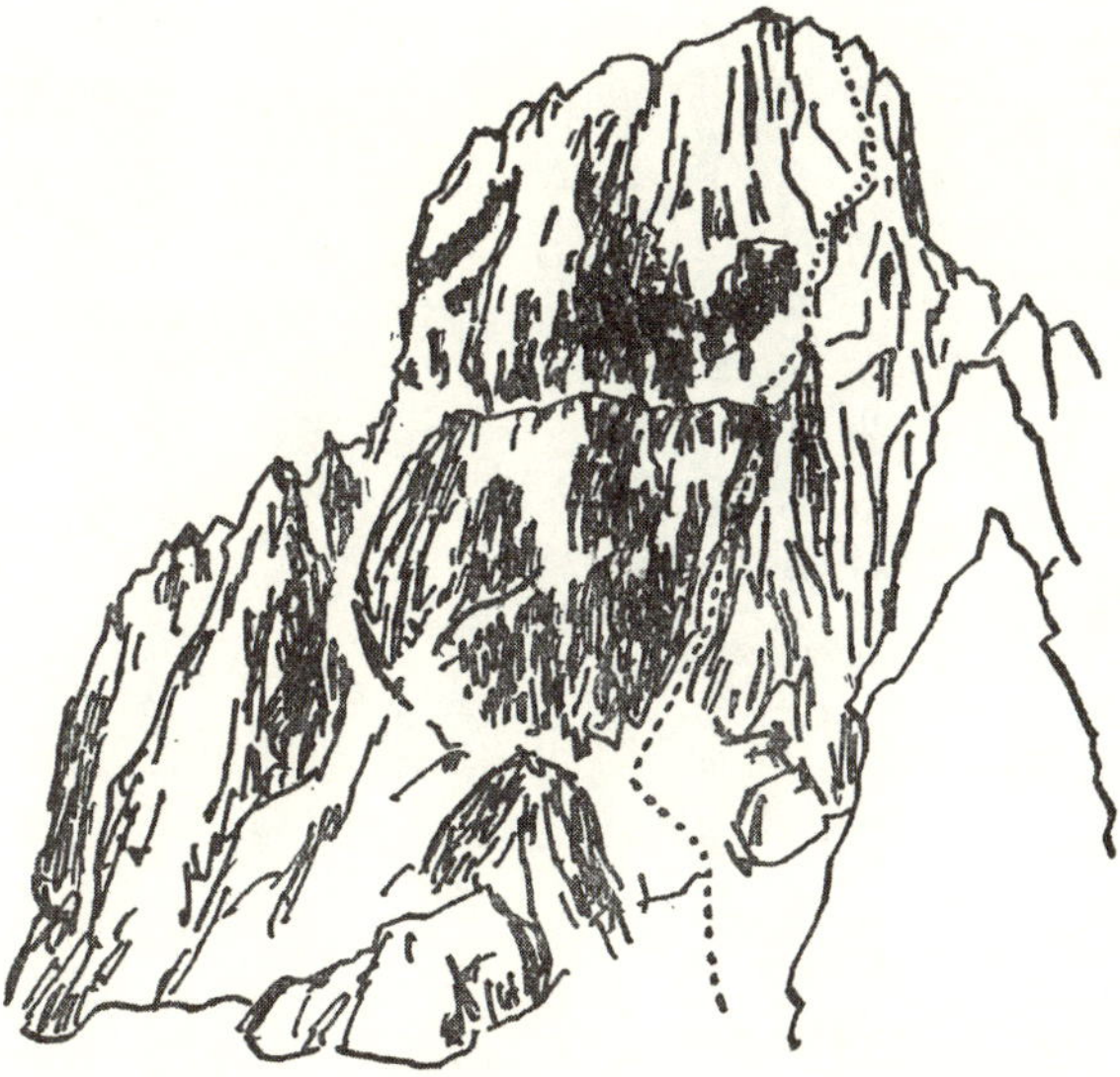

ネ！　その岩壁が雪と氷でおおわれた時、それに登ろう……。
いつ頃から、そう考え出したのかわからないが、山の仲間や自分自身に語り聞かせた日本の三大氷雪岩壁登攀（？）というものが僕にあった。
前穂北尾根四峰正面壁
北岳バットレス中央稜
剣岳三ノ窓チンネ正面
その前者の前穂北尾根四峰正面と北岳バットレス中央稜は、すでに何人かのあたたかい友情と、それらが一つになり登ろうという強い意志のもとに、僕の爪あとを残してきた。
「日本の数少ないディフィカルト・バリエーション・ルートの積雪期の登攀」……若い僕の血はその言葉を聞いただけでも煮えくりかえった。
東京で、奥山章、吉田二郎兄の努力により、第二次R・C・Cというものができた。僕もその同人として名を連ねた。そしてその第二回の会合の席、奥山兄より早稲田大学の山岳部がチンネ登攀に成功したらしいときかされた。一九五八年二月二十八日の夕刻だ。積雪期の初登攀、たしかにそれは魅力があった。しかしそれはすでに大学の山岳部によってなされてしまったのだ。僕は第二登でも第三登でもよいから、僕らなりの小パーティで、ラッシュ・タクティックでやろうと、その最終的な準備にはいったのが三月の一日。

パーティは東京朝霧山岳会、第二次R・C・C同人の積雪期滝沢の勇者、吉尾弘君に、さらに若手の同じ朝霧山岳会員、田中浩司君と僕の三名。吉尾君とはすでに正月、北岳バットレス中央稜でザイルを組み、彼の見事なバランスとファイトを見せつけられ、まったく敬意と信頼感でザイルのパートナーとしては彼以上の男は求められないとさえ僕は考えていた。その彼が推す二十歳にも満たない田中君はまだどこか紅顔の少年といった感じで、長身の彼はチンネ正面のアタックメンバーにふさわしい不敵な、なにものかがあった。

小パーティのため、荷は甚大なものになり、現地で予算が許すかぎり荷役を雇おう、と重荷を背に、アルムクラブの岳友数人に見送られ上野駅より離京したのが、三月二日の夜であった。

三月三日（風雪）

早朝滑川でなつかしいローカル線、富山電鉄に乗りかえる。昨夕から降り出した雪は風を混えて猛風雪となり、僕らの前途を呪うかのように思えた。上市駅に重荷をまとめて、バスの出を待つが、駅前の積雪は約五十センチで、とてもバスは動き出しそうにない。かといって、この重荷を背に折戸峠を越すファイトはさらにない。上市駅の待合室で朝食などとり今日の行程の相談をしていると、町の役場の人がきて、早大山岳部が小窓尾根で一人遭難、行方不明になったという。さっそく新聞を買って見ると、地方紙は写真入りで大きく報道している。チンネ登攀の帰途か？僕らは疑念と遭難という事実で出端をくじかれ、いっそう暗い気持になった。

十時近く、役場の人と学習院大山岳部の人びとの好意により、上市役場の前よりトラックに便乗させていただく。トラックも折戸峠の深雪と風雪になやまされ、どうにか越えることはできたが、峠の下の蓬沢入口でついに力つきストップしてしまった。学習院の方たちは伊折の集落へスキーを穿いて出発して行く。僕もすぐ後をと思ったが、なにしろ荷が重すぎた。ベースハウスのバンバ島の小屋まで荷を二つに分けて運ばなければとても入山できない。やむなく蓬沢の小学校の一部を借用し荷を整理していると、校長先生初め先生方や小使さんまでが大雪を心配して、今日は小学校に泊って明日出発しなさいと勧めて下さった。時間的にまだ早かったが、ご好意に甘えて、小学校の教員宿舎に泊めていただく。イロリの廻りで暖かくヌクヌクした一夜だった。

三月四日（雪）

荷を約八貫目蓬沢の小学校に残し、深雪の路を出発。吉尾、田中君はスキーがなく、ワカンのためときどき腰までもぐり相当苦労していた。伊折の小学校に立寄り昼食、伊折から先行パーティのラッセルがあり比較的楽に進むことができたが、僕は途中の避難小屋で同志社大の友人らにあい、ダベッていたため遅れ、再び荷を避難小屋に半分残してゾロメキに向った。ゾロメキ発電所の前で吉尾、田中君に追いつくが、すでに十八時を廻っているので、ゾロメキ発電所に泊めていただく。遭難した早稲田の山岳部の人は、今日一人でBHバンバ島を経てこのゾロメキに着いたと知らせてくれた。よく雪中三日も生きていたと発電所の人びとと遅くまで話した。この夜も大きな電熱器などあり、暖かく過ごすことができた。

三月五日（雪のち高曇）

また朝から雪だ。田中君はBHバンバ島小屋へ。吉尾君は蓬沢の小学校へ昨日残して来た荷をとりに行った。僕は昨日の避難小屋に残してきた荷を持ってバンバ島に行けばよいので、シュラーフにくるまって出を渋っていた。避難小屋までの道は硬く踏まれ、スキーはよく滑った。荷をまとめて再びゾロメキに出発しようと外に出ると、昨日の早大の生還者と近藤等先生が警察の人とゾロメキからやってきた。遭難生還者とは思えないほど元気な姿でスキーをはいている。山岳部の人や、顔見知りの近藤先生から、「うちのものは、もう三日も前に三ノ窓に天幕を出したから、今度晴れればチンネのアタックは終っているだろう」といわれた。

まだ積雪期のチンネ正面は登られていなかったのだ。だが三ノ窓のコルには何人かの人びとがチンネを登るべく晴天を待っているのだった。僕らはいったいどうだ。まだベースハウスまでも行きつけないではないか。チンネ正面の積雪期初登攀は半ばあきらめ、ベースハウスのバンバ島小屋までの道は重い足どりになった。田中君はゾロメキから二度のボッカを終え、バンバ島の雪洞のような深雪下にある暗い小屋に僕を迎えてくれた。小屋は、同志社、学習院大、ベルニナ山岳会の方がたで満員だった。先着の田中君の話だと、昨夜は学習院の方たちは便所に泊ったとのことだ。僕らは食堂の机を並べてその上に寝ることにする。吉尾君は蓬沢小学校の残りの荷を持って避難小屋に泊った。

三月六日（高曇）

入山以来四日目で初めて剣岳の姿を見る。朝ベルニナ山岳会の古川純一氏らに、池ノ谷や三ノ窓周辺のことをいろいろご教示願った。田中君は、吉尾君を迎えにゾロメキへ。僕はカメラなどぶらさげて同志社大の寺阪君と二人でブナクラ出合付近へ偵察に出かけた。ベルニナ山岳会のトレースがあり、ラッセルの心配もなく、僕らは非常にめぐまれているようだ。十五時頃、吉尾、田中君もバンバ島にやってくる。これでやっと僕ら三人はベースハウスに集結できた。この夜は同志社大の室に泊めていただく。

三月七日（小風雪）

ＢＨで荷を再び半分に分けて、池ノ谷に向って八時出発。先行のベルニナ・パーティの後をゆっくりと辿る。白萩川にかけられた小さな橋を三つほど渡り、キワラ谷出合付近からぐっと両岸がせばまって新雪のデブリが各所に点々と現われる。先行パーティのラッセルがあったので、思ったより早く池ノ谷出合に着くことができた。池ノ谷のゴルジュは左岸から絶え間なく新雪の小雪崩が滝のように落下してくるが、ベルニナの古川氏らが大ザックを背にスキーをはき、ジグザグを切りながらゆっくり谷をつめて行かれる。僕らも後に続く。

初めの予定では、とても池ノ谷の下部は雪崩と滝の連続で重荷を背に登ることは不可能と考えていたので、白萩川より小窓尾根に出てさらに池ノ谷に下るつもりでいた。下部の滝はまったくうまり新雪雪崩さえ気をつければ楽に通過できた。なにか大変もうけものをしたような感じだった。下部の滝場とおぼしき急な雪面を登りきり、谷が右に広く開けてくる所で僕らは荷をデポした。ＢＨまでの帰途はスキーでころびながらも一時間たらずで下山することができた。

三月八日（高曇）

残りの荷を背に、再び白萩川より池ノ谷に入る。出合までは昨日のシュプールも明瞭であったが、さすが池ノ谷に入りこむと新雪の煙のような雪崩で、トレースもわずかに残るだけだ。昨日の荷物デポ地より約一キロほど上の谷の台地のようなところにベルニナ山岳会のCIがあった。僕らは、ベルニナのCIよりさらに二〇〇メートルぐらい上部の台地に、三人用の小さな待望のアタック・キャンプを張った。
剣尾根が真正面にデンと居坐り、三ノ窓のコルも左手に僕らの小さな天幕を見下ろしている。もう後は晴天を待つばかり。

三月九日（高曇、ときどき小雪）
ベルニナの方たちがCⅡに向う足音で眼が覚めた。ごそごそとシュラーフからはい出し、ベンチレーターから外を見る。陽は出ていないが、昨日同様高く曇った天空に黒々と剣尾根が僕らを見下ろしている。この調子なら明日も天候はもつだろう。今日一日、アタック前の休養とし、朝食をたらふく食べてすぐシュラーフにもぐりこみ、みんなよく寝た。
起床は夜の十時ということになっていたが、僕はもう、夕方五時には空腹とアタックの興奮のため眼が覚めてしまった、というより眼がさえてしまったのだ。吉尾君も田中君も、冬眠中の熊のように寝ている。シュラーフをゾロメキで焦しているので、まるで鳥小屋に寝ているようなミジメな姿で時の経つのを待った。ベンチレーターから冷え冷えとした外気とともに星の煌きが眼に入った。もう夜になったのだ。吉尾、田中両君をゆり起す。出発予定の十二時までまだ五時間もある。出発準備にはありあまる時間であったが、けっこう食べたり飲んだりいそがしかった。アタック用の食糧や三ツ道具などを分担し、ザックに詰めてみるが、とてもサブザックでは入りきらない。田中君にはご苦労だが大ザックを背負ってもらう。

三月十日（晴、吹雪）

池ノ谷の底、約一七〇〇メートルのこのアタック・キャンプを後に三つの黒い影がラテルネをたよりに三ノ窓へ、チンネへと動き出した。ちょうど三月十日午前零時。剣尾根の末端、ベルニナのCⅡで僕はスキーをデポ、ここまでは谷も比較的広く風のため雪もしまり、ラッセルはさほどない。池ノ谷左股に入ると傾斜も急になり膝ぐらいまでのラッセルだ。三ノ窓コルまでの登りは苦しく長かった。つねに吉尾、田中の両君がラッセルを続けてくれた。

三ノ窓コル直下で夜は明けたが、連続五、六時間のラッセルのアルバイトから解放され、完全にアイゼンがきき出したのはコルの五、六十メートル下からだ。小窓王を池ノ谷側に捲いているいくつかのアイゼンの踏み跡、三ノ窓に放置された数個の一斗罐、早稲田の天幕はない。もうチンネは登られたのか？　僕らは無言のままチンネのよく見える三ノ窓谷側へ行ってみる。

眩いばかりの朝の太陽を全身に受け、チンネの岩壁を仰ぎ見る。午前七時。

雪と氷を身に纏い、濃い霧の中から黒々とその姿を現わす、お城のような、その三ノ窓チンネの岩壁。あんなに永いあいだ想い続けてきた幻のような岩壁がいま僕の眼前にある。

八時三十分、僕らは三ノ窓を後にした。今日中にやってのける目算は十分あったので、ビバーク用の毛布のザック、石油ストーブ、ローソク、丸一日分の食糧、不必要と思われるハーケンなどを大ザックにまとめ、三ノ窓のコルにデポした。三ノ窓谷上部のトラバースは腰までもぐるラッセルだが、二十分ほどで夏の岩場の取付点に着くことができた。

中央チムニーの入口まで約六十メートル、本来なら当然スタカットで行くべきだろう。が、もしや早稲田のアイゼンの踏み跡が、とそればかり気にして、ぐんぐん高度をかせぎ、とうとう中央チムニーの入口まできてしまった。やがて吉尾君がやってきた。

「大丈夫、だれも登っちゃあいませんよ」

といってから、僕はすこしはずかしくなった。なにもそんなに初登攀、初登攀とあせることはない、とは何人もの岳友や先輩たちがいってくれた言葉だ。ラストの田中君に吉尾君と二人でザイルを投げたりして、やっと中央チムニー取付点の小テラスに三人が集結し、ザイルを結び合った。十時三十分。

チムニーの中は硬く氷と雪で閉ざされ、トップの吉尾君が振るアイスバイルの響きが氷片とともに僕らにふりかかる。チムニーの中でザックがつかえたり、氷にステップを切ったり、だいぶ苦闘しているようだ。氷と雪をさけ、右のカンテ状の岩にトラバースぎみにずり上り最初のピッチは終ったが、トップの苦しい喘ぎがビレイング・ハーケンを打つ音とともに聞えた。ミドルの僕もラストの田中君も、慎重にトップのステップを利し、初めのワンピッチを終え、小テラスに立つことができた。予想以上に悪い。

第二ピッチも初めカンテ状の雪のないフェースを行く。中央チムニーの最狭部、左上の小オーバーハングのところで再びザックがつかえ、トップの吉尾君のアイゼンの爪一本がガッガッと音を立てて消えさるまでの時間……それを見守る四ツの眼……トップはチムニーの中に入ったようだ。堅雪で完全にコンクリートされたチムニー。僕はザイルがピンと張ったところで、無我夢中でずり上った。トップより一メートルぐらい上にかろうじて立てる堅雪のテラスを見いだし、ラストとのドッペルザイルを引いた。田中君が登ってきた頃小雪が舞い始めた。三人は立てない。すぐトップが行動を開始。チムニーの堅雪と氷にステップを切り、左手ののしかかるような岩棚の上に立った。ここで、中央チムニーは終り、後は急に開けて雪と氷のルンゼが三十メートルで中央大バンドに達している。僕はトップの岩棚より五メートルほど上部に打ち捨ててあったビレイング・ハーケンを利し、ラストをジッヘル。ラストが例の岩棚に達した時、オーダーはそのまま僕がトップになり雪のつまった広いルンゼを中央大バンドに立った（午後二時）。

中央大バンドとは名ばかりで、それに無雪期の話、三人がともに腰を下ろす所は一カ所しかない。小雪は風を混えてとうとう風雪に変った。ツェルトザックを出し、遅い昼食と休憩。ツェルトをたたみ、中央バンドを出発したのが午後三時。右端のピナクルの急な雪壁を登りGチムニーの基部に達するというと簡単のようだが、時間的に僕はすこし焦っていた。中央チムニー取付同様に、僕と吉尾君はチムニーとバンドの分岐点で下の田中君にザイルを投げて三人がここに集結した。

Aバンドは堅雪と氷が付いて手強そうに見えたので頭上のGチムニーに、今度は僕がトップで入りこんだ。チムニーの中の小さな何本かのツララをたたき落し、右手のCクラック上にハーケンを連打してずり上る。ミドルの吉尾君が続いてやってくる。このテラスでは二人立つのも危険、ラストの田中君が行動を開始すると同時に僕も右へトラバースぎみに登攀開始。ミドルの吉尾君は、トップの僕とラストの田中君を同時にジッヘルしなくてはならない。こんなことは邪道かもしれないがこの場合やむを得なかった。それだけに、僕は慎重に手持ちのハーケンがなくなるまで打ち続けた。

冬ざれた岩肌の荒い冷たさ……

氷を含んだ午後の霧……

氷雪の岩壁はただ意志の世界だ。僕はトラバースを終えミドルのくるのを待つ。

口にくわえたカラビナがどうしても離れない。ミドルの吉尾君がやってきた。いま、僕らの立っているところがいちばん高度感の出るところだ。おそらく、ここで墜落すればノーバウンドで三ノ窓の谷に消えるだろう。今度は草付き混りの堅雪で詰ったクラックを吉尾君がトップで登る。その間僕はラストの田中君とトップの吉尾君を同時にジッヘルする。ただお互いに信じ合って一本の太いナイロンザイルにつながり、こうもうまくスムーズに登攀ができるとは考えてもいなかった。中央バンドから上は、僕らは時間の都合上ドッペルザイルは使用しなかった。

最後の悪場と思われるところは終った。トップはDクラックとの分岐点に立ち、僕らのくるのを待っていた。四角い大きな岩をフリクションを利用し、ずり上れば雪のテラスだ。ここに三人集結。あとは雪の詰ったクラックを十五、六メートルも登ればチンネの頂上だ。僕は無言でトップに立った。無性に最後のワンピッチがやりたかった。別に悪いところはなく、堅雪もステップを切るほどのことはなく、チンネの頂の雪稜に出た。続いて吉尾、田中の両君……ザイルもとかず三人集まり寄り、凍った手袋をぬぎ捨てかたく握手をかわした。時、午後五時三〇分。

風雪に曝された、その氷雪の岩壁こそは僕の世界だ。しかもそこには僕らの、ひたむきな登攀を拒むなにものにも、うちかつ強い意欲だけがある。日没せまるレントゲン色のチンネの頂で、僕らは満ちたりた気持でザイルをとくことができた……。

チンネ登攀の帰途、日没に加えて負傷者が出たため、三ノ窓のコルでビバークを余儀なくされた。この時、早稲田大学山岳部の残置食糧とローソクを若干使用した。そしてその翌日、アタックキャンプの帰途、ベルニナ山岳会の方々に負傷者をソリで運んでいただいた。合宿中にもかかわらず本当にいろいろとお世話になってしまった。できればこの紙上をお借りして、ベルニナ山岳会の方々と早稲田の方々に、お礼を申し上げたい。

確かに僕のチンネ登攀の道は永かった……四峰の正面壁を登った時、ベースキャンプで園さんと二人で語り合ったことをいまでもよく覚えている。

「そうだ、ものごころつく子供の頃から、立派なアルピニストにクライマーになろうと僕らは努力してきた。いまはその一つのステップを終えた。こんなうれしい気持は僕らの生涯のうちでも、そうざらにはあるまい」

そして僕らは卒業式の歌「仰げば尊し」と「蛍の光」を静かに唄った。うれしさがこみあげてきて歌にはとてもならなかった。テントの外では数知れぬ星が四峰の岩壁とともに祝ってくれた。

北岳バットレスの中央稜の時、今回の三ノ窓チンネの登攀の時は前の四峰の時ほどの感激はなかった。が、ここで静かにペンを置いて想えば……攀る時の、あの無心の喜びであふれ、次にやってくる氷雪岩壁登攀のファイトでいっぱいだ。

マロリーやシプトン、そしてヒラリーのごとく「山がそこにあるから」といって、僕は登りたくない。モルゲンターレルのように、また彼の語る水晶採りのお爺さんのように「そこに何かがあり」それを僕は求めていきたいと思う。

屏風岩中央カンテ

「おい……」

深夜、無数の星屑と蒼白い谷間、わずかに当たる月光の垂壁に、引っかかったように止っているツェルト・ザックの中で、僕は小さな声で隣りに眠っている小板橋君と吉尾君を呼んでみた。灯を消してから三時間ほど経っていたろうか……。二十歳を出たばかりの若い二人は、まるで犬コロのように丸くなり、ときどき、ブルブルと震えながら岩と雪の上に寝ている。

一九五八年十二月二十九日、快晴の夜である。前穂高北尾根の末端、屏風岩中央カンテの登攀のための仮眠の一夜は、前回の敗退の一夜から思えば、あらゆる条件が勝利へのステップのように思えた。いや、僕はこの二人の若いクライマーの寝息を聞き、勝利は、もうわれわれの掌中に八分通りあることを確認した。それなのに、前回の敗退を思うと僕は眠れない。

屏風岩中央カンテ

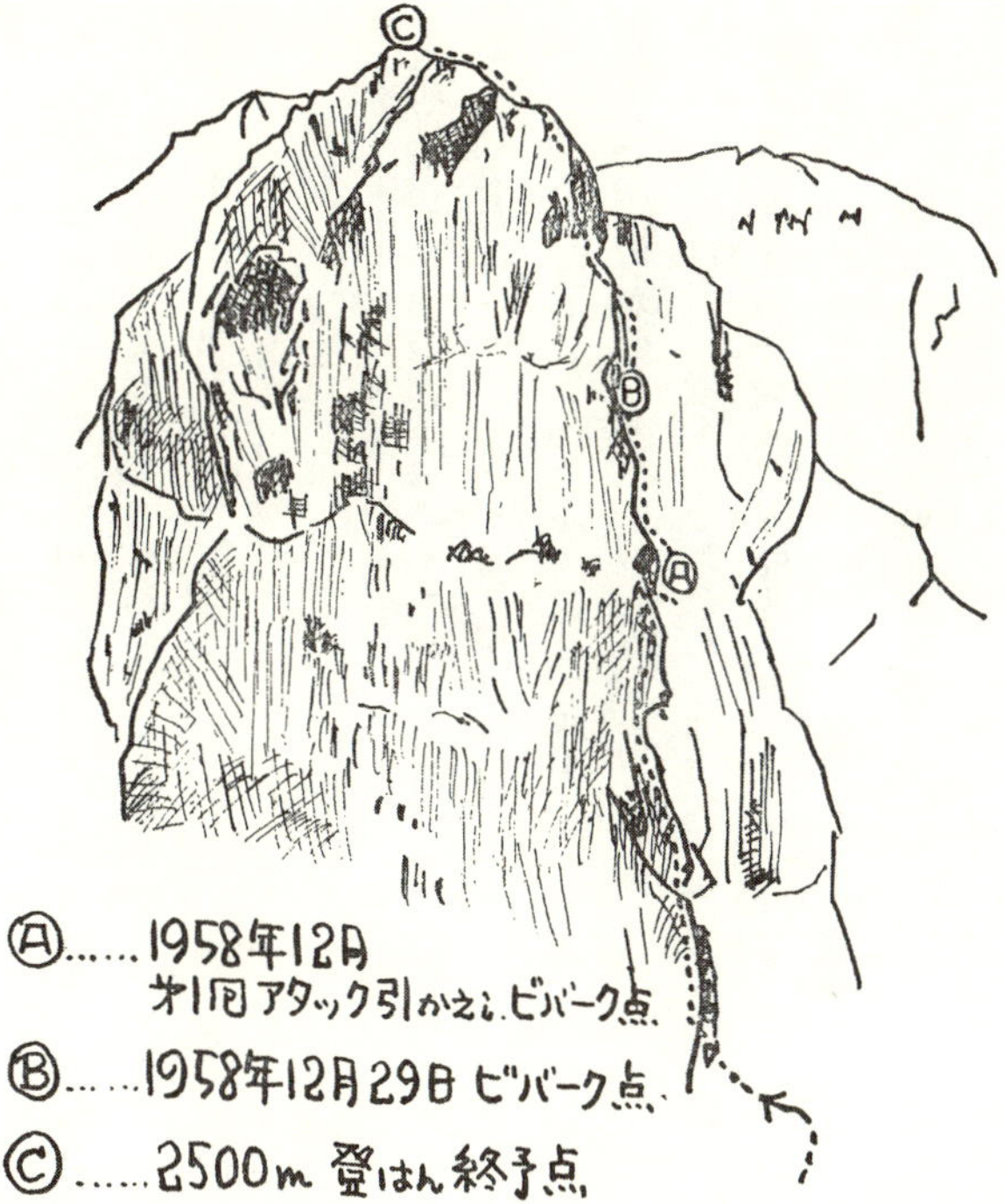

Ⓒ
Ⓑ
Ⓐ
Ⓐ……1958年12月
オ1回アタック引かえし.ビバーク点
Ⓑ……1958年12月29日 ビバーク点
Ⓒ……2500m 登はん終了点

先ほど横の二人を呼んでみたのも、もう一度確かめてみたかったのだ。五日前の晩、いかにわれわれはみじめであったか。そしてその翌日は……われわれは同じ思いで、この灌木こそあるが雪と氷で被われた巨大な垂壁を、すごすごと引返さねばならなかったのだ。まるで悪天の日の雪虫のように……。

「おい……どうだ?……」

トップの吉尾弘君が稜角の向うに消えた時、急な第一岩溝と呼ばれている雪と氷の溝の中で姿の見えないトップに向って、僕は尋ねてみた。なんの返答もない。僕の位置から声が聞えなければ、当然トップの吉尾君のへばりついている垂壁では無理なのだ。長い時と降雪がわれわれを包んだ。

前夜、十二月二十四日のビバークはみじめであった。僕は一晩中眠ろうと努力したが徒労に終った。吉尾君だって内田征博君だって僕と同じことだ。巨大な岩の庇の下なので、まさかと思っていたが、降雪は風をともなって遠慮なくツェルト・ザックに吹きあたる。防水のしていない一枚の衣、ツェルト・ザックの中は、三人の体温と息、それに暖房と炊事用の石油コンロの熱で常に雨が降っている。全身グショ濡れなのだ。無理に乾かそうとし、コンロの火を強めれば、水滴のため不完全燃焼をおこし、眼は痛く、胸は圧迫され、むしょうに腹がたってくる、惨めな一夜であった。

今朝、二十五日、油紙のようにガサガサに凍ったツェルト・ザックをたたみ、第一岩溝を一ピッチ登ると、全身凍りつき、まるで鎧を着けたように歩行困難である。歩行どころか、急な雪と氷の斜面を登るので苦痛でさえある。もしこの斜面に灌木がなかったら、自分の体を上にズリあげる作業はもっと早く中止されていたろう。

内田君の手袋は昨夜のうちに凍りつき、スペアの何枚かの手袋も、手が濡れているのと雪のついたザイルを握っているので、すぐ拳闘のグローブのようになってしまう。僕はトップの吉尾君の荷と自分の荷でルックザックはふくれあがり、彼を確保するのがせいいっぱいだ。吉尾君、彼は「中央カンテのポイントにフィックス・ザイルが張られている」の言葉の真偽を確かめようと、まだ頑張っている。もう一度僕は稜角の向うにどなってみた。

「おい……どうだ?……」

雪のブロックが稜角の向うからどんどん落ちてくる。急にザイルがゆるみ、吉尾君のアイゼンが見え出した。

「ない、固定ザイルなんて、フィックスなんてありゃしないですよ」

僕と吉尾君はしばらく顔を見合わせてニヤッとした。僕はさほど気にもしていなかったが、吉尾君は、無雪期に行って冬の難場にザイルをつけてしまうという行為に対して、カンニングである、とひどく怒っていた。雪はまだ降っている。内田君は手袋がないので一人でも引返すという。

僕も吉尾君も、鎧か潜水服のように着ぶくれし、凍った姿では登攀続行は困難だ。

「フィックス・ザイルがないということを確認しただけでも収穫だ。また来よう……」

下降に不必要な三ツ道具を灌木にくくりつけて、次回を期し、ゆっくりとわれわれ三人は懸垂で八高テラスをへて屏風の下におりたった。

雪はいつか止んで、夕暮れの中に屏風岩が厳と聳えている。この岩壁をこんなに大きく非情に思ったのは初めてだ。屏風岩の基部から横尾谷の夏路まで、長い深いラッセルが続いた。冬の上高地の奥、僕のいる徳沢に吉尾君と内田君の二人が奥又白に入るため立ち寄ったのを、無理に屏風へ誘いこんだのが敗北の一因か。ビバークの夜、むやみに内田君や吉尾君をどなりちらした自分、ロクに計画も立てずに取りついたこと、今回は敗れるべくして敗れたのだ。それに天候も、すべてが倖いしなかったのだ。腰まで新雪に没しながら二人の若いパートナーを見やった。

二十六日、手の指先を軽い凍傷にやられた内田君が、一人しょんぼりと雪の中を下山していった。

二十七日、内田君と入れ替ったように小板橋君がやって来た。彼は屏風岩中央カンテを登るべく徳沢に来たのだ。翌二十八日、アタック用の食糧を上高地までとりに往復、その日は、同じ中央カンテを狙う、いまとなってはライバルのようにみられる名古屋山岳会の前園陽太郎、加藤幸彦の両君が、横尾のベースキャンプに入るべく徳沢に立ち寄った。

かつて四峰正面岩壁の積雪期登攀にその勝利のよろこびを分ち合った仲間だ。ソノさんやドンちゃんに敵対する感情はなにもなかった。明朝からはじまる登攀のことで話は持ちきりであった。

夜になり、もう一つ屏風を狙うパーティがやって来た。雲表倶楽部の松本竜男君一行だ。彼とも第二次R・C・Cでは、吉尾、小板橋両君同様に同じ仲間だ。やはり明朝出発の予定である。ただ彼ら四人がわれわれや名古屋山岳会と異なるのは、一週間の食糧とビバーク用具いっさいをもっていること、そして屏風岩の中央カンテはアプローチにして北尾根を縦走し、四峰の甲南ルートをへて前穂、奥穂、北穂に向う驚異的な計画でやって来たのだ。

再び二十九日夜半のツェルトの中に戻ろう。いや、もう三十日になっているかもしれない。時計を見るのもめんどうだ。吉尾君がゴソゴソ起き出しローソクに点火する。小板橋君がコンロを膝の上でたき出す。

「前園さんたちや松本さんたちも、どこか下の方でビバークですね」

「うん、ソノさんたちはインゼル・ルートだし、松本君たちは荷が重いからな……」

それにしても三つのパーティが、九人の男が、冬の屏風岩にぶら下り、泊っているのだから愉快になる。

余裕のあるビバークのツェルトの中では、いつもそうだが、登攀の話がひとくさり終ると、食いものの話と女の話でもち越される。今回も眠ったと思っていた二人が起き出して、しきりにダべっている。今度は僕が一人眠る。

このビバーク地点まで追想しながら……徳沢のコタツのあるフトンから目ざましの無情なベルでたたき起こされ、痛いほど冷えこんだ暗い梓川を三人で横尾へ……岩小屋付近はまだ真っ暗だったこと……屏風岩の基部で名古屋大学の屏風岩北壁アタック隊の磯村君一行に出会ったこと……彼らのラッセルを利して取りつくと名古屋山岳会のサポート隊、本田君らが強風にあおられて白熊のようになり灌木につかまっていた。たぶん六時半頃だった。ザイルもつけずにわれわれ三人は八高テラスまでの灌木帯の急斜面を、チリ雪崩を浴びながら突き進んだこと……、十一時頃第一岩溝から例の前回の三ツ道具のデポ地点より稜角を越えて凹状の岩壁に達したこと（その凹状の岩壁はのちに関西登高会の人びとより零岩溝とよばれていることを知った）、……小さな二段になった零岩溝下のテラスで、毛皮の手袋を落し、ピッケルで拾おうとした瞬間、今度はカラビナとハーケンを落して、あぶなくバランスを保ち得たこと……零岩溝をトップの吉尾君がガリガリとアイゼンをきしませて登る姿は、下から見ると恐ろしいほど手ごわそうだ。われわれ下にいるものは凍りついた井戸の底にいるようだし、吉尾君は必死になって脱出している。一度五十センチほど吉尾君が落ちた。頭の上に鬼の爪のようなアイゼンが突きささるのではないかと、思わずザックを頭上にかざす。バラバラーッと雪と岩片がザックにあたり、ちゅうぶらりんになった吉尾君が再び力を得てズリ上るのがザイルの延びで分った……。

ザイルの延び、ツェルトの中で思わず自分のザイルをつかむ、夢だったのか？……こんな夜中にザイルが延びるはずがない。零岩溝は昨日の昼に吉尾君と小板橋君の努力により、僕はなんなく八方尾根のゴンドラのような三個の荷物のつぎに乗っ越してしまったはずだ。きっと寝ぼけて前の方にズッたのだろう。また定位置に尻をすえて小板橋君の前から消えたコンロをとりあげ点火する。

「何時ですか？」

吉尾君は起きていたのか？……時計を見るのが苦痛だ。寒いので手袋をはめ、その上にウインド・ヤッケの袖をかぶせてある。

「三時半だよ。まだ起きていたのか？」

「ええ、寒くて、それに芳野さんの寝言で……」

「もうじき夜明けだ。オレすこし起きてるから寝ろよ」

われわれ三人の中で僕一人だけが、腰まで入る半シュラーフを持って来た。この寝袋は奥山章兄のものを借用したのだが荷がかさばり、どうしても登攀不能の場合は無断でホウリ投げる予定でいたが、その必要もなさそうだし、寝心地は快適だ。夢を見たり寝言まで出るくらいだから。吉尾君も小板橋君も寒いのか、ガタガタ震えながらときどきイビキをかいている。後で知ったことだがこの夜は、上高地で零下十九度を記録したそうだ。

零岩溝の上で簡単な食事をしたようにおぼえているが、なにを口に入れたかどうしても思い出せない。眼の前の雪ばかりかじって首すじが痛くなるほど上を視て確保したこと……十五時にはBIブッシュと呼ばれている灌木の急斜面の下にいた。トップの吉尾君はガムシャラに突進だ。むやみに雪を落すので、下にいる者はたまらない。僕は腹も空いていたし疲れていた。早くビバーク地点を捜し、ツェルトをかぶり、半シュラーフにもぐりたかったのだが……スタンスの乏しいスラブの岩場をハーケンだけをたよりに乗っ越して、雪のバンドを二十キロ近い荷を背にトラバースした。

冬の短い陽はとうに沈み、薄暗くなってきたというのに、トップの吉尾君はなおも登り続ける。糸の切れたゴム風船のように、右も左もわからず、ただ眼の前のザイルの動きだけを感ずるほどの暗さの中を、ラストの僕は登らせられた。そしてこのビバーク地点に達したのだ。吉尾や小板橋のいるところに行ったら、うんとどなりつけてやろう。……時間ばかりあせりやがって、重荷を背にした下の者はいったいどうなるのかと。

だがその必要はなかった。彼らのところに到達してみると、吉尾君は必死になり灌木の枝など折り、雪を蹴落し切り開き、僕のために寝床を作っていた。

三十日この日も晴れた。

朝はいつものように風が強かった。朝食を終えてもだれも動き出さなかった。寝不足もあるが、寒さで体が硬くなって動かないのだ。

ビバーク地点の眼の前に、屏風岩にはめずらしい一本の太い木がある。その枝にジュースのあき罐が紐にブラ下げてあり、いままでの登攀者の大半の名刺やノートの切れ端がはいっている。われわれもその罐の中へ簡単なデータを記入した紙を入れる。冬にこの地点を通過するのは我々が最初であるということもそえて……。

その日の山日記は屏風の頭の雪洞の中で綴ったものだ。


八時半、風が死に、陽が出た。

九時過ぎ行動開始。

オーダー、吉尾、小板橋、芳野。

右の稜角を二ピッチ登る。途中芳野アイゼンがぬげる。

十時半、Aフェース直下のテラスに全員終結す。十分ほど遅れ名古屋、前園、加藤兄追いつく。

十一時、トップ吉尾、荷を背にしてAフェースに取りつく。アブミ二カ所使用。ドッペルのためザイル動かぬ、苦闘する。雪はなく夏と変らぬ状態なるも、アイゼン着用のためバランス悪し。

十一時四十分、小板橋、吉尾の地点に達し大なる荷三個とも引上げる。芳野、前園、加藤荷上げに下から協力。

十三時、芳野、加藤、前園の順でAフェース登攀終了点(吉尾、小板橋のいる地点）に到達。
十三時半、同点発。
オーダー、小板橋、加藤、芳野、前園、吉尾。ブッシュ帯二ピッチ、Ｐ１岩峰
右方に一ピッチ慶応稜Ｐ１に着く……十五時。
十五時十分、ザイルを解く。
十六時出発、ラッセル深し。
十七時、屏風頭に人声を聞く。
十七時半、名古屋山岳会サポート隊数名ラッセルをしながら出迎えてくれる。
十八時二十分屏風の頭着。
吉尾、小板橋はすぐ下山（北尾根最低鞍部より涸沢─横尾谷を経て徳沢ＢＨ
に）。芳野は名古屋山岳会のキャンプに泊る。
静かだ、初登攀の実感がわいてこない。
なにか海の底に沈んでいるようだ。
山日記の記録などというものは味気ないもので、それを綴った時の記念のような

ものが、あとで山小屋や、汽車の中、または街の中で、机に向い何度か読み返してみると、いちばん迫力があり真実を物語った純粋なものを汲みとれる。

十五時十分、ザイルを解く。……と簡単に記してあるが、なにかその時の感激を書きとめようとし次の一行が空白になっている。十五時十分などと書いてあるが、いつだれが時計を見たのかまったく記憶にない。

……雪稜の終った、とある地点に五人は何本かのザイルにつながり手袋をぬぎ何度も何度も握手を交わしたこと、雪庇の下を横尾谷まで切れ落ちている、いま登った壁を見下ろしたこと、記念の写真を撮ったこと、だれの顔にも悦びの表情はかくしきれなかった。

翌三十一日、風雪の中を名古屋山岳会の人たちとともにキャンプを撤収して最低鞍部より下山した。横尾の三のガリーで彼らに別れて一人になった。夏路から何度も何度も屏風岩を仰ぎ見るが、湧き出る霧と降雪のため、ついにその全貌は望見できなかった。

横尾の小屋には、若主人の常ちゃんがいて、登攀の成功をビールで祝ってくれた。

ストーブにあたりながら、屏風岩の氷より冷たいビールを僕は鼻水をたらしながら、馬のようにガツガツ飲んだ。アルコールに弱い僕は、ふらつく足どりで梓川をゆっくりと徳沢に向う。歩きなれた河原だ。ほてった顔に粉雪が正面から吹きつける。できるだけゆっくりと、ゆっくりと、ひとり夕刻の河原を徳沢に歩む。

雪と氷の穂高の峰々や岩壁は
僕の　ささやかな青春の舞台であった
今　その舞台の幕が
屏風岩というエピローグとともに……
風が荒々しく吹く　そして瞳を射る
雪が静かに降る　そして頬にあたる
僕は信じたいのだ　屏風岩が
次に始まるプロローグになることを……
雪が静かに降る　そして頬にあたる
風が荒く吹く　そして瞳を射る

「アルム通信」より

涸沢のこと四つ

いつだったか忘れたが、あんな快適な涸沢生活は今でも忘れられない。六月下旬だというのに雪が非常に多く、丸山の一部が少し出ている程度だった。

まだその頃の丸山には涸沢ヒュッテはなく、トントンぶきの共同便所があった頃だ……雪渓も夏と違い、まだ完全なザラメで涸沢小屋からザイテングラードを辿り、穂高小屋まで二時間余を費して登ったところを、下りは穂高沢（アヅキ沢）をグリセードと尻セードでポップスレーのように飛ばしてくれれば、七、八分で涸沢小屋に達することができた。涸沢小屋といえば、その年は雪圧に押しつぶされ、まるで爆風にでもあったように、まがった柱だけが破れた屋根をささえていた。

僕はなにするともなく、十日間もそんな涸沢圏谷で暮した。非常にめぐまれた十日間の生活だった。夜になれば月が、ものすごく大きく、キレイだった。北尾根の

四、五のコルの辺にその月が顔を出し、だんだん前穂の頂きに近づく。山頂に月が到着した頃に僕はいつも眠ってしまった。

あんな快適な涸沢生活をもう一度、過ごしてみたい……もっと雪が多く……もっと月が大きく……昼間がもっともっと永い涸沢の生活を。

五、六年前、夏山合宿は名目上、僕がチーフ・リーダーだった。まず涸沢で定着合宿を行なった。好天にめぐまれたせいもあったが、あの暑い暑い八月の初めの涸沢は、実に六十張り近くの天幕があり、盛大といえば実にこれ以上偉大な人出の涸沢を見たことがない。予定通り一週間の定着を終り縦走に入った。その時初めて北穂の南稜から涸沢の天幕地を見下ろした。北尾根、ジャンダルム、三峰フェース、滝谷と多彩な合宿であったが、僕はとうとう丸山のカッパの小舎に行くのを忘れていたことに気がついた……Tがアズキを喰い過ぎ（?）下痢をして何度もキジを打ちに行った。Kの奴がホッテントットのように尻にザックをのせて、「デコイデコイ」といいながら登ってきた。

涸沢のカールは八月の終り、夏が過ぎれば秋は駈足でやってきて、そのまま逝ってしまう感がある。秋という季節は短いのだ。初秋、中秋、晩秋などとくぎろうものなら……先日、ナナカマドが真紅に色づいたと思えば、もう今日は新雪が奥穂を白く染め、カールの底のモレーンにも早朝は着氷する。

そんな季節の時に僕は独りで北穂の南稜を下り、涸沢谷から徳沢にいそいでいた。秋の感傷をルックザックの奥にしみ込ませ、その上に冷たい新雪をかむせ、人気《ひとけ》のない涸沢小屋に声をかけた。その頃から雪はミゾレに変り、本谷橋を渡る頃には、さらに雨になっていた。冷雨は、ザックの雪をのけさり、クビにはいり込んだ。痛いほど冷たく垢《あか》にまみれた肌を濡らした。振りかえれば濃いガスと細かく冷たい雨の中に、涸沢谷と横尾谷は紅葉を競い、スーラのデッサンのごとく……また、背後の屏風岩は、二ルンゼが霞み、正面フェースが時おりガスの中から壮麗なアポロの彫像のように僕の瞳に印象づけられた。

雪の多い年だった……二月の終り晴天を利し、奥又白谷より、前穂高北尾根の六峰七峰の小カール状に突き上げる急峻なルンゼを登り、北尾根の雪稜に達し、涸沢のカールを見下ろした。この時初めて見る厳冬の涸沢に威圧され、悪魔の舌のようなデブリの中に、ビーナスが僕を見つめているかのごとく映るザイテングラード。

やがて月が出た。三日月が、その蒼い光は涸沢を見下ろすピッケルに反射し、僕のファイトを夢の国に導いた。
枯れススキのかえ歌で、涸沢を唄ったのにこんなのがあったっけ……

雪の穂高を照らしてる
池の平のお月様
これから二人はアルプスの
山のガイドで暮らそうよ……

本当に、池の平のお月様を見ていたら、出来得れば山のガイドで生涯を送りたくなるだろう。

うたにならないうた

爺ガ岳から種池へ下って行くとき……「ホオーオー」と薄い霧と偃松《はいまつ》の中をK嬢が唄いながらT君の後を追うようにいそいでいる。
T君はもう霧にかくれて見えない。K嬢も時々霧にかくれて、T君に負けないほどの大きなルックザックがブロッケンのようにボオーと見えた。霧は信州側から湧き出て、稜線を包むようにして黒部側に消える。始めに、T嬢の唄声を聴き、下りながら僕は考えた。前夜も話題になった霧の音かな……と。

何を唄っているのか知らない。まだ、「ホオーオー」ときこえる。霧の中から。下りと違い僕はどうしても追いつけない。また、追いつこうといそげば、ところどころにある新雪に足をすくわれそうだ。ぬかるみのどろを尻の上まではね上げ、なにもルックザックをよごすこともない。

また歌声がきこえる。何年間か音楽の学校でピアノと歌をやってきたとか、その声は一番女として普通なメゾ・ソプラノとか……でも僕には霧の中から聴こえてくる霧の音のようにしかきこえない。

このながい山旅も終りに近い僕の耳は、やはり僕の足のように疲れているのかもしれない。

また、「ホオーオー」と霧の中からきこえてきた……。

雪と風。光と十字架
山での死。

恐らく山に登るだれしもによって、少なくとも何らかの形において考え古され、答え古された問題。

しかも、これほど永遠に、新鮮な設問を山男に働きかける言葉がまたとあろうか？

厳粛な死。悲壮な死。

これらの言葉の何と生彩なく感動なきことよ！「運命的」という言葉でさえもが、今や、あまりにも空疎な形式的観念の一片を浮かばせるにすぎないではないか。

山での死！

我々の前に横たわるものは、余りにもまざまざしい、余りにもなまなましい現実である。


〈水野祥太郎R・C・C報告Ⅲ　一九三一年より〉

その山の墓地は大きな樹が雪におおわれ、風が午後の、冬の光を吹き消そうとしていた。

僕は荷を下ろして、大きなケルンの墓石（？）の前に坐った。……雪がすぐ尻に伝わり冷たく感ずる……。

樹上の風とともに吹き下ろす雪と光。

こんな中で一人でいる自分がさみしいなんて気は少しも起こらない。

一昨日の夜、ここに出発する日、この墓の姉さんより頂戴した、ブドウ酒を雪でつつまれた白い大きなケルンにかけてみた……僕を見送りに来てくれた数人の、故人の、かつての山仲間が少しずつ口にした残りだ。

ここの墓地に来る前、その前日は沢渡《さわんど》よりトラックに乗ったのはよいが、途中で風雪のためエンコして数人の人夫とともに、荷を強引にトラックに乗せられ……真暗になってから上高地の帝国ホテルに着き、僕の大ザックを秤にかけてみたら十二貫もあったっけ……そして今日、寝過してホテルを出発したのが昼少し前、小梨の厚生省によったら、ちょうど昼食前で一杯やっていた。飲めない僕が、ウイスキーを何杯かホして、荷を軽く、チドリ足でこの墓地にやってきた次第だ。

十二月だというのに、上高地は毎日風雪だ。すっかり一月か二月の山みたいに寒くひと気がない。

……北村のケルンの墓の前……秋に置いてきたクス玉と、その上にかけて来たビニールの風呂敷はまだそのままだ。雪を払うと凍った柿が出てきた。噛ってみるが冷たいだけ、ブドウ酒を吸った雪を口の中に入れてみる……うまい……何度かそんなことをやってみた。

山での死。R・C・Cの水野氏の言葉を思い出して見ようと努力してみたが、厳粛なる死、悲壮な死、しか思い出せない。僕やこの墓の人が生まれた年の古い言葉だ。

雪に濡れた尻とザックを持ち上げたのは、だれかが僕を呼んでいるような気がしたので、そのままブドウ酒のビンをそこに置き、ブラブラと下って行った……こんな雪ならスキーを上高地まで下ろして置くんだったと考えながら、ところどころ膝までもぐり、あの新しい無名の白木の十字架までやって来た。この十字架のあるところは、この山の墓地の中では明るい、この下に眠るひとには明る過ぎるんじゃあないかなどと思って、上を、空を仰いでみる……雪は頬に当る。

夏路に出てからスキーのないのが、いままでよりずっとつらく感ずる……吉城屋の前で休んでいると日は暮れた。冬の一日がなんて短いもんだといまさらながらにうらめしくてならない。……これから約一里の雪道を、暗い中を、一人でラッセルをせにゃあならない……できればこの辺でビバークしたいところだ。

吉城屋の横からすぐ夏の近路に出ればよかったのだが、風雪の中に、誰かのラッセルの跡が幾分残っていたので、そのまま日沢の橋を渡る……徳本峠《とくごうとうげ》への分岐点の指導標は暗い中でもはっきりと見た……ラテルネを出そうかと何度も考えたが、荷を下ろすズクもなく、先人のかすかなシュプールを辿る……一人で重荷を背にしての暗い雪路はツライ……上高地を出る時、昨夜の半分にした荷なのに、少し酔っているからか、とも思ったが、こんな寒い風と雪にツラを出しているのだから……そんなこともあるまい……。

雪の上高地と徳沢のみち、おそらく僕にとっては銀座や新宿の鋪道よりも、ずうーと詳しい通いなれたみちだ。数十回、いやいや百回以上も一人で歩いたみちだ……?……それなのに何んでこんな登りがつづくのだ……路に迷ったと気がついた時は峠の小屋へ、あの分岐点より四分の一も近づいた頃だ。先人のシュプールというのは徳本峠を越した何人かのものだ。

それからも、やはり来たみちを引っ返せばよかったんだろう……が、左手斜下方にぐんぐん下りぎみにトラバースしてみた。思ったより雪は硬く、さほどラッセルも気にならない。

幾つか、小さな尾根と凍った沢を渡った。

真暗な寒い雪と風の中で考えることは、山に逝った友のことと暖い灯のことの二つだけだ。

やはり、こんな風雪の晩、八ガ岳で死んでいった僕の初めの山の友……僕らの山仲間ではないが、顔見知りのSという男が三千メートルの雪の稜線の上の小屋を眼の前にして倒れた。同じように風雪に飛ばされて終ったN君、雪の壁から墜ちたI君……そして今日僕が訪れた、ケルンの下に眠る北村、初めの八巻とともに忘れられない僕の山の友だった……この二人とは僕はよくケンカをした。八巻とは彼が死ぬ五、六時間前までも何かいいあらそった。だれもいない八巻と二人だけの山の中だった……北村にだってオレはそうだった、山の中でオレが一人でいてケンカ相手がないばっかりに手紙で、しかもみんなにそれを公開してまでも争おうとした。何故だ、彼のいった通りフェアプレーに欠けていたか？　オレの行為が。

そんなことはない。そんな馬鹿なはずがない……僕がいま、背にしているルックザックが急に錆《さび》ついた、鉄の十字架に変るなんて……。

暗い雪と風の中で前進しようとあせるが、どうしてもだめだ、ルックザックは木の枝に引っかかり、本当に赤錆びた鉄の十字架のように重く感ずる。

一回も休まず、随分苦労して、どこをどう歩いたのか、ポッカリと明るみに出た……。

あっ……あの白木の十字架だ……大きなリングワンデルング？　そんな馬鹿な……荷を下ろして、ライターをつけてみた……古池のベンチだった。煙草を吸い気を落着けて、今度こそ夏路を失わぬように……平らな樹間を徳沢に向かった。

八巻や北村とのたのしい想い出……八巻と二人でA君に二階の窓から小便を引っかけたこと、自転車に後ろ向きに乗る練習を三日もつづけたこと……北村と下手なヨーデルを半日も雪の徳沢で練習したこと、ペルケオの唄を早月尾根でガナッタこと、細野で冬山の帰りモノスゴク高価な薬を飲まされて金を請求されたこと……。

夏路が梓川を見下ろし、グルッと尾根を捲き、徳沢の牧場の跡へ出た。光が……

灯が見える……強風と雪の中で、あんなに求めていた光が、灯が、こんな近くにある、一度大声でヨーデルを唄ってみた？……

やっと徳沢へ着いたのだ。あんなに僕にナツイていた犬がどういうわけか一声もなかず、尾も振らずに「う、うう……」と吠えた。

雪の徳沢に来るのに随分時間を費したことはいままでに何度かある。だが、みちに迷ったことは初めてだ。山に逝った人の霊がつねにつきまとっていたのか？……それとも少し酔っていたのか？　この後四、五回上高地に出かけた、暗くなったこともに二回ほどあった、しかし天気もよく、いつも連れがあった。例の犬も何度か僕とともに上高地を往復した。そして最後には島々へ逃げていっちまった。その翌翌日、徳沢を出発した三人の登山者は奥又白谷の下部で雪崩に埋まり、二人はふたたび徳沢には還って来なかった……春を過ぎれば、北村のあのケルンの横に、また新しい二つのケルンが積まれるかもしれない。

山での死。

それは本当に身近にあるのだ。

……霊、在らば眠れ。

僕は、これから登るのだ。

ある登行

――二月の西穂高

〈小梨平〉零下十八度、さすがに二月の好天、前夜は寒い。それにこの平は上高地では風がもっとも弱い……。

〈森林帯〉ワッパの下にアイゼンをつけて岳川谷《だけがわだに》にはいりこむ。ラテルネは四人で三個……。

〈河原〉トップを行く中小路が突然、碓井の光を背に広々とした斜面に出た。僕はラストからドナッタ、トップ交替……。

〈ビバーク〉月はない。風もない。ただデブリと登行だけがそこにある。午前二時、四人はインゼルの上でツェルトをかむる……。

〈寒気〉碓井も中小路も、上高地のレインジャーも眠った。僕は一人熱い紅茶をのんでいた。テルモスから紅茶をボールに出すと、みるまに表面が凍った。

〈午前四時〉出発。西穂高沢の下部は、デブリでアイゼンがよくウタウ。

〈黎明〉トップから次第にラテルネが消されて、ホンノリと後頭部に陽が薄赤くあたる。

〈稜線〉雪稜に飛び出した瞬間……グッと風が身にこたえ、笠ガ岳が、そして、西穂の山頂が眼前に……。

〈風と霧〉ザイルを出そうか?……と思ったが、比較的アイゼンがよくきくのでそのまま進む。

いつの間にか霧が涌き出てジャンダルムを消す……。

また風が飛騨側から吹き上げ、ジャンが奥穂とともに顔を出す……強い痛い風だ。

〈山巓《さんてん》〉ケルンが雪にうずもれている……小石が雪とともに飛んでくる。

わざわざ碓井や中小路に、僕は手袋をぬぎ握手を求めた……二人とも白い歯をニンマリと出してカメラのポーズをした……あとは下山が残っているばかりだ……そして陽はまだ高い。

冷　雨

Nとともに烏帽子《えぼし》の奥壁をやるつもりで三日もねばったが、トオトオ雨のため登れなかった。

　この間の例会でMにその話をしたら、Mの奴が「なーんでえ、登ればイイジャアナイカ」と、さも自分なら登れたというように、M独得の、いわゆるカタルようにいっていた……。

　オシャベリですぐカタルくせに気の弱いMが、また怒るかも知れないが、Mにカタラした以上、僕はどうしても近日中に、奴の失敗したK正面と烏帽子の奥壁は単独ででも登ってみせる……そのつもりで今晩また谷川に出発する訳だが、やはりMの奴が今度も絶対に雨だとイヤナコトをいった。たしかに今朝の新聞天気図を見ても余り芳《かんば》しくないし、昨夜からの雨はまだ降りつづいている。

　高層気象、特に日本の山岳気象に十五年も二十年もその尊い研究を費している気象庁の、いやわがクラブの大井正一さんに申し訳ないのだが、山の天候なんて、ある程度「勘」にたよったほうが、一つの山に登るという目的は達せられる……これが僕の持論である。

　大井さんが貴重な時間をアルムクラブのために使い、天気図講習会や山岳気象の説明を月何回かMの会社でやっておられる。科学的に山の気象が予知できれば誠に結構である。大井さんのその会は僕個人としてもアルムクラブとしても大賛成だ……。

僕のいう「勘」……これは少なくとも大井さんの会の出席者やアルムの連中には当てはまらない「勘」をいうものだ……すると大井さんを初め、山の気象を研究している人びと、アルムクラブの連中はみんな「勘のニブイ奴」になりそうだが、どうか気分を悪くなさらぬように。僕の持論とは体験から割り出した僕の体の中にだけヒソム、バロメーターが僕にだけ知らせてくれる、はなはだ個人主義的なケチな「勘」なのだ……以下つづる一文は、体験記ともハッタリ記とも訳の解らぬものになるだろうが、山の天候に幾らかでも興味を抱く人は読んでもらいたい。

僕はこの七、八年間、毎年、二百日から三百日近く山にはいっている。東京の自分の家には一年のうち、二、三カ月しかいないことになる。一年間のうち三百日近く山を歩くということは、大変なことで、まず不可能だ……僕の山日記を出して見ると、一年間のうち、三百二十一日山行と記してある山日記があったが、よく読んで見ると山に登った日、歩いた日はわずか六十日たらずだ。約五分の一、五日のうち一日しか行動しなかったことになる。五日のうち四日間は天候が悪く山に登れなかったのかというと日記を読むとそうでもない……山に登らない日が圧倒的に多くても、空を眺めない日は一日もなかった。それが証拠には山日記の端に天候の記号が記してあるから……。

だいたい、一つの山や、岩壁をどうしても登ろうというのなら、その山や岩壁の根拠地に何日でもネバリ、晴天を利して登れば、八十%くらいの確率で成功するだろう……が時間に余裕のない者はそんなノンキなことをいっていられない。そこで、その「勘」を働かせる訳だ。

いつだったか忘れたが、遠見尾根で来る日も来る日も吹雪で一体いつになったら白岳へ五竜へ行けるやら、と三人で遠見小屋に閉じこもっていた。その時、Sという仲間が、「小屋番に聞いたんだが、明日も吹雪とすればちょうど十日間吹雪がつづくことになる。三月も中旬だ。どうだい明日出かけよう」天気予報は、「山ぞいでは明日も吹雪がつづきましょう」と実に簡単に人ごとのように報じていた。

翌日、猛吹雪の中を無理して出発、三人とも、ただよくなるという勘だけをたよりにして……夕刻、大遠見に着いた時、風も雪も霧も晴れ、実に快適に雪洞で寝た。

その翌日からは何日間も晴天がつづいた……結果からみて、わざわざ猛吹雪の中を出発しなくても一日まてば快晴は得られたのだが、勘だけをたよりに出発したのも全くの失敗ではなかった。

やはり同じ年の夏だったと思う。昨年四峰で死んだ北村らと早月尾根に出かけた。東京を出発する前から雨だった。富山でも、上市でも雨、伊折も雨、馬場島《バンバジマ》も雨、早月尾根の一番初めの幕営地は、たしか一九二〇メートル付近だったが、そこまで実に東京を発して四日間も雨のため、みんなの幕営地の百メートルくらい下でビバーク、全身ぐしょぐしょに濡れているので実に不快であったが、変な感じがあった。これから二、三日午後になると雨が降り、夜になれば止む、あと二日や三日ビバークしても大丈夫だと考えながら、濡れた枯草の上に寝た。おかしな勘どおりに翌日午後になり大雨にうたれて二八〇〇メートル近くでビバーク、夜は前夜同様雨は止んでいた。その翌日も午後から雨に打たれ、みんなに追いついたが、平蔵の避難小屋でビバーク同然の状態だった。その翌日も午後には豪雨となり、ビバーク以上の苦汁《くじゅう》をなめた。……そうなると、そんなつまらない勘よりも、天気予報を信じたくなった。A大の山岳部がポータブルラジオで明日の天気を聴いていたので、尋ねると、一日中雨だとのよし、降るなら降ってくれ、おれは明日こそ裸になって体とともに衣類を全部乾かそうと思い、徹夜で天幕の中の水をかい出した。何日ぶりかで陽の光を見たのは、天幕の水を出し終った頃だった……。

二月の西穂高は特に僕の勘がよく当る山だと思っている。三年ほど前の二月、西穂高小屋の小屋番M君と、あわよくば槍まで行こうと西穂小屋でアイゼンのツァッケなど、とぎながら天候の回復を待っていたが、下手な天気図など何枚書いても一向に分らない。M君は俺の勘じゃあ今晩あたりからよくなるというし、僕もいままでより薪の燃え方が快調だから、なんとなくイイヅライ……くらいの調子で午後になり小屋を出発した。その日は独標を越えてビバーク、風と霧はあったが雪は止んでいた。翌日はわれわれの勘が当り、快晴だった……この時はファイトが抜けてジャンダルムまでしか行かなかったが、われわれの勘が適中したことは槍まで行ったくらいの喜びがあった……今年の二月、アルムクラブの当時、最年少者のUとNが徳沢に遊びに来た。いろいろと僕のクダラナイ物も二十貫近く上高地までボッカしてくれた。十貫以上もボッカして、若い二人だけで二月の上高地へやって来ただけでもホメてやりたい。その上どこかへ登りたいといい出した。彼らの実力ではまあいいところ槍沢から槍、涸沢から北穂か奥穂、ちょっと落ちて、常念、大滝の裏山か岳川からの一般ルート、もしくは焼岳ぐらいだ……随分迷ったが結局、西穂に行くことにした。ところが天候が、二月という季節は、北アルプスではまだ厳冬期に属し、もっとも雪が多く天候も悪い。上高地のレインジャーと相談し、下手な天気図を書いたり、ラジオの予報などあまりアテにしないで自分達の勘だけをたよりに出発することにした。結果は上々だった。つまらない記録かも知れないが、おそらく西穂高沢から積雪期の西穂高岳登頂としては第三登と第四登に属し、時間は、最短のものであったろう。

記録といえば、今年の三月の前穂四峰正面壁初登の時、一週間完全に奥又の池で吹雪かれ、閉じこめられた。何にもすることがないので、ポータブルラジオを一日中聴き、天気図は必ず書いたし、ラジオの予報も聴いた。アタックの前夜、例の二十二時四十五分の気象通報での天気図作成も完全な冬型の気圧配置で明日も停滞かと思った……仲間の連中は、もうこれで会社も役所も自分の勤めは十日以上欠席になるから、どうせ帰ればクビだ。もう晴天までネバルだけネバロウと、何か悲壮なものがあったが、僕には例の変な勘があった。みんなあんなことをいっているが、それは大丈夫だ、この登攀も二、三日中には終ってしまうだろう……。

その晩、僕はめずらしく何度も眼が覚めた。天幕のポールがへし折れるほどの強風が断続的に吹いていた……おそらくその瞬間の最大風速は四十メートルはあったろう……翌日は、はるか富士から太平洋の向こうまでも見わたせるほどの快晴であった。たしかにあの日は地球の丸みが僕にはよくわかった……むろん、われわれの登攀は成功した。氷雪岩壁登攀中、二回のビバークの時も僕の天候判断は的中した。ラジオ天気図によって知る概略な予報よりも、少なくとも前穂高の奥又白と北尾根周辺の限られた地域であるが、「勘」が正しく予知できたことは、その未登の氷と雪でおおわれた岩壁を登り得たことと共にうれしく、生涯その「勘」が狂わぬようしたいものだ……。

だれにだって天気に対する勘ぐらいあるものだ。しかし絶対に明日は雨だとか晴だなどと、いい得ないだろう。わがクラブのM君よ、人がたのしみにしている三日も先の日曜日の天気が絶対雨だなんてひどすぎるよ、だから僕は今日の日記は以下のように書くつもりだ。

……Mのやつが絶対に雨が降ると僕の明日から始まる登攀を呪った……だが自分

の体験からいっても、山の天候こそ絶対とはいい切れないと思う……絶対という言葉は不思議なもので、そのひとを陥《おとし》いれる不可思議なものがひそんでいる。天候とか山に登ることに対して絶対という言葉はつつしみたい……絶対という言葉は絶対への探究……いわゆる「死」以外にはちょっと考えられないのだから。

——六月六日山に行く日、天候を案じつつ、はしり書く。

南稜日記

——一九五七年夏山回想

以下日記体でつづる一文は題名のごとく北穂高南山稜上の生活が主体であるが、延々三カ月余の上高地を中心とした山行生活の中盤のひとこまを辿っていく……もうふたたび、このような生活は僕の生涯のうち多分訪れないだろう……。

八月九日　小雨

北村の遺族、兄さんと二人の姉さんたちを上高地の駐車場で見送ってから三日もたち、夏山合宿の連中と奥又出合で分れてからすでに一週間も過ぎてしまった。それに今年の夏のほとんどが雨だ。永嶋を追って上高地から北穂の南稜へ向うが、徳沢に来ると雨が強く降ってきた。とても涸沢までいけないので、今日は徳沢泊りとする。

八月十日　晴後曇・霧

徳沢発五時三十分……はよかったが、北村の追悼銅板に立ち寄ったり、屏風岩を一時間近く眺めていたりしたので、涸沢のカールの底に着いたら、すでに十六時を廻っていた。ホーショウ山岳会の友人一行に出逢ったのを幸いに、若いK君にボッカをたのみ、おまけに南稜の天幕より永嶋を迎えによこして、やっと二十時三十分夕闇の中に高度三千メートルの北穂高岳南稜の天幕に着くことができた。……ボッカしてくれたK君が南稜から早くも下ってきて、ゴルジュの少し上で出合った。下のホーショウの人たちの話だと、K君、帰京するのに百五十円しかないというので、むりやり金三百円を贈呈した。永嶋が先日まで北穂小屋で品川らとアルバイトのボッカが、涸沢から北穂まで一貫メ五十円……大体K君にボッカしてもらったのは六貫くらいだろう……おれもエラクナッタ、ボッカを使う身分になった……これから何日間、ここにいるか分らないが、おれの所持金は七百円になった。

八月十二日　霧後小雨・雨

九時、永嶋はジャンダルムの飛騨尾根を見物しに出かけてしまった。全くご苦労さまだ。おれは天幕の窓から霧の山嶺をみつめ、ゆうゆうと飯を食う……気象庁山岳部の長田、早川氏が天幕にやってこられた頃……十時……雨がボツボツ降り出し永嶋も帰ってきた。永嶋は雨ばかりでツイテナイとボヤきながら急に下山することにきめ、荷をまとめ軽装で涸沢—上高地—東京と行ってしまった。午後から長田氏などと滝谷第二尾根をP_3まで下りてみる。水野クラックなどを登るが降雨はげしきためB・Cに帰る。

　雨のためすることもなく、早川氏のリードで知るかぎりの歌を全部唄う、気象庁のB・Cは涸沢だが、こんな雨の中を下山しなくとも……引きとめて長田、早川両氏は泊ることにする。三千メートルの天幕泊りは生まれて初めてだと非常によろこんでくれた。

八月十四日　晴後霧雲

旧知の名古屋南山大学山岳部の中世古君と滝谷第一尾根および松波岩などを登った。……第一尾根は取付点をまちがい時間的に大分ソンをした……それに先行のパーティーが落石をはげしくヤラカシ、おまけに岩登りは第一級の下手クソときているので、予定の時間の二倍以上も費してしまった。それでもB・Cが余りにも近くにあるため時間があまり、第一尾根だけではものたりないという中世古君とともに、松波岩の滝谷側や北穂南峰付近のロックガーデン（?）で岩登りをやった。久しぶりにアブミなど使って本格的な（?）岩登りをやったせいか、非常に疲れて楽しい一日だった。夜は中世古君と二人でごくクダラナイ話をしてヒマをつぶす。

八月十五日　快晴・霧

滝谷《たきだに》第四尾根に遊ぶ……南山大学の大橋君がやって来た。一行は三名になったので、ザイルの都合上、僕がつねに中世古、大橋君の先に登り、悪いところは彼らとつながり、一日本当にタノシク岩に遊んだ。Cカンテを過ぎ、ツルムの登りの辺からD沢の下のほうに霧が湧きだし、滝谷らしい快適なよい山行であった。ドームの頂上で中央稜に行った中世古、大橋君を待っていると縦走者の数人が路に迷い、ドームの上までやってきて、「井上靖のリュウコクはこの向うだ」といって滝谷を見下していた。リュウコクとは何かと思ったら滝谷だ。先日北穂小屋でやはりお客さんが、タキヤはどこですか？　とかリュウタニは？　などと話していた。今は滝谷でも一部の岩稜を残して、そのほとんどが岩登りの初心者でも十分登れるように一般化した……それにやはり氷壁に登場する前穂の東壁、これも滝谷以上にポピュラー化している。あの小説以来あまりにも有名になったあの岩稜や岩壁を、なぜ恐れているのだろう……あなた達も恐れずに、よいリーダーのもとに登ってごらんなさいとケシカケたいくらいだ……それにしても小説とはツミなものだ。

南山、中世古、大橋君泊

八月十六日～十八日

食糧をとりに上高地に下山。

八月十九日　晴

厚生省のレインジャー、中島、下川両氏にレインジャーともあろう者が岩場を知らぬなどモッテのほかだとかなんとか、もっともらしくケシカケて午後三時すぎに上高地を三人で出発した……本当は一人でまた南稜まで登るのがいやだったのだ。途中名古屋山岳会の前田君等に会う。徳沢までやって来てそのままわれわれ一行の後をついて来る。新村橋から横尾へ……本谷橋を渡るころで真暗、その前に、前日北穂小屋の便所付近で墜死した女の人の遺体をおろすボッカ衆に出会った……涸沢ヒュッテで晩めしをご馳走になり、二時間もダベッてとうとう二十二時をすぎてしまった。南稜のあのきつい急な登りを日中登ることを思えば、夜はさすがに涼しく休むと寒いくらいで実に快適な夜間山行だ。これから夏場のボッカの山は夜歩きにかぎる。途中南稜の取付点の下部で、犬のGENが子兎をクワエてきた。血だらけになりすぐ死んでしまったので、ザックの後にくくりつけ、明日のオカズにすることにする。

三日ぶりにわが南稜のB・Cに着く……最夜中の二十四時だ。

八月二十日　晴

前夜のつづきのようなもんで、五、六時間しか眠れなかった……何か放心したような気持でゆっくりと朝食をとり北穂の小屋に遊びに行く。

中島、下川氏をさそった手前、ともに松波岩と第二尾根の例の水野クラックで岩登りの指導をする。二人とも、ぜんぜん、初めてにしてはリッパ過ぎるほど岩登りはウマイ、それに犬のやつまで第二尾根のP_2まできたのには感心した。

午後から朝霧山岳会の稲越君がやってきた、天幕はガ然にぎやかになった。久方ぶりに四人と一匹できゅうくつな思いで寝た。

八月二十二日　小雨・夜風雨強し

雨の中で小キジと天幕なおしに外に出ただけで一日終った。メシも一日一食だ。まさに冬山級の生活だ……冬山級といえば夜の風はすごかった。天幕は大黒さまの袋のようにふくらんで、一部が破れ雨がようしゃなく吹きこんできた……。

八月二十三日　霧・小雨・風強し

眼が覚めて、あたりを見廻すと天幕がない……夜中に何度もたたきつける強風雨にこの夏テンはついに吹っ飛んでしまったのだ。遠く北穂高沢の雪渓の付近まで飛んだ食器や手拭いなどを拾うのに約半日も無駄骨を折った。それでも天幕は四、五メートル下の大岩に引っかかっていたので、割に楽に再建設できた。

十五時、小雨ふる中を和田、平岡の二名来る。アルムの連中がこの悪天候の中をやって来るというのは、余り期待していなかっただけにその喜びは大きかった……食糧がガ然豊富になる、サシイレのポータブルラジオがきたので、雨が降ってもさしてタイクツはしない。夜はかなり風が強く、何度もポールが動いた。

八月二十四日　雨

終日雨の停滞も、けっこう食ったりダベッたり、いそがしかった。

二十一時ごろ、天幕付近に落雷あり、天幕は倒れ、浸水おびただし。

八月二十五日　快晴
ついに晴れた。一日のんびりと天幕付近でスケッチをしたり濡れ物干しで終る。
和田嬢はさすが女で、洗濯物と入浴、水汲みに涸沢まで下山する。平岡君は勤務の都合上下山。

八月二十六日　霧・曇
一ツ橋大学山岳部の友人、中村（T）、藪原、中村（Y）君が泊る。三、四人用の天幕に五人も詰ると、さすがに夏山とはいえきゅうくつだ。
和田は今日も涸沢まで洗濯と水汲みに下山。

八月二十六日　雲・霧
滝谷ドーム中央稜に遊ぶ。和田嬢は女ながら見事なバランスでよくガンバッタ……その後、今日もまたセンタクと水汲みに和田は涸沢まで下ってきた。まことにゴクローサマだ。
藪原君下山、T中、Y中君泊。

八月二十九日　快晴

滝谷グレポン初登攀。

僕がこの南稜に長期滞在の理由の一つに、出来得ればグレポンに取りついてみたい……それにはまず偵察があった。快晴にめぐまれ、パートナーとしては一ツ橋のT中、Y中の両君がいるので、ブッツケ本番とわれわれ三名がグレポンに向ったのが十時、出足は時間的に遅いが、前日の雨のため、これはやむをえない。ブッツケ本番とはいえ、まず取付点の偵察をかねて第三尾根を下降した。第三尾根取付点の赤色クラックスラブとほぼ同点より右にトラバースぎみにグレポンのもろい岩稜に立ったのが十四時。

Y中君がトップの三ピッチは白っ茶けた非常にもろい岩稜で、適当なアンカーレッジがなかった。偵察時の最悪と思われた鶏のトサカ状の岩峰直下で僕がトップに立った。正面の大オーバーハングを乗越したかったが時間もないし、ハーケンも少ないので左のリンネを登り、トサカ岩の裏側の大きな鞍部に出た。十九時、満天の星空の中で、いちおう型どおりのハーケン陣を作りビバーク。

八月三十日　曇り後雨

寒い永い一夜が明けた。雲は高く全天をおおい絶好の登攀日和だ。六時に登攀を開始、ローソク状の奇峰の右裏のチムニーに取りつき二ピッチ、約一時間半で登攀は終了、二十時間ぶりでザイルをといた。

B・Cでは和田が飯を炊いて待っていてくれた。昨晩は北穂の小屋では水槽に薄氷がはったそうだ。もうすでに初秋だ。この南稜生活もグレポンの初登攀を最後にいちおう終止符をうつことにする。

午後から天幕を撤収し、久方ぶりに大きな荷を背にゆっくりと半日もかけて涸沢を下った。

あのピッケル

これは創作ではない……この話を僕の友人に話したら、小説を書いているその友人がぜひ俺に一度この話を書かしてくれといった。登山をあまりしたことのないその友人は、多分に彼のフィクションを混えて、この話をブチコワスかも知れない。それよりも、僕は僕なりに事実をそのまま文章に残して置きたい……この話とは……ひと振りのピッケルと二つの氷雪岩壁の初登攀にまつわる話である……。

彼女の、そのピッケルを僕が始めて見たのは徳沢園の冬小舎だった。Eクラブといって、女ばかりの山岳会がある。彼女はその会の一員として数人の岳友と春の上高地にやってきた時、そのピッケルを僕が借りて振って見た……こんな軽いピッケルは初めてだ。それにピックとブレードの中間にはカラビナを通す穴があいている。フランスの女物のピッケルだそうだが、日本人のわれわれには、これ以上適しているピッケルを見たことがない。シャレルだかシモンだか、未だに思いだせないが、どうしても自分のものにしてみたいピッケルだった。

数年前、やはり上高地で知り合った一人の女がいた。無精者の僕だが、その女と何度か街で山で逢った。そして、それが恋というものかどうか未だに解らぬが、僕は当時その女にヒソカニ想いを寄せていたことは何かの手紙の下書きを見るとよく分る。やがてその女は僕の見知らぬ男と結婚した。多分いまごろはブクブク太った何人もの子供の母となっているだろう……よく小説にあるテだが、その女に、ピッケルの彼女はどこか似ていた。

夏に彼女からハガキで尾瀬に永くいると一度便りがあった。

冬になった。僕は例のごとく徳沢の小屋に一人でポツンとストーブの番をしていた。H山岳会の顔見知りのS君やA君が北尾根にやってきた。その帰途、徳沢の冬小屋に彼らは一泊した。みんな寝てからS君と僕はおそくまでダベッていた。その時、彼が、このピッケルはスバラシイものだ。A君のリーベのものだが、といって一本のピッケルを見せてくれた……。

僕はいきなり風雪の戸外へタタキつけられたような気がした。ストーブが消えてからも眠れない暑い永い夜だった。四峰正面のアタックメンバーが全員、門田《かどた》の穴あき軽量ピッケルを使用すると聴いて、僕もそのアタックのメンバーである以上、軽装備が必要になった。彼女に永い手紙を書き、ピッケル借用を申し込んだ……するとS君からハガキがきた。Aは屛風の二ルンゼを登る。自分の恋人のピッケルを振らせてやってくれ……屛風の二ルンゼのアタックは僕らの四峰正面のアタックと同じころだ……ピッケルと彼女に嫉妬めいたものが、四峰アタックにいっそうファイトをもやした。第一回目のビバーク地、ハイマツテラスの直下で、ほんの二、三メートル僕がトップに立った。重い、何度かシャフトの折れ、短くなった僕のピッケルはアッという間もなく百メートル下の雪壁へ呑まれるように落ちてしまった。何か不吉なものを感じ、とても僕にはトップに立つ勇気はなくなった。しかし、ちょうど今ごろ屏風岩では、一人の男が、恋人のピッケルを振りかざしトップを切っている……と思っただけでも、この苦しい登攀の中での敗北は許されなかったはずだ……。第二回目のビバーク、吹雪と寒気との闘いは僕の思考力をも奪った。そんな中でも、この雪と岩の急斜面から体を支えるピッケルが、自分のそばにないことを呪《のろ》わしく思った。

四峰正面岩壁との闘いは終った。僕らは勝ったのだ。あの氷と雪におおわれた岩壁に幾つかのアイゼンの跡と爪跡を残してきた。僕にとって生涯、この登攀は胸の中にきざまれるだろう……。

A君らは彼女のピッケルを持ち、春近く徳沢にきたが、白馬方面からの帰途で、屏風岩には登らずに帰って行った。

夏山でA君やS君に逢った。S君から、彼女とA君は別れてしまったときかされた。……理由は尋ねてもみなかった。

そしてまた冬山がやってきた。僕はまた彼女にピッケル借用の手紙を書いた。今度は北岳バットレスの中央稜だ。返事は簡単な文面だった。いつでもお使い下さい。……だがどういう訳か、僕のほうから連絡しないまま年が明け、自分のピッケルを手に北岳へ向って出発してしまった……中央稜の積雪期登攀は、たしかに悪かった。おそらく部分的には四峰正面より苦しく、技術的なものを要求されたが、気分的には全く余裕もあり楽なもので、彼女のピッケルのことなど一度も考えずに山頂に達することができた。だが今考えれば、もし僕が始めのワンピッチをやったとすれば、おそらくあのピッケルのことで頭がいっぱいであったろう……。そうだ、あのアイスリンネに刻むステップ、そしてあのピッケル……初登攀に成功しただけに残念でならない。

四峰正面と北岳中央稜の大きな二つの積雪期登攀に成功したのは、数人の暖かい岳友がいるからこそであるが、何か自分が打ち振るべきピッケルが無かったことが心残りでならない。

こんど三の窓チンネと一ノ倉エボシ奥壁を登る予定だ。また彼女にピッケルの手紙を書くつもりだ。

灼けた岩肌
――想い出の穂高登攀

夏の「ホタカ」……

たいへんなキザないい方だが、穂高の中でも特に徳沢付近と奥又白谷、涸沢や滝谷には私のかけがいのない美しい青春の想い出が、いたるところにコロガッテいる……。

その幾多の想い出の中でも特に強烈に印象づけられるのは、やはり前人未登の岩壁などを攀じた「初登攀」の記録だろう……。

私が穂高に本格的に入り始めたのは、昭和二十二、三年頃だった。その頃はまだ戦後間もないので、食糧事情も悪く、交通の便も大変不便であったが、重いサツマイモやカボチャを食べて無理をして穂高に出かけただけのことはあった。なにも穂高とは限らなかったろうが当時の山はスイテいた。八月一日の涸沢ですらテントの数はゆうに数えることができた。それに未踏の岩壁だってザラにあった。
約十四、五年も穂高に通いつめ、特に岩場を愛し続けて来たので、私も想い出の初登攀は幾つかある。あまり記憶力のよくない私は、古い山日記で調べるより方法はないが、古い記録だと年代まで忘れてしまう。おまけにズボラな山日記には記されてないものまであった。そのうえ古いものは食糧のことばかり綴ってあるのには閉口した。朝、カボチャ雑炊、昼、ヤキイモ、夜、イモ粉のパン、本当にそんなものだけ食べて一週間も十日も生活していたのがちょっと信じがたくなる。

*

ウィンドヤッケのポケットから昼メシの焼きイモを出そうとして休憩したのが十一時頃だった……。初登攀を意識して少しかたくなり空腹も忘れていた。もう奥穂高への頂きまで悪場もなさそうだ。私はハイマツの大きなテラスで仰向けにコロがり、つぶれた焼きイモを馬のようにガツガツ食べて蒼い空を眺めていたのを覚えている……。これは初めて私が穂高での初登攀の想い出だ。徳沢のテントから涸沢にはいり、直登ルンゼより右手の無名の岩稜を登ったのだ。本当は一ルンゼ（直登ルンゼ）右下のスラブの壁を登るつもりだったが、当時の私では無理だろう……あの美しいスラブは今でもたしか小さいながらも未登のはずだ。

私の登った岩稜こそ「芳野尾根」と名をつけてもよいほど気持のよい別天地だ。三、四年前の五月に再び登って見たが、その後もたしかに私以外誰も登っていないだろう。「俺も登った、わたしもやった」という人が続々とあらわれない限り、いまだに第二登よりしていないはずだ。また私もそう信じたい。

*

やはり年代を忘れてしまったが、下又白谷を登ったことがある。これは初登攀かどうか少し疑わしいが、私は今でも初登攀と信じている。

下又白谷の登攀史を調べたことがあるが、この谷は昭和十年頃にすでに春の積雪を利して滝を登られている。滝場などは水量や斜面の都合で積雪期に登られる場合がたまたまある。この下又白谷もその一例だろう。

早大山岳部の、コルディェイラ・ブランカ遠征隊長の吉川尚郎君が、私のパートナーだった。彼がまだ学院生（高校）で丸坊主の可愛いい一年生か二年生の夏だった。

私と吉川君の二人は明神の養魚所を薄暗いうちに出発し、下又白谷のF１で夜が明けたように記憶する。二、三日前に、このF１は偵察したはずだが、雨のためか、

Ｆ１を完全に包んでいた雪渓が上部落口が露出していた。ザイルが濡れたことと、大きなスノーブリッジの下で全身グショ濡れになり、Ｆ２の屈曲点でながいあいだ陽なたボッコをしたのを覚えている。

私たちはＦ２を敬遠して、向って左のヒョウタン池寄りに高捲きした。ほとんど谷に平行してトラバースぎみに登って行くのだが、驚いたことに、ものすごい藪の中に踏み跡があるのだ。こんなところを歩いた奴がいるのかと、始めは不思議だったが、藪をコイで行くうちにすぐ分った。ナタ目もないし、異様なにおいがする。動物園のにおいだし黄色い毛がいっぱい落ちている。しまいには糞があった。カモシカの専用道だった。何十年も彼らに踏まれた実に立派なケモノミチだった。

Ｆ３の落ち口へ出る少し手前で、猛烈なスコールに似た夕立に出っくわした。藪と岩かげにかくれて三十分も待ったろうか。その間大音響とともに土砂崩れが眼前で起った。コンクリート・ミキサー車からはき出るようなヤツで、色は茶褐色で無気味だった。Ｆ４を登り小雨に変った午後の天候の中を、下又白の第二インゼル下に達して私たちはザイルを解いた。右手のガラ場を登り、奥又白の池に達したときは夕刻もせまっていたと思う。又白の池は「死の断崖」という映画のロケ隊が撤収したあとだった。今はなき名クライマー新村正一さん一行がそのロケ隊の後始末をやっていた。

「君たちどこから来たんだ」

「下又白谷を初登攀して来たんです」

私はいささか得意だった……。

「そうか、それはよくヤッタ。だけど下又白谷は初登攀じゃない。大阪の雪線社の皆川さんという人が、戦前、一晩のビバークで五十メートルも墜落し、全身血だらけになって初登攀をしたはずだ……」

そのときは、新村さんにそういわれて気が抜けたようにガクッとしてしまったが、今考えれば、私たちのルートは谷ではなくカモシカの道だった。大阪の人たちは滝を登ったのだ。初登攀が同じ谷に、谷筋と尾根筋に二つあってもよいだろう……。

＊

下又白谷を登った翌年、徳沢から正面に見える白い壁、下又白壁の二本のルートを初登攀した。

この岩壁は私は大好きだ。「あんなちっちゃな壁なんて」という人もいるが、どうしてどうして彼らは登っていないからだ。屏風岩にヒッテキするほどのすごさもスケールもある。

それに人間ずれがしていない。いまだに既登ルートをトレースしても第二登、第三登はザラにあるし、初登攀のできる岩稜もルンゼもフェイスもゴロゴロしているからだ。

アルムクラブの岩堀と登ったのは下又白壁の左の尾根で、上部はすでに佐谷健吉氏等によりトレースされていたので、下部のみ初登となるはずだ。ハンマーを忘れたおかげで、一本だけ、門田の重いピッケルで砂のような岩にハーケンを打ち込んだのを憶えている。

灼《や》けた、あつい岩肌の中央ルンゼの初登は悪かった。単独だったのでそう感じたのかも知れないが、ハーケンの重みでビバークしてしまい、ザイルまでフィックスしたまま登り切ってピョンと尾根に出たら、すごいナイフリッジで向うの谷にあぶなく墜ちるところだった。そのまた、谷の向うの岩壁はものすごいスラブのフェイスで、おそらく二〇〇メートルも切り立っていた。あの岩壁を眺めた人はそう何人もいないだろう。

＊

夏の奥又白の池に天幕を張る人は、そのほとんどが奥又白谷側の岩壁を登る。たしかに下又白側よりは面白いが、一度下又白側の岩稜を登ってみると、またそのすばらしさにこの谷を見なおすだろう。

年代も、パートナーも忘れたが、たしか五、六年前の夏、アルムクラブの早坂と二人で登ったもので無名の岩稜がある。初登攀かどうかこれも疑わしい点はあるが、私たちが登った時はハーケンもなく、ケルンも積まれておらず、浮石の連続だったので、おそらく初登だったのだろう。もちろんその後も登ったという人はあらわれない。

＊

奥又といえば私はすぐ四峰を想い出すが、中でもL字洞窟付近は、私の初登ルートがほんの一ピッチか二、三十メートルだが、幾つかある。L字ルートはオーバーハングから登攀終了点を見上げながらも雨のため登れなかったのは残念だ。

滝谷にも幾多の思い出があるが、夏の初登攀記録はグレポンだけで、どちらかといえば冬に想い出が多い。

　第二尾根フランケ、グレポン、C沢右股奥壁などは、一九五六、七年頃は伝説的な悪さと滝谷の最悪場、または未登壁として誇っていた。私がグレポンを登ったのは五七年の夏と記憶している。パートナーは、ペルー・アンデスに行った一ツ橋大の中村君だった。

　私は独りででも登るつもりで南稜にテントを張り、二十日間くらい偵察？　だとかなんとかいって暮らしていた。実際には偵察したのは半日くらいで、毎日パートナーを見つけてはクラック尾根だ、第一尾根だといって遊び廻っていた。

　グレポンの登攀も、今となっては行き当りバッタリのイイカゲンなものだった。私一人が初登攀だからとか、どうしても登るんだと力んで、中村君たちをマキゾエにしたようなものだ。結果的には登れたからいいようなものだが、中村君たちは迷惑だったかも知れない。

　だいたい岩場にとりついたのが午後二時か三時で、ビバークの用意など何一つ持って行かなかった。夏とはいえ氷の張った夜明けだったので、ローソク岩の基部でのビバークはつらかった。その後冬も登ってみたが、意外に悪かったのでチョット見なおしてしまった。

一九五七年以後、夏の穂高では記録に残るような初登攀は私はやっていない。積雪期に足を向けたようだ。

＊

昨年の夏は久しぶりに奥又白の池でながいあいだ生活した。毎年この池の付近はテントの数がふえているので、二十張りほどの天幕にも私は驚かなかった。池の廻りのゴミの山もキジの山にも、驚くよりも、むしろなつかしいような気がした。

好天に恵まれ、合宿の予定ルートはほとんどトレースした。合宿の最終日、私と若い仲間、田村君の二人が、右岩稜の左ルートを直登することになった。右岩稜やDフェイスが登られたのは、比較的最近だが、もうすでに何十登もされ、しかもその初登攀ルートではあきたらず、新ルートが一昨年あたりから開拓された。たしかにDフェイスを登ってみたが新ルートの方がより困難であった。

私と田村は右岩稜の新ルートのさらに左に直上し、ワンピッチだけではあるが初登攀をかちとろうと張り切って又白のテントを後にした。四峰に二、三パーティーが取り付いているので、C沢はときたま落石があり、右上を見ながら登らねばならぬのでピッチははかどらない。すでに陽は中天にあり、岩を摑むと痛いほど灼けていた。田村は若い。とても彼のピッチにはついて行けない。インゼルの上部で私の若いパートナーは二本目の煙草を吸って待っていた。

インゼルの上から見上げるDフェイスや右岩稜は立派だ。高さはとても及びはしないが、グランド・ジョラスよりもむしろ美しく光り輝やいている。これから未登の岩壁をアタックするという緊張感はなく、夏の太陽を正面にのんびりと右岩稜を瞠《みつ》める。

強い陽光は若い
岩肌を　灼けつくように
喰い込んでいる
垂直に近いこの岩壁が
一体なんだというのだ
おれたちを　拒絶する理由など
どこにも　見当らない

若々しい　光り耀《かがや》いた岩肌

この右岩稜にもすでに、正規ルートに二パーティー、左ルートに一パーティー取り付いていた。出発のおそいわれわれが最後になるのは当然だろう。

軽く昼食を摂ってから、ザイルをおもむろにむすび合った。左ルートは見かけだおしで考えていたよりは、はるかに楽で、ハーケンの数も少なく、フリークライムでピッチを上げることが愉しいような登攀で、三ピッチ目の小オーバーハングで先行パーティーに追いついてしまった。

「おう、芳野じゃないか?」

先行パーティーは七、八年前の私の山仲間だった。昔の話にいろいろと花が咲いた。のんびりしたもので私はカメラをとり出して記念撮影をやったり、煙草をすいながら田村をジッヘルした。われわれは小ハングを左にさけてルートをスラブに選んだ。田村にトップをチェンジした。残置ハーケンが一メートル間隔に五、六本あった。彼は無雑作に三本目のハーケンにカラビナをかけてズリ上った。腹の辺までずり上ったところで、いきなり右に飛んだ。それがいけなかった。「ブーン」と彼の体が宙に浮いた。ハーケンが抜けたのだ。なんのことはない。二メートルほどの墜落でことなきを得た。強引に彼は再び登り出して二ピッチでハイマツの大テラスに達した。

このハイマツテラスから直上の二ピッチが未登のものである。正確には二十メートルワンピッチは何人かの爪跡がある。初登攀をこころみ墜死したパーティーと、落石に打たれたパーティーの古いザイルが十五、六メートル風にゆられてブラ下がっている。ハイマツテラスは実に快適なプラットホームだが、そのぶら下がったザイルを見上げると、アイガーヴァンドのヒンター・シュトイサートラーバースのような無気味な空気がそこにある。

そのハイマツテラスを出発したのは三時を少し廻っていた。時間的にはあと二時間も頑張ればなんとかなる。ザイルが固定してあるハーケンまでは、田村がジワッジワッと二十分ほどで獲得した。二人ともアブミに乗ってしばらく休憩、頭上は完全な庇《ひさし》で行手をはばまれている。「これからが初登攀なんだ」われわれは極度に緊張した。アブミの上でサーカスよろしくトップを交代した。私の腰には二十本あまりのハーケンとカラビナが重く、右足をアブミにかけるのにひと苦労する。右上にズリ上るように左手でしっかりホールドして苦労し、やっと三本のハーケンをたたき込んで一メートルの空間を獲得した。

躯は引力に抗しているのに
空間は私を拒んだ
初登攀……
岩壁と空間そして引力
ザイルと金属
闘いはいま真只中にある
ホールドは細かいが
しっかりとウェイトを支える
ハングは乗っ越した
ヤッタんだ
登攀終了点ももうそこだ……

私はなんとか大きなリスを見つけて、三十センチのアングルハーケンを三十分以上も費やしてたたき込んだ……これで初登攀は終了したようなも

のだ。あとはこのハーケンにアブミをセットして、なかば機械的にズリ上れば引力に抗することもなく平坦なテラスに出られるのだ。

僅か三メートルほどの高距に私は小一時間も時をうばわれてしまったのだ。体力的にマイッタ。田村がいるオーバーハングの下まで一度引返した。垂壁ではあるが空間に浮いているよりはマシだ。

「もう登ったも同然だ。下のハイマツテラスで今日はビバークしよう……時間も遅いから」

二十メートルほど下降すれば横になれるハイマツのクッションベッドがあるので、私は下降にとりかかった。……「アシタの朝一時間もガンバレばイインだから」と田村にいってザイルをフィックスしようとした……。

「僕にヤラシテ下さい。なんとか今日中にぬけて上でビバークしましょう」

日没までに上にぬけられればそれにこしたことはない。若い元気な田村ならヤレナイこともない。私は迷った。無理はしたくなかったが田村も初登攀はホシイだろう。

「ジャア、ヤッテミルカ?」

田村は無言で私の腰の三ツ道具を受けとった。少し上をニランデいたが、

「お願いしまーす」

と馬鹿デカイ声で登り出した。

ザイルは私の手から静かにのびた。二十センチ、五十センチ、私のスピードの約、倍の早さだ。私の打った最後のハーケンまで十五分とはかからなかった。もう私の視界からは彼の姿は見えない。声だけが馬鹿に遠くの方から聴える。無口の田村が、

「ワルイデスネエー」とか、

「ヨクノボッタデスネエー」

と大声でいっている。初登攀の栄誉のために興奮しているのか……。

それから急にだまりコクリ、ハーケンを打つ音が終ると、また遠くの方にコダマしながら、

「ノボリマシター、ヤリマシター」

とザイルに伝わってきた。ザイルがノビルのを待って「ホッ」として上を見た……。

……「アッ!」……と思ったのは一瞬だ。真っ黒い大きなモノが私の頭上をグウ

ーンと空気を引きさいて落下して来た。眼前のハーケンがつぎつぎと「ビン、ビン、ビン」と抜けた……。

田村が墜ちたんだ。私はグリップ・ジッヘルを続けていた。

赤いザイルが私の肉と血でさらに朱に染って白い骨が見えた。痛さよりも熱さよりも、死んだ田村と私が宙ズリになっていることをどのように仲間に知らせようかと考えて、まず「田村がオチタ―」と大声で又白の池に向ってさけんでみた。意外にも、私の足元から、

「ハイ　ダイジョーブデス」と元気な声が田村自身の体から聞えた。田村は死ななかったのだ。宙ズリでもなんでもなかった。まだ私は骨だけでジッヘルを続けていたし、眼の前のハーケンは残っている。私自身アブミの上でゆれているだけだ。

＊

その夜、ハイマツテラスのツェルトの中は頭を割った田村と、肉を失った指をナメながらわれわれは語り合った。

「登攀終点から墜ちたんじゃあ初登攀にはならないでしょうね」

「いや登ったことも事実だし、堕ちたのも事実だ……。人はなんといってもかまわ

ない。初登攀でも初墜落でもいいさ」

その後このルートは日登クラブによってトレース（？）されたと聞く。

黝《くろ》い岩

霧は岩稜を這うように静かに流れて、われわれを冷たく包んだ……。友が今朝滝谷の岩壁で落石に頭を打たれて意識不明の知らせをきいて、われわれ五人は北穂高小屋よりB沢の頭に急いでいた……たしか午後六時を回っていたろう。八月の陽も沈み槍の穂先が蒼黒いシルエットを描き、マッターホルンのラーヘンのように飛驒側から霧を受けて傾いているのがいやに近く見えた……。

私はボンヤリと槍を眺めながら霧の岩尾根を下って行った。十人ばかりの一団が突然われわれの足元から大声をたてながらやってきた。私は槍を眺めて、傷ついた友をいかに引っぱり上げるか考えながら下っていたので、この十人の一団には全く気がつかなかった……。クラック尾根のトラバースで二日ほど以前に墜ちた遭難者の遺体引上げ作業の人々だった。

濡れたシュラーフにエビのように折りまげられた遺体は、背負子にくくりつけられて北穂の小屋に登って行く。霧と夕陽を背に葬列は立ち止って見守るわれわれの視界から遠ざかって行った……。

最近の登山界ではたしかに遭難者が昔から比べれば多いかも知れない。でも登山者の数も昔の何十倍かに増えているだろう。街の交通事故だって何十倍にも増加した車のために自然とそうなったのだろう。何か山の遭難も交通事故に似通うところがあるようだ。

だから私は、いつもなら背負子にくくりつけられている遭難者を見ても、街で交通事故を見守る程度に冷やかに見送ることができる……。が今日は違う。友が落石でヤラレて意識不明のまま岩屑の中に横たわっている。明日になれば、この遭難者のように冷たくなって濡れたシュラーフに包まれてしまうかも知れないのだ。私がいくらあわててB沢のガラ場を下りて行っても、友の生命はどうすることもできないだろう……。

まだ薄明るいうちにクラック尾根のトラバースも終り、友の横たわる第一尾根の末端にわれわれは着いた。朝から意識不明の友につきそっている人々に交替して、われわれは四人だけ一晩明かすことにした。暗くなるまでにはまだ時があった。わ

れわれ四人は傷ついた友を真ん中に一晩頑張る準備にいそがしい。

急峻な岩稜と岩屑
黝々とせまる巨大な岩壁
岩屑は蒼白く光を放ち
墓石に似て不気味だ
じっと
落石の残骸を
手に取って友の顔と
黝い岩を見くらべる
こんなに岩肌は冷たいものかと……

友は眼を閉じて『ウーン、ウン』と言葉にならない声を全身でわめいている。ちょうど真っ暗になったとき、すごい痙攣《けいれん》におそわれた。痙攣というよりも、アガキにちかかった。

そうだ、それが最後のアガキだったかも知れない。

PⅡフランケの勁い岩が完全に霧に包まれたのは、陽が落ちて一時間もしてからだ。友の心臓はまだ動いている。痙攣は忘れたころに手と足にやってきて、われわれを手こずらせた。ツェルト・ザックなしで一夜を明かそうというのだが、この霧の湧きようでは、小雨ぐらいまぬがれぬかも知れない。私はむしろ雨が降った方が友のためにいいかも知れないと密《ひそ》かに思っていた。

寒さのために早く心臓が止まるからではなく、かえって雨が顔にあたれば、驚いて起き上るんじゃあないかと幼稚な考えを持っていた。臨終間ぎわの友を前に、なんら医学的になすべき知識のないわれわれは、ただ自分たちの体温を遭難者に移すだけだ。私はこのときほどわれわれの医学的な知識に欠けていることを残念に恥じたことがない。いや、いくらベン・ケーシーのような名医がここに現われても、この岩で粉砕された友の頭を正常に戻すことは不可能かも知れない。第一ここは山の真只中だ。なんの設備もないじゃないか、ベン・ケーシーだって、ドクター・キルディアだって、われわれのように遭難者を見守るしかないだろう。

フランケとPⅡいったいは霧に包まれたが、遠く南岳の方が明るくなり、霧が静かに信州側に流れだすのが見えた。明るくなったのは月が出た証拠だろう……。

夜中の十二時頃までは意外に短かい時間だった。われわれ四人はみんな起きていたからだ。一人眠り、二人寝てしまい、三人目がイビキをかき出すと私だけが眼がサエてしまった。ときどきビューンと小さな音が頭上でする、落石だ、無意識に頭を丸めるが、遠いものだ。夜中に自然落石があるとすれば、どこかへ移動しなくてはダメかも知れない。今度落石があったらみんなを起して移動しようと考えているうちに、落石のことは忘れてしまう。

フランケの霧もようやく霽《は》れて、月が出たので岩が美しく光り出した。いつの間にか蒼い空が、霧の中から深く見えるようになった。それに星がなんだかいつもより多く見えて来た。流星が笠ガ岳の右肩に向って、二つも三つも飛び込んで行く。

……どの位時間がたったろうか、そろそろ寒くなってきた。もうこの飛驒側の谷には全く霧は姿を消した。蒼い空と星屑、ヤセた岩尾根、それにあの黝い岩。……こんな深い海の底に沈んだような岩場の真只中で、なぜみんな眠っちまうのか？山に行く人はきっと何万何千人といるだろう、今この穂高にだってきっと何千人かの登山者がいるのだが、おそらく私だけが岩に引っかかったように起きている。なんで、こんな美しい岩稜の夜を楽しまないのか。朝になれば、どこの山小屋でも、テントでも、陽の当った岳を見て喜んでいる……友よ、傷ついた友よ、おれたちは、この蒼い空と岩稜、星屑と寒さに震える岳を知っているし、今だってこうして眺めているんだもん……友よガンバッテクレ、もう少しだ、五時間もすれば夜が明けるんだ、心臓はまだ動いているんだから……。

夜中の二時から三時、四時と実にながい単調な時間が過ぎた。遭難者の痙攣と仲間のイビキに寝言、落石の音と霧の動き、私はアホウのように、ただ起きていた。

朝の光が意外に冷たく笠ガ岳を照らし出した。眼前のヤセタ岩稜の背にも、冷えきった空気はにぶい光なんて受けつけない。

傷ついた友の親父もおふくろさんも涸沢あたりに来ているかも知れない。彼の家族のためにも、なんとか生命だけは、われわれで保っていたい。心臓はまだ鼓動している……。わが友をタタキノメシタ黝い岩壁は薄暗く光って、われわれを見下ろしている。ナイロンの赤いザイルが、落石のあったところまで、血のようにあざやかにブラサガっていた……。

徳沢の生活

雪山をみつめて

冬のくすんだ灰色の病室の窓。塵埃のたまったその窓から、八ヶ岳は蒼白く、しかも冷たく浮かんでいた。私は孤独なベッドの上で、冷酷なしかし私には何故か無性に魅惑をそそるその山をみつめていた。その山はいまも、亡き友八巻尋治の魂が登攀を続けていた。そうしていまもしきりに私を呼び招いていた。

その頃の私は、毎日毎日、凍傷のためにかかとだけ残して切断された両足をかかえて、その小さな病室の窓からたった独りで、ただ無性にそうした山の囁きに応じることを希い続けていた。

それから二年後の昭和二十五年十一月一日、私はただ独り上高地の河童橋の上に佇んでいた。晩秋のアルプスにはすでに新雪が何度か降って、早くも北アルプスの連峰は純白の雪と氷に覆われていた。

雄大な穂高の峰々を静かに仰ぎながら、私は小径を黙々と歩き続けた。いや、かかとをかわるがわる動かし続けたのである。小径はシラカンバの間に坦々と続く。歩きながら私は、もう私をここまで誘ったものがなんであるかを忘れていた。それを知っている者は死んだ岳友一人でよいのだと、私は思ったのかも知れなかった。徳沢園に着いたのは、陽が暗い岩陰に沈んでからすでに相当経った頃であった。

こうして私の冬季の上高地生活は、なんの目的も持たずに、また私自身にそれを期待しようとする意欲すらもなく始まったのだった。が、私はこうした山に対する目的のない憧憬をあえて求めていたのかも知れなかった。私自身の心の奥底にひそむ、純粋な山に対する激しい愛着のみを抱き続けていたのかも知れなかった。

十一月十八日、徳沢園の人びとは小屋じまいをすませて小雨降る中を里を下って行った。私はこの日のくるのを永い間待っていた。この日より本当の小屋番となったのだ。犬とともに囲炉裏端に坐り、じっと榾火《ほだび》を見つめ小屋番生活第一日は静かに暮れていった。戸外の雨はいつしか雪に変っていた。遠くの方でかすかに沢のせせらぎが私の耳をうつ。十八日夕刻より降り続いた雪はとうとう根雪となり、徳沢の小屋の周囲はまったく白銀の世界と化した。

夏場には一日百五十人も宿泊できるこの小屋も、十一月の下旬ともなれば静寂そのもので、小川の水も枯れてしまい、小鳥さえおとずれない。私が街にいる時は、北アルプスの十一月下旬といえば毎日毎日降りしきる雪と厳寒の気温を想像していたが、実際はさほどの悪天候でもなければ、寒気による苦痛などもなかった。

半年間の小屋番生活を顧りみていちばんつらかったことというのは、なんといってもその日その日の夕暮であった。ただ一人じっと雪の山々を眺め、山に逝った友を偲び、その冥福を祈るように静かに静かに前穂高の頂に陽が沈むや、一瞬にして暗黒の世と化す大自然、感傷も静寂も暗黒の渦に巻きこまれ、孤独と静寂とが風雪となって私に襲いかかってくるのだった。

私はしばしばこのような幻想に襲われ、現実と私の理性とが戦いに破れて夜は明けてゆくのだ。いくら私が山男を自称したところで、夜になれば若干の恐怖感がわかないこともない。毎夜のことながら犬は囲炉裏端にスヤスヤと眠っている。私は犬の側でじっと榾火をにらんでいる。なにごとも考えずに。だが私の耳にはしきりと風雪の唄声がさまよい続けてくる。

それはたしかに、十二月の八ヶ岳の稜線で風雪の中にたおれた友の寝息に似ている。あの風雪の音、そしてこの雪、おそらく屍《かばね》と化した彼の鼻につまり、口に入りこみ、手に握られていた雪と同一のものであり、私の頰を伝わる一筋の涙であってもなんの不思議があろうか。

私はここで一時ペンを置こう。そして以下私の小屋番としての生活日記を断片的に綴ってゆきたい。

十二月十二日（晴）

すこし寝過ぎる。「高原」をくり返して読む。午後より薪をすこし割る。暗くなり犬がけたたましく鳴くので、ランプを灯して外へ出て見る。たしかに雪面をスキーで蹴る音がする。月光に照らし出された三名の人影が、小屋に向ってしきりにヨーデルをかける。明治大学の山岳部の人だと直感した。約一カ月ぶりで見る人間の顔、なんとなくなつかしい。K君以下新人二名だ。水を一杯飲んで五分と休まずに上高地の帝国ホテルへ向う。

十二月十四日（雪）

朝食後一休みしている所へ、明大のH君一行四人がボッカに来てまた直ぐに帰って行った。犬はとうとう明大の人たちとともに上高地へ行ってしまった。犬も人がなつかしいのだろう。

十二月二十日（風雪）

風雪の中を明大の人びとは全員でB・Cへ、ホテルへと、それぞれボッカに向う。なんだか活気が出てきて、いよいよ小屋番生活が愉快になってきた。

十二月二十四日（晴）

八時近くよりI君一行四名荷上げにくる。C2が建設されたことを知る。E、Sの両君は当地に停滞。

一昨年の今日は八ヶ岳最高峰二八九九メートルの赤岳山頂で、飢えと友の死、寒気、疲労、手足の凍傷の後、赤岳石室を眼下に見下ろしながらやむなくビバークの一夜を明かした。しかし、今日はまたなんとめぐまれた天候だろう。クリスマス・

イブにふさわしく静かに昇りゆく満月を樅の木陰からながめながら、携帯ラジオに耳をかたむけ、はるかに都会の冬姿を偲ぶ。わりあい早く床に入る。ストーブは床に入ってから真っ赤に燃え、一人クリスマスを祝っていた。

十二月二十九日（晴）

早くから眼が覚めたが寒くて床をはなれなかった。朝の気温は六時半現在、氷点下二十一度強。I君以下二名B・Cより来て、O・Bの大塚博美氏およびH君を上高地方面に迎えに行く。

大塚氏以下五名、一時にB・Cへ向って出発。二時近くなってN君C2よりC1、B・Cを経て上高地に向う。今日は私の八ヶ岳における遭難生還記念日であった。

昭和二十六年一月二日（晴）

前穂高の山頂にC4を建設後、三日間も吹雪かれていたアタック隊はいったいどうなったろう。おそらくは今日の晴天を利して奥穂高の山頂をきわめたことと思う。

その夜私は小屋のベランダにたたずみ、はるかな前穂高と北尾根を眺めていた。

細い片割れの月と無数の星が前穂高と私を照らしていた。私はじっと五・六のコルC2をみつめていた。かならず成功してくれと祈り続けながら。その時私のまぶたの底には、C2のランプが焼きついているではないか。たしかに彼らはあの地点でランプを振っているのだ。私はすぐ小屋にはいり、榾火を摑んで力のかぎり打ちふった。

一月十五日（快晴）

あまりの寒さに思わず飛び起きてしまった。水銀柱は氷点下二十八度を示している。室外は三十二度だ。

久方ぶりに見るモルゲンロート、神の生まれ出る姿、ただ一面に氷と雪、そして大雪原が、氷の岩峰が一瞬にして形容のしがたい美しい真紅の絵具でぬりつぶされる。その瞬間は何人《なんびと》といえども頭が下るだろう。

いったいこの景色を何人の人たちが知っていることだろう。おそらくこの姿に接した人は数えるほどしかいないと思う。私は自然と涙がわき出てきた。山にいる喜びと旭光とが、私の魂の底に貫いていたのだろう。

私には、この神々しいまでに美しく厳かな光景を、一目でも見せたい人がいる。いつも私が山に出かける時、心配そうな顔をしてかならず家の門まで送ってくれる母親だ。なぜあんな重い荷を背負って苦労しながら山へ行くのだろうと不思議がり、また心配してくれる母親に、このモルゲンロートの一瞬間を見せたら、いったいなんというだろう。一度でよいからぜひ見せてあげたいものだ。おそらく危険を冒して冬の山などに来る人は、一度はかならず私と同じ考えで永い一夜を明かすのだろう。この雪山の美しさをぜひとも見せたい。とくに自分のいちばん身近な人に、そしてその人びとの口からどんな言葉が飛び出すかを知りたいのだ。

一月十七日（晴）

夜明にピィーンピィーンという奇妙な音で眼が覚めた。この五日間は晴天が続き毎日毎日寒いので、瓶に詰めてある水などが凍結して瓶が割れる音だった。それに昨朝などは沸騰した雪（水は涸れてしまうので雪を融かして湯をつくった）の表面に、見るまに薄氷が張った。また、炊き立ての飯の一粒一粒に氷が張り、シャリシャリしてどうしても食べられなかった。

一月二十五日（風雪）

厳冬期の穂高の連峰をちがった角度から眺めたいばかりに、ついに徳本峠《とくごう》に向って出発した。

久方ぶりに目覚し時計で床をはなれたのが午前三時、徳沢園出発三時三十分、外は思いのほか、強い風であった。スキーをはかずに手製のワカンを付けてゆくので、河原は平均して膝までのラッセル、河原は向い風とラッセルのため白沢の出合ですでに薄明るくなる。

白沢出合発五時十分。夏道が不明瞭のため白沢を行く。実に奇妙な積雪状態である。ある所は頭までスッポリもぐると思うと、ある所はアイゼンを使用しなくては歩行困難、またそうかと思えばまったく雪のない所もあった。そのような非常に変化に富んだ悪い積雪のため、時間は予想以上に費やしてしまった。ザックの中に目覚し時計が入っているので、一足ごとにカチカチとなにか金属板を小槌でたたくように耳に響く。またそれが実に面白いことには、一足雪の中に踏みしめるごとにカチカチカチと三秒鳴る。

傾斜は急峻で、ピッケルを木にひっかけて登るような恰好である。実際の傾斜は三十度かせいぜい三十五度ぐらいだろうが、胸までもぐる時などは五十度、いやそれ以上の傾斜感を覚える。時計の金属板の音、心臓の鼓動の音、雪を踏む音、その三つがまことに規則正しく耳にこだまするように感じる。そのように一種のリズムに乗ると、しぜんと休むのを忘れるものだ。

依然として単調な傾斜の強い登りは続く。やがて森林帯が切れて峠の頂に立つことができた。想像した以上に雪は多く、苦闘とは言いがたいが、非常にアルバイトを要する登りであった。たとえ峠とはいえ頂に立った時の感激は非常に大なるものがあった。山を愛する者のみに与えられた特権といえばそれまでだが、私の場合には、私のみに恵まれたかけがえのない無上の喜びといえよう。

明治大学の山岳部は、見事に前穂高の頂に北尾根より天幕をあげ、奥穂高のアタックに成功した。福岡山の会も暖国の九州よりはるか前穂の東壁に挑み、見事その実力を発揮したのには敬服した。そして明大も福岡山の会も、成功裡に終った冬期トレーニングに喜び勇んで里へ下って行った。私も小屋番として彼らに対し、なんらかの手伝いができたことを心から幸福だと思う。

一月から三月にかけて上高地付近の積雪量は平均一五〇センチメートルになり、晴れた朝は暖かい日でも氷点下二十度には下る。その寒気のために、デテリオレーションといえばすこし語弊があるかも知れないが、とにかく都会人のわれわれは身体機能が低下する。したがって薪に点火するのも面倒になり、飯も食わぬ日がある。掃除などもむろん、外へも出ずに読書にふける。

そうなると衛生などということはまったく無頓着になり、一般にいう不潔などというなまやさしいものではなく、三カ月も四カ月も風呂にはいらず、髪の毛ものび放題で、都会にいる浮浪者とまったく変りない姿となった。いやそれ以下といっても差支えなかろう。水がないため鍋や飯盒はおろか、食器にいたっては春まで一度も洗ったことはなかった。もちろん衣類にいたっても同様で、雪融けの水ではじめて洗濯した時は、垢で黒光りするほどであった。

汚ないといえば、鼠やもぐら、春には蛙などと、暇と空腹が手伝ってむさぼるようによく食べた。鼠の肉などは兎よりも美味いような気もした。それに信州の山国地方では食糧があまりないせいか、蛙はほとんど常食と化していて、いろいろと料理法もある。

上高地も四月の声を聞くとそろそろ雪が融け始め、日に日に梓川も水量を増し、化粧柳の蕾《つぼみ》もふくらみだす。その頃になると、私もやっと冬眠から覚めたように元気づき、毎日毎日スキーをはき、今日は穂高へ、明日は大滝山へと遊びに出かけた。

一雨降るごとに雪が眼に見えて消えて、五月の初旬ともなれば、はや夏道の雪は融けてしまう。雪が融け半年のあいだ雪の下に眠っていた土や石、草花などを発見した時の喜びは、冬の小屋番以外には何人も知ることができないであろう。のどかな春の永い一日を、私は終日山とともに遊び、小鳥とともに唄ってはすごしていた。

小屋番生活もあと数日で終りとなった日に、私はふと穂高の山々へ「サヨナラ」

をするために再び徳本峠へ向った。

五月十日（快晴無風）

早朝徳沢を出発し、想い出の数々を残した穂高の山々へ「サヨナラ」と一言お別れの挨拶をするために、ただ一人徳本峠の頂に立った。

五月といってもまだ初旬だ。冬の名残りを讃える日、雪が小屋の戸を寒そうに包んでいる。前穂高や明神岳の峻峰は、水晶のごとくどこまでも澄明な雲一つない空間に、だれにも想像しがたい、優雅を超越して神々しいまでに輝ききった全容を、なんの惜し気もなく見せてくれる……。きっとメルヘンの国に聳える、天女たちが築きあげた山岳とは、私の眸に狂いのない限り、こんなものをいうのだろう。

「サヨナラ、ホタカ」とつぶやき、あまりにも美しい穂高の連峰を眺め、思わず最愛の妻を抱きしめ、ともに泣き合ったというウェストン師の感激と感傷を、同じこの峠の頂ではじめて悟り知った。

私は思わずピッケルを硬く硬く握りしめ、歓喜と訣別の感動が頬を熱く濡らした。

五月の十三日に徳沢園の人たちが小屋開きのために登って来た。翌日、私は永い永い小屋生活を終えて帰京することになった。

五月十四日（晴）

想えば長かった半年間、冬を無人の山地で過した半年間、雪の降りしきる初冬の夜半は静寂な世界に閉ざされ、ただ一面の氷雪原の中に孤独と寂寥とに支配され、また、吹雪、風雪が荒れ狂い、跳ね廻り、嚙み合う厳寒の中に、飢えと闘いながら、永い永い春を待っていた。

やがて化粧柳の蕾もほころび、雪が融け始める。そして残雪に輝いた穂高の峻峰は朝な夕なにくれないに染まり、雪崩の咆哮《ほうこう》を子守唄に昼寝の惰眠を貪り、雪の森林を彷徨し、氷と岩の山を攀り、凍結した川を、谷を渡り、ついに春が訪れたのだ。梓川の流れとともに里へと都会へと還り行くのだ。

雄大な穂高の峰々は静かに静かに私を見下す。ただ一人山を下り行く姿、重いザックを背に、肩にかつぐスキーが大きくゆれる。一人の人間の過去とともに、半年間の最後のカッティング、釜トンネルのトラバースで大きくステップを切る。

夕闇迫った釜トンネルの入口、いや帰京への入口。山からの出口、暗い長い釜トンネルを過ぎ……、中の湯の灯が見える。あのなつかしい灯が、寂しく、いや暖かくポツンと光って見える。月光の道も白く照らし出されている。路傍の石に腰をかけ、名残りのヨーデルは釜トンネルに吸いこまれて行った。

――一九五一年初夏――

ちぎれ雲

二月……この季節は冬山でも一番寒い雪の多い時だ。また北アルプスでは一年中でもっとも天候の悪い時でもある。

僕はこの厳冬期にどうしても西穂高の稜線を歩いてみたかった。だがその機会がなかなかなく、いつ果たせるか、と、まるで山が逃げてしまうかのようにあせっていた。

一月の下旬に、西穂小舎の冬番を兼ねて冬期の気象観測をやっているKと共に、上高地の帝国ホテルに泊った時、木村さんが、

「東薬の荷が間の岳に残っている。いや捨ててあるから持ちに行って来まっしょう。モチ四貫と米味噌、ほかにまだ二貫もあるずらい……」

との話だ。

「しめた」

僕はモチもほしいが、それ以上に西穂の稜線が、二月の西穂の雪稜が欲しかった。

二月一日。雲は高く上り、薄日が上高地の平《たいら》を照らし出していた。上高地を後にKと僕はスキーをはいて西穂の小舎へ。約五時間のラッセルで小舎に着く。Mが一人でポツンと番をしていた。久しぶりで三人となり、晩くまでわいわいとゴタ話をして眠った。

二月二日。昨夜が遅かったのでなかなか目が開かない。十時頃やっと床を離れて、十時過ぎに朝昼兼帯の飯を食う。十二時頃僕ら三人は小舎を後にして間の岳に向う。Kは歯が痛いのか出足がもたつく。荷は一人約三貫。ピッケル、スコップ、シュラーフ・マットレス等、雪山の完全装備。僕とMは先にラッセルを続け、雪稜に出る。アイゼンはよくきかない。まだ雪が完全にクラストしておらず、地肌によくなじんでいないのだろう。出発の時から不調だったKがやっとお花畑の下で僕らに追いつく。しかしお花畑の登りを見てKは全くファイトを失い、小舎に引き返すことにした。

「時間も遅いので、どうせその辺で雪洞でも掘って眠るんだなあ、今日中に独標まで行ければいい方だよ……」

とKはステゼリフのようにポツンと僕らに言い残して帰って行った。僕とMは強風にあおられながらお花畑を登り、独標を越えて、ピラミッドピークの直下に風をよけ、岳川谷側の急斜面に雪洞を掘った。

実に快適な広い雪洞であった。天気も風をぬかせば絶好だ。おそらく明日も良いだろう。

二月三日。寒さのために目が覚める。風は昨日より弱まったが、太陽は遠く東の空にうち消され、雪洞付近は酷い霧におおわれている。

「ちきしょう！　今日は駄目かな、全然ガスってらあ」

それでも、スベアーは快調に燃え、簡単な朝食を摂り、午前六時にスノーホールを後にした。視界は全くきかぬし、アイゼンもよくきかぬ。引き返そうかと何度も相談したが、昨日と変り、今日はまだ時間も早い。

「そのうち天気もよくなるずらい。なにしろ若狭湾に低気圧が発生したからなア」

などゴタリながら、ピラミッドも過ぎ、戸山高校の遭難現場についた。なるほど天幕地としては悪くないが、飛騨側からの風はモロに吹き付ける。遭難現場で一休みして西穂の最後の登りに取りかかる。その頃より、ガスは晴れ間を次第にともない、薄日が僕らを応援してくれだした。西穂高の山頂は一面に雪に覆われ、岳川谷に小さな雪庇をはり出していた。西穂の山頂から次のピークを越えて、初めてザイルを出す。間の岳と西穂の稜線はさすがに悪く、ほとんどコンテニアスで進んだ。間の岳直下のコルで雷鳥の親子連れが三羽、僕らの姿を見て「クウクウ」としきりに逃げ回っていた。その頃より霧も次第に晴れ、信州側から強い太陽の日ざしを見るようになった。

間の岳最後の上りのスラブは雪におおわれ、簡単に通過。山頂で東薬の荷を三十分以上も捜すが、雪にうずもれたか全く無駄骨を折った。おまけにMが新品のキスリングザックを背負子に付けていたのが岳川側にコロコロと五百メートルも落してしまった。取りに行っても時間的に雪洞へでも小舎まででも引き返せぬことはないが、今にも雪崩れそうな急峻なルンゼの下降なので、雪融けを待って再び来ることにして、先に進む。

間の岳の山頂より天狗のコルまでは予想以上に雪が多く、ほとんどコンテニアスで進むことができた。天狗のコルで風を信州側によけ、昼食のカンパンをほおばる。なんだか一つの目的の東薬の荷が発見出来なかったせいか、僕らにはまた新たなファイトがもり上って来た。十二時ちょうど、僕らはザイルをとき、天狗のコルを出発し奥穂に向う。午後の太陽を背後から受け、二人は夢中で風と闘いながら、ジャンダルム直下の台地に出た。再びザイルを出し、Mがトップで約三ピッチ後、ジャンの頭の上に立つことができた。今まで夢中で飛ばして来た西穂の稜線が、眼下に白蛇のごとく連なっている。奥穂もロバの耳と共にもう眼前にせまっている。

「ジャンまで来れば立派なモンだ」

僕らは勝手なことを言いながら、奥穂を中止して、今来た雪稜を引き返すことにする。

「精神的には、もう奥穂に登ったも同然さあ」

とまだいくらか未練があるが、陽の沈まぬうちに二人は勝手の知った稜線をどんどん飛ばした。天狗のコル、間の岳、西穂とコンテニアスのまま猛ピッチで過ぎ、戸山高校の遭難現場を見下ろす所までやって来た。僕はギョッとした。

「おい、Mさん、あれは何だい、オロクらしいぞ」

Mも気が付いたらしく思わず顔を見合わす。一度遭難現場のコルに下り、岳川谷のルンゼにMがこわごわと這うように死体らしきものに近づく。

「ちゃんとジッヘルしててくれよオ」

三十メートルいっぱいにザイルが延びたころ、Mはやっと、その死体らしきものに達した。

「なあーんだ、偃松と岩だよ」

僕もその声をきくまで、ザイルを握る手がかすかに震えていた。遭難現場で小休止後、笠ガ岳の彼方に陽が落ちんとする雪稜を、ピラミッドピークを越え、やっと雪洞に帰着。暗くはなるが、まだ小舎まで帰れぬ時間でもないが、二人ともさすがに疲れ、ろくに口もきかずにシュラーフにもぐり込んでしまった。夜半寒さのため一度起き出し、スベアーに点火してそのまま眠った。

二月四日。薄暗いうちに目覚めた。一昨日、昨日に比べて、今日はまた一段と良い天気だ。二月だっていうのに三日も四日も晴天が続くなんて、少し薄気味悪いようなもんだ。僕らは荷を整理して、朝食も摂らずに洞外へ出る。独標を越え、お花畑も下り、もうすぐ下に西穂の小舎が見えそうだ。焼岳の右肩に雲がちぎれ、どこまでも蒼い空にぐんぐんと昇って行く。まるで昨日の僕らがジャンを登るかのように、雲がちぎれ、またちぎれ、ぐんぐんと昇って行く。

春の又白谷

雪融けの高原と針葉樹林の波、春の山ほどわれわれ登山者にとって快適な季節はない。

柔和なその陽光に岩肌は軽い汗をかき、まるで生きもののように感じられる。

ヒュッテンレーベンという言葉がある、人里はなれた山の小屋で、自分の仲間と愉しく暮らす何日間かの生活をいうのだろう。ヒュッテンレーベンという言葉を聴くたびに、僕は春の上高地徳沢を思い出す。

昨年の三月、あの快適の生活が忘れられずふらっと上高地に来てしまった。徳沢園の冬の小屋に腰を下ろすともう、そこに根が生えたように居ついてしまった。都会での雑用や騒音も、ここまではやってこない。もちろん、山へ岩へ登ろうという目的はあったが、今日は暖か過ぎるから雪崩が出るだろう、とか、あまり寝坊したので今日も駄目、と何することもなく一週間も過ぎてしまった。春の雪の上高地や、徳沢を一度見てみたいといって、僕のあとをついて来た二人のお嬢さんも、ただ寝て食べてゴロゴロしている僕にあきれて帰って行ってしまった。一人になってみると食事をするのもめんどうになってしまう。朝からカンパンなど食べて小屋の回りをブラブラ散歩がてらにスキーをはいて歩き、自分のゲビート（領域）に異状がないことをたしかめて一日が終ってしまう。

そんなある日、岡山山岳会の人がひょっこりやって来た。奥又に行くといって毎朝、暗いうちに小屋を出発するが、途中で悪天候のため引き返してくる。パートナーの人が勤務先の都合上で下山していったのは、一週間近くたってからだろう。僕は小屋に一人、岡山山岳会の人ももうパートナーは下山したので、別にどこを登るあてもないという。それなら思いきって二人で出かけようと話がきまった。

新しく僕のパートナーとなった岡山山岳会の彼は、大倉大八君という。大八という名前が第一に気に入った。別にどうのこうのという、こむずかしい理由なんかありゃあしない。大八というなんとなくユーモラスな庶民的な名前と、その名から受ける力強さだ。

彼は僕よりも年齢は一つ若いが、すでに奥さんも可愛い坊やも岡山にいるという。

それなのに一年のうち数十日は山に行くというのだから、やはり山に憑かれた男の一人だ。これから僕の仲間に加わる資格は十分過ぎるほどある。大八君などと気安く僕は彼を呼ぶが、のちに、彼は上京し自動車教習所の教官となり、僕も彼から教えを受けたので、いわば僕の先生である。

計画は一晩で出来上った。予定は随分遠大なものだった。徳沢園を早朝出発し、下又白谷の右の大岩壁を登り、奥又白の池に出て、井上靖氏の小説『氷壁』でいちはやく有名になった、前穂高の東壁を、C、B、Aフェースと連続で登り、さらに余力があったら奥穂高に向い、稜線を辿り、西穂高まで足をのばす……。

二人は、目覚し時計のお世話で早く起きることができた。

春とはいいながら寒い日だった。やはりぬくぬくとした寝床に未練があった。火のあと始末がめんどうなので、石油コンロで湯を沸かし、ぼそぼその冷飯にざぶざぶお茶をかけて、腹に流し込む。

そしてまだ夜が明けきらぬ薄暗いうちに、徳沢園の冬小屋をあとにした。

大八君のルックザックの後ろにぶら下がった寒暖計は、僕のラテルネに照らされながらも、氷点下六度より上昇しない。

小屋の横からすぐ樹林帯を抜け、ひろびろとした梓川に出る。水の枯れた河原を真っすぐに横ぎり、雪で詰った下又白谷にはいり込む。

計画の日数は三泊四日であった。そのせいか荷はだいぶ重い。下又白谷から眺める明神岳はすばらしい、とくに夜明けは。われわれは荷を下ろし、残雪の中で凍った岩肌の美しさを、呆然と見上げた。

第一番の目的、下又白岩壁の基部で完全に夜は明けた。オーバーシューズをはき、鬼の爪のようなごっついアイゼンをとりつける。岩登りの三ツ道具もザイルも、ルックザックから取り出された。

随分長い間休息したのだろう。すでに薄日が、われわれ二人を包んだ。

Xルンゼと呼ばれている急な坂をゆっくりと登るが、雪崩の残骸、デブリがその沢の下部を埋めているので登りやすい。

今朝出発した徳沢園と梓川がちょうど四十五度くらいの角度で見下ろせる地点で、Xルンゼの難関の滝にぶつかる。滝といっても水は凍って全くない。向って右側の藪を木登りよろしく、やっと滝の上に出る。

中央フェースと勝手にわれわれがつけた白又白壁のど真中の岩壁までは、Xルンゼをどんどん登れば自然と到達する。そのころ、午前十時半ぐらいであろうか。われわれを包んでいた薄日が、急に消え高く曇ってきた。

どうせ登るならど真中から、そして人の登っていないところから……やっぱり初登攀がしてみたかった。白又白壁とは、その名の通り白い壁である。夏でも徳沢あたりから眺めると残雪と間違うように白い壁だ。実際に手を触れてみると分るが、非常にもろい岩で、融けおちる瞬間の角砂糖のようなものが、力いっぱい、アイゼンをつけた足を岩に蹴込めば食い込むほどだ。そのかわり、手がかりとなる岩の大きな裂け目やひだはほとんどない。

意外に悪い岩場だった。悪場を連続で二ツも三ツも登るこの計画は、すでに出発点のこの辺で挫折してしまった。

第一ピッチが僕にはどうしても登れない。三回も四回も岩場の基部に引き返しては試みるが、いかんせん駄目だ。大八君は、それまで無言でこの僕の醜態を見ていたが、「岡山市の郊外にちょうどこんなモロイ岩場がある。僕なら登れるかも知れない」。彼と交代してみた。ゲレンデを登るみごとなバランスで、彼はその第一ピッチを獲得した。

あとはツルベ式にトップを交代で四ピッチ、二人がゆっくり坐れる大きな棚に出た。高く曇った空から、春山特有の湿った重い雪が落ちてきた。それまでは手袋も脱いで登ったほど岩肌は暖かく乾燥していた。時間も予想外に経った。午後一時だ。もう中央フェースの登攀はこの辺で断念しなくてはならぬ。時間的にも今日中に奥又白の池に出ることはちょっと不可能だ。

いさぎよく、向って右側の中央稜に逃げ登ることにする。重い湿った雪は、下に降り落ちると不思議なことにすぐ凍った。中央までも逃げるルートとしては悪い場所だった。エスケープルートなどというヤツは、ノーマルルートより遥かに悪い場所がしばしばある。

中央稜は前に下ったことが一度ある。藪だらけの急峻な岩稜だが、雪がつくと藪は埋まり登りやすい。

僕も大八君も徳沢園の冬小屋を発して十時間余り、ろくにモノも食べていない。中央フェースの下部ではあるが初登攀の感激と緊張で空腹も感じなかったのだろう。中央稜に出てから急に腹がへってきた。小雪は依然として舞っているし、時間も遅いので、早いとこ今夜の寝ぐら、ビバーク地点を捜そうと知らぬ間にグングン高度をかせいでしまった。奥又白の池に近くなれば傾斜もゆるく、比較的楽な登高と思っていたが、ここでも意外な雪と氷のミックスに悩まされ、苦闘の連続だった。古い残置ハーケンのある岩の庇で、われわれ二人の一日の行動はストップした。暗くなると同時に雪も止み、馬鹿でかい三日月が大滝山の上に昇った。

背中に岩の庇を背負うように腰を下ろし、眼の前に雪で二人とも前に飛び出さぬようなバリケードを作った。一晩の寝ぐらにしては実に立派なものである。

小型のガソリンコンロに点火し、雪を融かし湯をつくる。アルファー米をたらふく食べたあと、スープをコンロの上でグラグラ煮ていた……。だいたいスープなどはグラグラ煮るものではない。あまり火力を強めたためにコンロの尻に火が回り、消そうにも逃げようにも手がつけられなくなってきた。

このコンロは安物で、八百円のものをさらに百五十円ばかり値切りたおして買って来たものだ。大八君は「昔このようなコンロが爆発した経験があるから……」と悠然とかまえている。僕は爆発とか、電気に感電するなどというのには極度に弱い。もうスープなんてどうでもよく、はやく逃げたくてたまらない。大八君はじっとコンロの爆発を待っている。安物のこのコンロは安全弁などついていない。ガソリンコンロと石油コンロの違いというのは、安全弁があるかないかが決定的な相違ともいえるのだ。やっぱり俺は安物買いの銭失いだったのか。このコンロの爆発のために生命を落すかも知れない。爆発する瞬間に自分の頭をコンロより下に向ければ生命だけは助かるかも知れない。僕はぶざまな姿で頭だけ雪の中に突込んだ。一分、二分……無気味な音の後に大音響がして、みごとコンロはふっ飛んだ。

それでも大八君は悠然としている。煮えくり返ったスープは、大八君得意の化学繊維と綿のオーバーズボンにひっくり返った。熱い熱いといいながらもズボンはぬごうとしなかった。コンロの回りにコッヘルのフードをしていたので、爆発した瞬間にも周囲にその残骸が飛ばなかったのだろう。ビバーク中の、しかも空腹中の大爆発事件にしては、比較的被害は僅少であった。それよりなによりもよかったのは、二人とも生命に別状がなかったことだ。

その夜は不愉快なそのコンロの残骸を枕に、実によく眠ることができた。

翌日も登攀は続けられた。登攀などとはいささか大げさ過ぎるような雪の壁と稜線だ。前夜コンロが爆発したので、今朝は火を使わぬ食事のためどうも身体全体が硬くなっている。

何度も何度も雪の中に腰を下ろして雪をほおばり、渇きをいやす。おそらく登っている時間より休息の時間の方が長かったろう。天候は薄日のさす高曇りだ。

雪稜の斜面がぐんとゆるくなった地点で中央稜は終る。巨大な雪庇が梓川に向って張り出している。ザイルもとかれて、放牧場の呑気な牛のように、二人とも実にのろのろと茶臼山と呼ばれている小山に登りついた。ちょうどお昼ごろだったろう。

徳沢園を三日ほど前に出発して奥又の池に雪洞を掘り、そこをベースとして北尾根の四峰正面壁を登りにやって来た、京都学芸大学山岳部のOB君二人が、われわれのコールと姿を発見して、ベースの又白の池から茶臼まで、わざわざ迎えに来てくれた。

ラッセルと傾斜感から解放されたわれわれは、身をなげ出すように白でおおわれた又白の池に達した。

二時間以上も休んだろうか。コンロは爆発するし、雪の状態も悪いので、再度出なおすことにして一気に徳沢園にかけ下った。

ちょうどこの日に、われわれの計画通りに岐阜登高会が前穂高の東壁、C、B、

Aフェースに取りついたことを知った。もうあとの祭りである。地団太を踏んでも間に合わない。大八君と彼らの成功を、ひがんで祈るより仕方がなかった……。

墜落の記憶

槍沢の小屋に泊って、翌日は天上沢より湯俣へ下り、大町へ出て若干の食糧を補給して針の木より五竜に出る予定であったのが、松本で汽車を下りたら、槍沢の小屋は昨日焼けてしまったと聞かされたのには全く憂鬱であった。それでも偶然上高地へ写真を撮りに行く中沢氏に会ったので、幾分気が晴れて、島々よりバスに乗り込んだ。バスに乗ったのはいいが、抱雲崎《ほううんざき》でとうとうバスが故障してしまい、坂巻温泉付近で夜更けとなってしまった。

バスは中の湯止りなので、翌日はボショボショと雨の降り続く中を中の湯から歩かせられてしまった。始めから槍沢小屋焼失の報せを聞き、なんとなくいやな気持で山に入ったのだが、徳沢で一日雨を待っていたところが、翌日からはすっかり晴れ上り、前穂高岳があまりにも美しかったので、奥又より前穂に登ってみる気になった。

中沢氏とは徳沢で別れて、松高ルンゼよりのんびりと奥又白の池へ登っていった。六月の残雪にしては、まだまだ春らしい非常にやわらかな感じの雪渓の上を、気が遠くなるほど暖かい空気を吸い込んで、真蒼な空の下をたった一人で歩く気分は、たしかに快適そのものであった。

A沢の頭の雪庇も、冬に来た時と同じように鋭くギラギラと光って登行欲をそそった。前穂高の頂上は風一つなく、不気味なほど静寂が漂い、それだけにちょっと下山するのが残念でもあり、また反対に薄気味悪いような気もした。それでもA沢の下りは又白の池までグリセードで飛ばし、二十分ほどで下ってしまった。

その夜は、奥又白の池で明かし、翌朝モルゲンロートの輝きに驚いて飛び起きてみると、昨夜知らぬ間に降雪があり、前穂高北尾根の四峰辺がギラギラと眸にまぶしく射し込んで来た。朝食もとらずに松高ルンゼを一気に下り、横尾の小屋に着いたのが午前九時頃、どこでこんなに時間を食ったか知らぬが、横尾の小屋で朝昼兼帯の食事にする。

食後横になっていたら、そのままぐっすり寝込んでしまい、目が覚めてみると三時過ぎだ。もう今から行ってもせいぜい赤沢の岩小屋ぐらいまでしか行けないので、横尾の小屋で休息することにした。そうときまれば暢気なもので、夜遅くまで小屋の常恒君と話し込んでしまった。山の夜は静かだ。梓川の流れの音もなんとなく人をはばかりながら聞えて来る。薄暗いランプの灯の中で、囲炉裏の榾火《ほだび》が人の顔を真赤に照らし出す。二人の声も赤く染りながら榾火の中に消えてゆく。

翌日は真夏の太陽のようにカンカンと照りつける中を、九時頃横尾の小屋を出発し、一の俣を過ぎ二の俣にさしかかる頃より残雪がポツポツ現われて来る。小屋の焼け跡は実にみじめなもので、戦時中の空襲の焼け跡とはまた異なった意味で、何か見てはならぬものを盗み見したような淋しい気持に襲われた。

槍沢小屋の焼け跡で早めの昼食にして、重いザックを背に再び登り出す。まだ時間的に大分早いので途中にザックを置き、中沢氏から教わった氷河公園（天狗の池）へ行ってみた。なるほどモレーンとおぼしき岩が四方に点在し、昨日降って来た奥又白の池のような感じがするところだ。

氷河公園で眺められた槍の穂先が、ザックのデポ地へ来ると見えなくなってしまったのでがっかりした。真赤な大きな太陽が飛騨側へ隠れる頃、やっと大槍小屋の跡に着いた。殺生小屋までの登りは雪がくさっていたため、相当なアルバイトを要した。

昨日の奥又と同様に、六月にしてはめずらしいほどの積雪状態とその風貌で、殺生小屋は屋根だけしか出ていない。ピッケルとコッフェルの蓋《ふた》で雪を掘り、やっとのことで小屋の中に入り込んだ。小屋の中にも雪がぎっしりと詰って、二坪ほどの濡れた板の間に荷を下した。夕食もそこそこにシュラーフザックを頭からすっぽりとかぶった。

翌朝、寒くてたまらずに薄暗い中に起き出して外へ出たが、全く雪面がクラストしていて、思うように歩けない。仕方がないのでアイゼンを取り出して殺生小屋の屋根に腰を下ろし、ゆっくりアイゼンを山靴に取り付ける。まさかアイゼンなど使うまいとは思いながら持って来たのには大助かりだ。肩の小屋で朝食後サブザックで槍の頂に達した。ぶあつい雲海の中にたった一人でぽつんと頭を出しているさまは、実に壮快の一言に尽きる。肩の小屋を出る時は小槍に登ってみようと思ったが、北鎌尾根があまりにも魅力的なので、独標辺まで行ってみることにした。

北鎌尾根は思ったよりアイゼンがよくきき、快適な登攀であった。独標までは時間的に無理なので、二峰付近で引き返し再び肩の小屋に着いたのは午前十一時を少し廻っていた。昨年宮田新道と言うのが千丈沢に出来たとは聞いていたが、残雪多量のためそれらしいのも発見出来ず、なるべく傾斜のゆるいところよりグリセードで下ろうと思いながら西鎌尾根を大分下ってしまった。だが適当なところがないので、思いきり一番急斜面の雪渓を「目をつぶって下ってしまえ」と変なところで勇気が出た。全く今になって考えれば無謀なことである。

前穂高北尾根の三、四のコルの雪渓、同じく前穂のA沢、北穂高沢上部、剣の平蔵の雪渓、白馬岳の小雪渓と、この雪渓とどちらが急だろう、と思いながら下を眺めるが、すぐ足元より五、六メートルのところが一カ所、急斜面のため見えないだけで後は下まで三十度か、せいぜい三十二、三度くらいの傾斜でカール状になっている。

とにかく、ここをグリセードで一気に下る自信がなかった。しかしステップを切って下まで下りるのにはどうしても一時間は要するし、アイゼンは先ほど肩の小屋で再びザックの奥にしまい込んでしまった。いかにしても腹が空いているから、下に行って水のあるところまで頑張ろう。

随分思案のあげく、ついにグリセードで下ることにした。

五、六メートル一気にすべり、すぐ下に小さなクレバスのようなものが見えたので、ハッとして右によけようとしたが、加速度が付いていた。前につんのめったのだ。ザックが僕の体より飛び出して、それにつれて僕の体がザックに引っぱられるように、やはり雪渓上より飛び出して行った。ピッケルバンドが右手の手首をぐっとしめ付ける。帽子がスーと後の方に置いてきぼりになった。青い空がぐるぐると回転して、さらに上に上にと遠くはなれて行く。今度こそもう駄目だ、助かるなんて……。

「君イあぶないじゃあないか。そんなにスピードを出しちゃあ」

「どうもこのバスは雨漏りがしてかなわねえ、全く冷たくてしょうがねえや」

僕がグリセードに失敗し転倒してから、バスに乗り、さかんに車掌と運転手に文句を言っている幻影だけは、はっきりと覚えている。

それから間もなく意識を失ったのか、あるいは眠りに落ちたのか、よく分らぬが、突然僕の記憶は再びなくなっている。記憶喪失の時間が相当長いものであるか、またはごく短いものかは、全然判断がつかない。

とにかくあまり寒いので眼が覚めた、いや、雨水が襟首に入り込むような気がして意識を取り戻したのだ。

全身グショ濡れで、顔がヌルヌルしている。あたりは暗いのでなんだかよく分らないが、槍の穂先が今にも折れそうになって光っているのだけが分った。右手にピッケルバンドが食い込んで、かろうじてピッケルと山靴が僕の身に残っているだけで、その他はほとんどすっ裸だ。身に付けていた衣類までスッ飛んでしまったらしい。今になって考えてみても何故衣類がなくなっていたのか分らない。それにピッケルだけ手にあったのだから、ヤッケや洋服の袖だけでも残っていそうだが。

時計も飛んでしまったので時間が分らない。立ち上ろうとしても全く足に力がかからない、全身が電気にしびれたようにビリビリと痛く感じる。それでもどうにか立ち上り、足元を見てゾーッとした。

今自分のいるところは、スノーブリッジの上なのだ。しかもすぐ後方には深さ五メートルもあろうと思われる巨大なクレバスが、口をアングリと開けている。薄暗い雪渓の上で、しかも永い間気を失っていた恐怖と、記憶の喪失とで、巨大なクレバスやスノーブリッジに見えたのかも知れない。実際は単なる雪渓のいたずらだったかも知れない。しかし雪渓の棚のようなところにいたのだけは、確実に覚えている。

薄暗い雪渓の遥か下の方にザックがころがっているのを発見し、苦痛をこらえながら帽子を拾い、ザックのところまでやっと辿り着いた。その頃になりやっと夜が明け出した。

槍の穂先に薄日が差すまで、全身の疼痛と空腹のためザックのそばにポカンと坐って、払暁の北鎌尾根を夢のような気持で眺めていた。やがてどこから湧き出したのか、水蒸気の塊が赤く黄色く光り、パアーッと散って灰色に変る。またそれが一つの塊となってふわふわと飛び立ち、拡がりながらどんどんふえてたちまち槍の穂を包んでしまう。

僕がこの山行のために、わざわざツェルトザックがないため、その代用になるような必要以上に大きな特大のキスリング型ルックザックを作ったのだが、みじめにも両方のタッシュは破れ、メインの紐は切れて中味が全部飛び出してしまった。点々と散在する品々をやっとのことで集めたが、どうしてもアイゼンが見当らない。このアイゼンは八本爪の特製品で、僕にとってはピッケルやシュラーフザックに次いで大切な品なのに、惜しいことをしてしまった。

まだその上、バンドメス、コッフェル、財布、時計、薬品類、寒暖計、米約一升五合、砂糖、野菜、罐詰三個、万年筆二、認印等いくら捜してもない。おそらくクレバスに落ち込んだか岩角にでも引っかかっているのだろう。カンパンはまだ大分残っていたが、雪に濡れてグシャグシャになり、その上、たばこと卵がつぶれてゴシャゴシャまじってしまったので、どうしても食べられそうもないので捨ててしまった。これですっかり食糧品がないので、食べずに歩くから、食糧にありつきたいばかりに早く葛温泉に着くだろうと思った。しかしこれも大きな誤りであった。

グショグショに濡れて破れた不安定なザックを背に、トボトボと雪渓を下りて行く姿は、敗残兵のようなミジメなものだった。千丈沢の下部は大きなデブリの残骸で実に歩きにく

かった。早く雪渓の切れるところへ行き水を呑みたいと思っているが、一向に雪渓はなくならない。ザックはさほど重くないのだが、全身ズキズキと痛くてどうしても早く歩けない。それにきっと空腹もあったのだろう。

足下ばかり見て黙々と雪渓の上を歩き続けた。だが行けども行けども雪渓だ。なんの変化もないデブリの残骸の羅列としか思えない……が、突然ググーと奇妙な音がして足元の雪渓がスッポリと開き、その中へ落ち込んでしまった。穴はそんなに深くはないが、その穴の中がゴウゴウと音をたてて水が流れているのには驚いた。大きなデブリのスノーブリッジの上を歩いていたのだ。水にありついたのはうれしかったが、どうしてもその水が雪渓と水面まであまりにも距離があるので、飲めないのは残念だった。

時計がないので全然時間が分らない。夕方のような気もするがまだ昼前のような気もする。一体何時間ぐらい歩いたのか、それが分らないのだ。とにかく雪渓が切れて森林帯に入った頃はすでに薄暗かった。

かすかな踏み跡をたよりに点々と残る雪田を幾つか過ぎ、千丈沢の中の島のようなところに出た。その中の島に変な形のケルンがつんであり、一面にウドが生えていた。中沢さんと先日上高地に行く時、産屋沢の付近でウドをたくさんつんで大正池の西糸屋におみやげにしたのを思いだし、雪で濡れた味噌を付けてむさぼるように実によく食べた。

一度坐り込んで、しかも満腹になったので、どうしても歩く気はしない、というより立ち上る気力がぬけてしまったのだろう。千丈沢と天上沢の出合はもう近いということは分っているのだが、側にあった大きな岩の下にシュラーフを出して中にもぐり込んでしまった。まだ暗くなるには大分間がある様子だが、ぐっすりと寝てしまった。

実によく寝たもんだ。おそらく十二時間以上は寝たろう。僕の顔に薄日がさして、濡れた顔から水蒸気が出てホカホカしていた。またウドを食べて歩き出した。

千丈の出合へは、ビバーク地点より十分ぐらいで達した。千丈沢と天上沢の雪融けの水が勢いよく、どちらもゴウゴウと音を立て嚙み合うように一点で合致するさまは、壮観と言うより、雪の精や水の魔王が融け合って共に千丈と天上の剣をふり廻し闘う霊気が漂っている。

小さな釣橋を渡り出合の小屋に入った。この出合に小屋があるとは全く知らなかった。もし知っていれば無理をしても出合までやって来たのにと思いながらザックを下ろし、形ばかりの囲炉裏に火を起した。

小屋と言っても名ばかりの二坪ほどのもので、かろうじて風雨をしのぐ程度のものだ。だがあの小屋があの時の僕にとって、どんなに有難く尊く感じたものか、言い知れぬ喜びがあった。

小屋の中に古新聞に包んだビスケットが約二十枚ほどあったので、さっそくむさぼるように頬張った。だがビスケットは青や赤の美しいカビが一センチも生えているので、随分スッパクてにがいような変な味だ。

小屋のおかげで一応形ばかりの朝食をとり、さっそく出発した。

小屋から湯俣までの路は非常に悪く、思ったより時間を費やした。湯俣の手前で、OTMCとザックの後に記してある二人の登山者に逢った。やはりこの人たちも千丈沢を下りたのだそうだ。よっぽどアイゼンのことを尋ねようかと思ったが、何だか人を疑うような気がしたので止めた。親切に僕のザックを湯俣まででもかついであげると言うのを無理にお断りした。それよりも何か食べさせて下さいとも言えないし、そのままそこでお別れした。二人の登山者はどんどんと湯俣の方へ行ってしまい、また僕だけが取り残されたような気がしてならなかった。

湯俣の温泉は雪崩で崩壊していたが、発電所のところでザックを下ろし、小憩後再び歩き出す。やはり発電所のところで信大の人にお逢いしたが、そのまま行き過ぎてしまった。

湯俣から第五発電所までのトロ路は長かったが、土地の人が「眼鏡」と言う辺で第五発電所の田中氏にザックを背負っていただき、その日は第五発電所の田中氏のお宅へ泊めていただいた。北鎌で亡くなった松濤明氏が、やはりこの田中氏の部屋で休んで行き、それが最後になったなどといろいろとその当時の話をしていただいた。

翌日はあいにく雨が降ってしまい、ガソリンカーが出ないので、葛温泉まで全身の疼痛をこらえながら、五時間も費やしやっとのことでバスに乗った。

帰京後、千丈沢のことを調べてみたら、僕の下った雪渓は、どうも千丈沢の本谷らしい。ザックがころがった付近は奥千丈平の近くで雪が融ければ宮田新道の上だ。どの文献を見ても千丈沢の本谷を、北鎌の六の沢、赤岳の四の沢出合奥千丈平へ出るのが一番安全な下降路であると記されてあるのを見てがっかりした。

ゴンベーと雪崩

ゴンベーは駄犬である。だがゴンベーは大したものである。僕はゴンベーが大好きだ。

犬の世界にもこの頃はスターがいるらしい。南極のタロー、ジローのように一躍スターダムにのし上がる犬もいるし、テレビ映画『名犬リンチンチン』の主役のように、全国の少年少女はもちろん、大人からも拍手をおくられている犬もいる。それにくらべれば、ゴンベーは血統もよくなく、教育らしい教育も受けておらず、山奥で生まれて山奥で育ったため、少数の人にしか知られず、やがては山奥で淋しく死ぬであろう駄犬である。

ゴンベーは今から二年前の五月に奥上高地の徳沢園で生まれた。母親はポチといって、これも徳沢園に長く住みついた犬だったが、三回目のお産のあと食べられてしまった。このポチはジョンの娘であった。ジョンは芝犬の猟犬で、全盛時代にはカモシカやクマを五十頭以上もとった、輝かしいキャリアの持主だ。だが今は人間の年齢でいえば九十歳ぐらいの老犬で、ご隠居の身分であり、島々の名物女のひざの上で、目を細くして甘えている。ゴンベーは、だから、ジョンの孫に当るわけだが、母系に雑種の血が二度入ったために、ジョンの全盛時代のような精悍さも俊敏さもない。

ゴンベーが生まれたときはいっしょに四匹も生まれたが、みな棄てられてしまった。ゴンベーはいちばんちっぽけな、貧弱な犬だったが、たった一匹のオスであり、それに同じブチでも毛並がちょっと変っていた。それで辛うじて拾われて、育てられた。

徳沢園には「三奇人」といわれる男がいる。毎年冬の番人をしている僕もその一人に数えられているのだが、こと僕に関する限りは、はなはだイワレなき、不当な呼称だと思っている。だが、僕を除いた二人――「ヨシシゲ・ゲンスイ」こと奥原と、「ボロちゃん」こと中田の2人は、間違いなしに奇人である。ポチをたべた犯人はヨシシゲ・ゲンスイである。彼はかつては穂高きってのボッカで、三、四十貫の荷も軽々とかついだ。ポチの子供で、ゴンベーには異父弟や異父妹にあたるものも、ゲンスイは犬なべにしてしまっている。僕が詰問すると、彼は「山の中では町方の道義は通らないよ」という。事実そのとおりであろうし、僕も積極的にそう信じ込みたい。だが僕には、生命にかかわる飢えにさらされても、犬をいただく勇気は今のところ持合わせないし、将来もおそらく出てこないだろう。

名なしはかわいそうだと思い「ゴンベー」と名付けたのは僕なのだが、それを「トク」と改名しようと提案したのはボロちゃんである。ボロちゃんは四十を過ぎてまだ独身だが、その足跡は北アだけでなく、日本中にわたっており、谷川岳で小屋をしたこともある生粋《きっすい》の山男だ。彼はいう。「この犬をトクと名付けて、この次に生まれたのから二匹選んで、サワとエンとつけるんだ。そしてお客様の前で、トクッ……サワッ……エン……と三匹いっしょに呼ぶんだ。どうだ、いい宣伝になるぞ」

ボロちゃんは、まるで新発見でもしたように意気ごんでそういったが、僕は気が乗らなかった。ポチ母子にわれわれは甚大な被害を与えており、その上さらにサンドイッチマンまでやらせるのはしのびなかった。だから、その後も僕は「ゴンベー」と呼んでいる。しかしボロちゃんは自説をまげず、「トク」と呼んでいる。二人がいっしょにこの犬を呼ぶときは「ゴンベーッ」「トクッ」が入りまじって、聞いているお客様は首をかしげたにちがいなかったろう。

この冬、例年のとおり東京を発って徳沢園に入った僕には、三つの目標があった。一つは屏風岩中央カンテであり、次は前穂高三峰フェースであり、そして最後は滝谷第二尾根フランケであった。はじめの屏風岩は第二次RCC吉尾弘、小板橋徹と、名古屋山岳会の加藤幸彦、前園陽太郎の岳友とともに成功した。三峰フェースは二度試登して二度とも不成功に終ってしまった。滝谷は全く手が着けられなかった。三峰フェースの二度の試登は、僕には中央カンテより辛かった。しかし何とかして、ものにしてみたかった。

というわけは、僕は中央カンテの初登攀に成功したものの、内容的には僕のあとに登った雲表倶楽部パーティの方がよかったと認めざるを得なかったのだ。これは松本竜雄という人がリーダーで、中央カンテと四峰甲南ルートを連繫して新しいアルピニズムのあり方をサジェストした。僕はこれに負けない、いい登攀がしてみたかった。それで慶応尾根から北尾根を逆走し、三・四のコルから三峰フェースを攻撃し、成功後は前穂高ピークから明神東稜を廻るという計画をたてた。いってみれば典型的なラッシュ・タクティックスがやってみたかったのだ。

一回目、僕は雪稜の若い人とアンザイレンして攻撃したが、他愛なく一蹴されてしまった。装備の不十分もさることながら、僕には甘く見過ぎていたきらいがあった。

徳沢園へ戻って、無為の幾日かを送っているとき、岳友宇高太七から長文の手紙が来た。彼はいう。おれはお前を、いい意味で「山のアルチザン」だと思っている、そのアルチザンのお前が三峰フェースくらいでネをあげていてどうする、三月の連休におれが行ってラッセルくらいしてやる、なんならトップをやってもいい、おれは三峰フェースくらい、チャンチキおけさでも歌いながら軽くいなしてやる。——これは毒舌家、宇高太七お得意のハッタリだ。太七メは沢は得意らしいが、三峰フェースと丹沢といっしょに考えられてはたまらない。だいいち太七メはおしゃれで、クライムもしないくせにヘルメットだけはいいものを持っている。チョコレート色に染めあげ、そこに黄色でエーデルワイスの花を描いている。どだい太七メはキザなやつで、ああいうのに限って岩登りはヘタクソだ。まして太七メは、雪崩を見ると足がふるえると白状しているくらい、雪がきらいだ。そんな男のハッタリをまともに聞いていられるか——と思ったものの、彼の何時《いつ》にかわらぬ激励はしみじみと有難かった。僕はパートナーなしで、単独でやってみようと決心した。

三月十八日正午、僕は単独で徳沢園を出発した。このときゴンベーをつれて行った。というより、ゴンベーがついてきてしまった、といった方が適切だろう。僕は彼がどの辺まで登れるか興味があったので、ついてくるままにしておいた。

慶応尾根は思ったとおり踏跡がついていて、ゆっくりと着実に高度をかせげた。ゴンベーは僕の先に立って、僕をガイドするような恰好になった。その夜は慶応尾根のコルでビバークした。ツェルトをはってゴンベーを入れようとしたら、後ずさりして中に入ってこない。ツェルトが嫌いらしいのだ。無理に抱いて中に入れると僕があやしているうちはいいのだが、ウトウトし始めると腕をすり抜けて逃げてしまう。僕はゴンベーを抱いて寝たら、寒さも幾分はしのぎやすいだろうとひそかに計算していたのだが、これはどうも計算違いのようである。

夜半、僕はふと眼を覚ました。すぐにゴンベーのことが気になって、ツェルトから出て探してみた。いない。「ゴンベーッ……ゴンベーッ——」と何度か呼んでみた。だが、こだまが冷たく返るだけであった。やっぱり寒さにやり切れなくて徳沢園に帰ったのだなと思った。

ところが翌る十九日、眼を覚まして、ツェルトを片付けていると、そばのスノー・ホールからゴンベーは鼻先をピョコンと突き出していたのだ。「ゴンベーッ」と呼ぶとひょっこりはね起きたのにはまったく、びっくりさせられた。僕はたまらなく嬉しくなった。「おい、ゴンベー、いっしょに三峰フェースをやろうな」と頭をなでた。ゴンベーはその僕の手の指をしきりに嚙んだ。それから「ウワーン、ウワーン」とあまりいただけない声で遠吠えした。

その日、僕は予定どおり北尾根に出て、縦走を開始した。慶応尾根にかけては、南山大と芝浦工大と二パーティがポーラー・メソッドで入ってるので、僕は難場にはきっと適宜にザイルがフィックスしてあるだろうと予想していた。ところが、それが全然ない。ここでも僕は自分の計算違いに気がついた。

ただ六峰のタヌキ岩付近には四十メートルくらいザイルがフィックスしてあった。だが僕はこのザイルのために大失敗をおかしてしまった。というのは、ゴンベーはつねに僕より先に立って歩いた。ゴンベーにしてみれば、ザイルなどあろうが、あるまいが、知らん顔でサッサと登ってゆく。ところがゴンベーがそのザイルをまたいでいるときに、僕はウカツにも力一杯そのザイルをひっぱってしまった。ゴンベーははずみで空中に宙返りし、雪の岩壁をコマのように転落して行ってしまった。タヌキ岩から涸沢のカールの底まで落ちたのだから、標高差にして三百メートル、距離にして一千メートルはあろう。僕はゴンベーは死んだと思った。おれが殺したのだ、僕はヤミクモにくりかえした。居ても立ってもいられない気持だ。気をまぎらわしたくて煙草をつけた。だが気が付いた、煙草を嚙んでは吐き出し、嚙んでは吐き出ししていた。

ところが、その煙草をすてて十分くらいたった頃であろうか、一つの黒点がまっしぐらに駈け上ってくる。僕は信じられなかった。だがゴンベーは生きていたのだ。僕はボロボロ、みっともないほど涙を流して、「ゴンベー頑張れッ、ゴンベー、頑張れッ」とくりかえした。NHKの河西省三アナウンサーのような気持であった。人間ならば楽に一日はかかろうところを、ゴンベーはたかだか十五分足らずで上ってしまった。僕はゴンベーを抱きしめた。そして頰ずりをした。荒い息づかいが痛々しかった。「カンベンしてくれ、な、ゴンベー」と僕は謝った。

ゴンベーは駄犬である。だがゴンベーはたしかに大した奴だったのである。僕はゴンベーが大好きになった。

　ゴンベーは登りに強いが、降りに弱い。これは彼に限らず、どんな犬でもそうである。爪が下向きに曲っているので、仕方がない。彼のグリセードのフォームはまことに傑作だ。僕は六峰の降りでしみじみと見たが、尻を雪の中に突ッ込んでそっくりかえってすべるのである。

「おい、ゴンベー、お前は上野の西郷さんの犬より、もっと威張っているみたいだぞ」とひやかしてやった。

　六峰を降りたら、五・六のコルに芝浦工大パーティのキャンプがあった。この学

校は僕の岳友であり、よき論敵である大江幸雄の母校だ。この連中にみっともないところを見せたら、ライバル大江工学士に筒抜けになってしまう。ゴンベーを墜落させるようなヘマは、決して見せられないと思った。それで五峰の登りには、ゴンベーの首輪にカラビナをからげて、アンザイレンした。犬とアンザイレンするのは、僕の生涯で初めての経験であった。ゴンベーはしきりにしっぽをふっていた。こうして僕たちのザイル・パーティは無事に五峰も越え、その夜は四・五のコルにある南山大パーティの雪洞にもぐり込ませてもらった。

二十日、僕たちは縦走をつづけ、その夜は三・四のコルにビバークした。

僕も明日はいよいよ三峰フェースだと思うと、いささか興奮し、夜おそくまで寝られなかった。

二十一日には、予定どおり三峰フェースの左ルートにとっついた。

前回の下降地点までよじ登ったが、カチンカチンに凍っていて最悪のコンディションだ。一旦あきらめて三・四のコルで休憩した。それからゴンベーは敬遠したらしく、四峰の方へ走っていった。おそらく彼のねぐらになる適当なスノー・ホールがない、と判断したのであろう。しばらくして四峰フェースからゴンベーの遠吠えがきこえてきた。三時間ほどおいて再度攻撃を開始した。だが、やっぱり歯がたたない。僕には精神的には不備な点があった。口惜しいけれど、あきらめざるを得なかった。僕は事後の計画をすべて放棄して、四・五のコルに帰ることにした。雪がひどくなり、まさにみじめな思いであった。

四・五のコルの南山大パーティが前日撤収したことは知っていたが、その雪洞が見当らなくてウロウロしていると、犬の鳴声が聞えた。たしかにゴンベーの声らしいのだが、影も形も見えない。しばらく耳をすましていると、その声が雪の中からするのに気付いた。声をたよりにさまよっていると、足もとからストーンと、真下に落ちた。雪庇？　僕はとっさにそう直感した。だが、そこが南山大の雪洞だったのである。吹雪で入口がふさがれているのだ。僕が落ちると同時に、僕の胸の上を流星の勢いでかすめて通るものがあった。それがゴンベーであった。ゴンベーはしきりにからだをふるわせ、雪を払いおとしていた。僕はその姿を見ているうちに急におかしくなり、ゲラゲラと笑った。

その夜、僕とゴンベーはその雪洞の中で寝た。ゴンベーは今度はおとなしく僕に抱きついてきた。「ゴンベー、虫がいいぞ」と言うと、彼は「くんくん」と鼻声をだしてペロペロと僕の顔をなめまわした。

二十二日は、四・五のコルから又白側に降りた。僕には涸沢側に降りることは一日仕事だし、又白側は半日ですむし、最短距離と思われた。風も強いし、猛風雪だから、表層雪崩は当然予期した。だがこの降りで、まさか七回も表層雪崩に見舞われようとは、夢想だにしてみなかった。

いちばん大きかったのは、三回目の雪崩だった。僕は事前にゴンベーと再びアンザイレンしたのだが、滅多に吠えないゴンベーがしきりに吠える。僕はその声がナダレを誘発するのをおそれて、彼を叱ったが、一向にききめがない。しまいには狂気のように吠えるのだ。僕は荷物を棄てて、ザックを軽くしようとした。だがそれが終らないうちに、ゴンベーが一声高く吠え、見上げると雪崩だ。主流は一直線に僕の位置に向っている。僕はザックをほうり出したまま、腰までの雪の中を横に四、五メートル逃げた。間髪《かんはつ》をいれず雪崩はのしかかり、僕は横転、逆転、つむじ風の中の木の葉のように、もみくちゃにされた。実感では二、三百メートル落ちた感じだが、実際には二、三十メートルの距離であった。僕は辛うじて助かった。ザックはどこへ行ったのやら——あの中にはツェルト、コッヘル、燃料、食糧のほかに、奥山章旦那に借用している半シュラーフが入っていたのだ。

だが僕はそれよりもっと大事なことに気付いた。ゴンベーだ。僕はアンザイレンしたザイルをあわてて引っ張ってみた。するとなんの抵抗もなくたぐりよせられ、カラビナはバネが開いたまま凍っている。僕がアンザイレンしたときに、このカラビナはすでに開いていたのだろう。まさにウカツであった。「ゴンベーッゴンベーッ」と僕は叫んだ。もう雪崩を誘発してもかまわないと思った。今度という今度こそは、駄目だ、と思った。ゴンベーにすまないと思った。「ゴンベー許してくれ。僕がつれて来さえしなければよかったんだ」その夜、僕は又白の池の関西登高会のテントに飛び込んだ。九死に一生の思いだった。夢うつつの中に僕はゴンベーの声をきいたような錯覚に何度も見舞われ、そのたびに耳を澄ませた。だまってうずくまっていると、また涙がこぼれてきた。

翌二十三日は、風雪で一日中閉じこめられたままだった。登高会の小泉、富田、辻の三氏が帰幕せず、みんな心配そうな顔だった。残留組の人と除雪作業をやったあと、ゴンベーの名を呼んだが、やはりだめだった。又白本谷方面にコールしたが、三人からは全く応答がない。

二十四日、四時頃、コールを聞いた。だが長続きせず、すぐ止んでしまった。所在は見当もつかない。この日はガスがひどく、行動は危険と、さし控えた。二十五日、小泉、富田両氏が七時頃帰幕した。両氏は悲しいニュースをもたらした。辻氏は四峰右上で疲労凍死したのだ。なんということだろう。一同は眼ばかり光った。僕は連絡係をひき受け、上高地に急遽《きゅうきょ》下山した。

上高地から島々の、徳沢園のおやじ上条進に電話、関西登高会の遭難のあらましを報告して手配をたのんだ。それが終ってから、僕にはいいにくかったが、ゴンベーの最期について報告した。すると彼は、頭から僕をドヤしつけた。「おれはナ、雪崩に会って死ぬような犬は、飼わないことにしているんだッ!」「え? じゃゴンベーは?」「いま、おれの前でピンピンしているワ」——僕は体がヘタヘタとくずおれそうに嬉しかった。

ゴンベーは駄犬である。だがゴンベーは大した奴。だから、僕はゴンベーが大好きなのだ。

これはあとで上高地の奥原芳子に聞いた話だが、ゴンベーは僕と雪崩にあった日の午後、どこをどう降りたのか、とにかく大正池の近所を歩いていた。そしてNH

Kの仕事の手伝いで上高地までできていた芳子にめぐりあったのだそうだ。NHKの運転手君は釣りマニアで、そのときもイワナを五十匹近くもとった。イワナは上高地でもチビが三匹で百円もする。運転手君としては破天荒の大漁であった。それを彼は雪の中に隠匿《いんとく》したが、ゴンベーはこれを嗅ぎつけ、五十匹近くのイワナをシッポも残さず、ペロリとたべてしまった。

僕はゴンベーを虐待するつもりはなかったが、彼は僕のただ一種類の主食のアルファ米をまるっきりたべないのである。僕としても見込みちがいであった。だからゴンベーは慶応尾根以来ほとんど何もたべていない。空腹の極にあったのだろう。だがそれにしても、気の毒だったのはNHKの運転手君であった。釣果を一瞬にして失い、あまつさえ芳子とともにゴンベーを車にのせ島々に送る途中、ゴンベーは車に酔って嘔吐した。運転手君は弱り目にたたり目と、ブツブツいいながら、ゴンベーの小間物整理をしたそうだ。

僕が島々に電話したとき、受話器から僕の声を洩れ聞いたのではないかと思われるくらいだった。その日ゴンベーは島々から徳沢園に逃げかえってきた。僕には感激的な瞬間だった。シナリオ・ライターのいうパセティック・シーンだった。

ヨシシゲ・ゲンスイはゴンベーの姿を見るなり、「ああゴンベーはいい犬だ」と溜息まじりにいった。僕はゲンスイのようにサツバツな男でも、ゴンベーのいじらしさを理解してくれるのかと、ちょっと嬉しくなった。ところが、そのあとがいけなかった。「ほんとに脂がのってきた、毛並が光っている」とヨダレを流さんばかりの顔なのである。

僕の留守中に宇高太七は徳沢園に来たらしい。宿帳をみたらH新聞社、I・Yと本名があって目的地は三峰フェースとしてあった。僕が不在だったので、大滝―蝶へ行ったり、奥又白へ行ったり、西穂へ行ったり、一人でぶらぶらして帰ったらしい。散々悪たれ口を書いた置手紙があったが、差入れは忘れていなかった。その差入れの一つのコンデンス・ミルクを、僕はゴンベーに振舞ってやった。ゴンベーは大してうまそうな顔を見せず、ペロペロとなめていた。

このことを次便で宇高太七に知らせてやったら、折返し返事がきて、最後に、「芳子嬢とゴンベーとヨシシゲ・ゲンスイによろしく」とあった。この順序は太七メの関心の度合のバロメーターだろう。僕はゴンベーの頭をなでながら、「お前の人気は、少なくともヨシシゲ・ゲンスイよりは上位だぞ」といってやった。

穂高の雪の中で

僕の古い山の日記にこんなことが綴ってあった。

「僕らは街に帰るために山に行くのかも知れない。山に行くために街に帰って来るのだろう。僕らの思考が山で果してくれた役割は？　街でのそれは？　知らない、知らない。それがどのように展開されようと、僕はまたそれをくり返すだけだ。今迄のように……」

だれか有名な登山家がいったような言葉だが、たしかに街に帰って来た僕らは今これから山に行くために、いそがしい……。失敗の原因がなににあろうと、われわれ四人が街に帰って来たことは事実だし、これからまた山に行くために街を出て行くのもたしかだ。

一九六二年一月一日　小雪のち吹雪

いつものようにバスは沢渡《さわんど》までだ。小雪がチラチラ舞っているが、この付近は平均積雪量約十五センチ、例年よりやや少なめの降雪状態だ。

われわれの先発隊、O君とW君は重い登攀道具と食糧を持って今日徳沢に着くはずだ。おかげで、沢渡におりた僕とT君の荷は軽く、僕にいたっては個人装備の中型のサブザックだけだ。T君の荷も小さなキスリング型のルックザックに全部はいってしまう。

沢渡から上高地線のバス道は何度来ても実にながく感じる。とくに沢渡から坂巻温泉までのみちは……。それでも雪はよく踏まれて、ただ歩くにはかえって夏よりいい感じだ。

僕は新品の山靴をはいていた。イタリー製のこの高価な山靴は、やはり外国人向きにできているのか、とにかく僕の足には合わない。

坂巻温泉で早めの昼食がてらに、靴をぬいでみて驚いた。山吹トンネル付近から痛い痛いと思っていたが、こうもヒドイ靴ずれが両方の足にできているとは考えてもいなかった。坂巻の乾燥室からノコノコとコタツにはいり込み、靴ずれのマメをツブし水を出し、二時間近く休んでしまった。

中ノ湯近くで上高地から下山して来る人たち何人かに出会う。顔見知りの人もいたので立ち話などして、僕だけさらに時間をくう。

釜《かま》トンネルをぬけると案の定雪ははげしく、風をともなって冬山にやって来た感を全身に受け止める。大正池で、もう真暗になった。ヘッドライトをつけて、やはり僕だけおくれてトボトボ歩いた。冷たい雪が顔に当たり気持がよかった。山の新兵のころ、やはりここを歩いて、山日記にこんなうたを綴ったことを思い出した。

その行程《みち》は
行《い》けども　行けども
凍て果てて
フィルム色だった
　そうです　空までも
その色と寒さに震え
凍《こご》えながら　被われていたっけ
そして　わたしだけ

先行の一団から遅れ
どうしてもみんなに
追いつけなかった
　そうなんです最後《しまい》まで
その順序《れつ》は続き　わたしは
まるで齢老《としお》いた忠犬のようでした
でも　明日はきっと
雲が破れて薔薇色の
いや　純白の山巓《さんてん》が
瞳を癒《い》やしてくれるだろう
帝国ホテルの木村さんのところには随分おそくなって着いた。思ったより宿泊者は少なく、いつものようにホテルのオンボロストーブが真赤になってむかえてくれた。テレビがあるのにはちょっとタマゲタ。
　雪の降る音を聴きながらコタツにあたり、ぬくぬくと寝込む。

一月二日　雪

寝正月という言葉があるが、起きたら午後二時を廻っていた。十四、五時間も眠った計算になる。徳沢から先発のO君が、あまり遅いのでむかえに来てくれたので眼が覚めたのだ。

雪は止まない。先人のシュプールさえ消えそうだ。明神館の前で暗くなり、昨夜のようにヘッドライトをたよりに徳沢までのみちを歩く。

徳沢では、僕は七年間も冬の小屋の番人をしたことがある。冬の徳沢付近は街なかのみちより詳しいはずだし、みなれた場所なのに、どうしたわけか徳沢の広場に出られない。こんなところで迷ったらはずかしい……と思いながらも何度かぐるぐる廻り、小さなリングワンデルングをヤラカス。O君もT君もきっと僕が迷っている姿を見て驚いたんだろう。「ビバークしますか?」といい出した。「なあに、ここは俺の庭みたいなところだ」

といってはみたがやはり駄目。三十分近くも迷い込み、やっとのことで冬小屋の灯を発見した。ウレシサなんてなかった。ムシロ徳沢園のベランダの下でビバークした方がましな気持だった。でも、元徳沢園冬期番人という手前上、当然この小屋に着いたように皆んなに思わせて、ユウユウと冬小屋の人となった?
一日待ちクタビレたW君が名コックぶりよろしく夕食を手ぎわヨク作ってくれた。

一月三日　雪

まだ雪が降っている。入山いらい三日目だが、まだ一度も山を見ていない。

雪崩が恐ろしいので奥又白の池までのアプローチは、松高ルンゼや中畑新道をさけて下又白壁を選ぶことにする。

下又白壁とは中又白谷と下又白谷にはさまれた白いガレタ岩壁で、冬はほとんど登られていない。しかし奥又白の池までのアプローチにはもってこいの地形で、ルートのとりかたによっては雪崩は充分さけられる。でも池までは二日はかかるだろう。

登攀用具と食糧、燃料のいっさいを背にわれわれ四人は徳沢の冬小屋をあとにした……。午前八時。

梓川に出たとたんに膝までのラッセル、下又白谷にはいるまで一苦労する。荷も少し重いようだ。一人平均十五、六キロはあるだろう。こんな雪の日はたいがい停滞だ。行動しているわれわれが馬鹿らしい。ラッセルも重荷も苦しいが、空腹という奴はなおいっそうコタエル。歩いても歩いても雪は止むどころかますます酷く降ってくる。一番若いW君はやはり馬力がある。一人で先頭を行く。みんなから遅れてついて行く。僕はW君が腹が空《へ》らないのが気になってしかたがない……。

下又白谷の左岸の森林帯に十二時ちょうどにはいり込む。一人遅れた僕をW君がむかえに来てくれた。O君とT君は森林帯の台地に荷を置き偵察かたがた空身でラッセルを続け、インゼル末端まで行ってきた。

昼食をとる間も雪はルックザックを包むように静かに降っている。風が死んだ、風がなくなったと思っていたら、この付近は大きなタンネの林の中で風の入り込む余地もないようだ。

下又白壁の下部にインゼルと呼ばれている岩と木の大きな島状の急な台地がある。そのインゼルの右側がYルンゼ、向かって左側がXルンゼで、いずれも無雪期には小滝が幾つかある急な沢だ。二年ほど前の春に、僕とO君はXルンゼにはいり中段の滝で苦労したことがある。おまけに中央壁にヘバリつき、吹雪に出ックワシ、とうとう中央稜に逃げ込んでビバークしてしまった。そんなニガイ経験もあることだし、今回はインゼルを右に廻りYルンゼにはいった。

インゼルの末端付近は、やはりXYルンゼから小さな雪崩が出たのか、デブリのためにワカンをはかなくとも充分歩けるほど硬くなっていた。

午後の雪はアスピリンの粉末のように細かく、風がとだえると梓川がよく見えた。それに梓川の向こうに今朝出発した徳沢園の冬小屋とその広場が白い箱庭のように見える。下又白谷からわれわれのいる地点まで、純白のシーツの上にさらに白い太い糸で縫いつけたトレースが明瞭だ。

Yルンゼにはいり込み、すぐ右側の台地をならして二つのツェルト・ザックを張り、われわれ四人の一夜のベッドができ上がった。ガソリンコンロがゴウゴウとウナリ、乾いた雪もみる間に溶ける。夕食をタラフク食べて、半シュラーフにもぐり込むとき、だれかが大声で、「星が見えるぞー」とドナッタ。なるほど見える。雪も止んだんだ。どうりで寒くなったと思った……。

一月四日　晴のち雪

晴れた朝はトッテモ寒い……。こんなことはあたり前の話だが、山靴がトタン張りのように硬くなっているとみんなボヤイテいた。ビバークの朝、晴れたんだから仕方がないと思い、枕にしていた山靴をガソリンコンロのそばに持って行ったら、さすが僕の山靴はドロミテのものだ、カシンのサインがラベルにあっただけのことはある。まるでコードバンの靴のようにツヤまであってしかもヤワラカイ。
今年になって初めて見る陽だ。今年といってはいささか大げさだが、とにかく久方ぶりの太陽なので、みんな全身に陽が当たるまで荷物をまとめて下又白壁を眺め、体がヤワラカクなるのを待つ。

岩壁の襞《ひだ》は
霧や雪が凍って引っかかると
たしかに
スカートの折り目のようだ
ここから眺めるその襞は
少し不規則だけど
その色彩がすばらしい
『なんともいえねえ色だね』

さっきまで
ガタガタ震えながら
手をかざしていた
ガソリンコンロの炎に
ピンクのインクなんてものがあれば
それを　たらすと
きっと
『こんな色になるぜ　きっと』
そうそう　それから　それを
『深い　深い海の底に沈めなくちゃー』

いや　まだまだ
不規則の折目や
その　色彩はいいんだけど
まだ　彼女の　ツンとすました顔も

大きな胸も見えやあしない
おまけに
『俺たちゃ　これから
縫目のないストッキングの
臑《すね》を登ろうーてんだから……」
いやいや　まったく大変なことだ
われわれの行く手の空は碧かった……。

背後に陽を浴びて、まるで春山のような気分だが、傾斜が急になるとラッセルは次第に苦しさをましてくる。

Yルンゼはそうながいものではないが、重荷のわれわれにはいかにも急だ。トップを切るW君は胸までもぐっている。きっと上から彼を見下ろしたら、頭だけ雪の上に見えかくれしている滑稽《こっけい》な姿だろうが、彼にしても後から登るわれわれにしても、真剣以上のものがあった。出発当初の春山気分はすっかり消えうせていた。雪崩の危険をさけるためにこの壁をアプローチに選んで、まだ壁に手を触れぬうちにもしヤラレタラ……。でもYルンゼは右に消えて、やがて中又尾根の鞍部に達するだろう……。

距離は短かいがYルンゼはW君の奮闘のもとにも意外に時間をくった。中又尾根の鞍部にラストの僕が出たのはもうすでに午後一時を廻っていた。

霞沢岳《かすみざわ》から六百山、徳本峠《とくごう》へと、ブアツイ黒味を帯びた雲足がもう梓川のすぐ上まではい出してきた。小雪がチラツキ始めたのもそのころだった。

午後二時過ぎ、W君とT君の二人は登攀道具を持って中又尾根の偵察とフィックス・ロープの工作に出発、僕とO君はビバーク・プラッツの選定に……と後に残ったが、どうせ暗くなるまでには時間があり余っている。小雪が体にかかるので二人してツェルト・ザックをかぶると、とたんに寝込んでしまった……。

『だれかのフィックス・ロープがあるぞ』

とか、

『上にもビバーク地がありますよー』

とどなっているのを夢心地で聴いた。O君は、とみると隣りで寝ているものとばかり思っていたら、いつの間にか吹雪と変わった外で雪の斜面をL字型に切り開いてビバーク・プラッツをつくっている。僕もあわてて彼にしたがい、腰のまがった爺さんよろしく、ピッケルをクワのようにして畑を耕すスタイルで除雪作業に従事した……。

偵察組が鞍部に帰着するころ、雪ははげしく降り視界も閉ざされてしまった……。でも鞍部の下のタンネの枝を折って屋根にしたり、下に敷いたり、けっこう快適な宿り場ができ上がっていた。

夕食もすみ、ローソクの光で日記など綴っていると、ツェルト・ザックの窓から星が一つ二つ見え始めた。でも小雪は舞っているが、もしかしたら、また明日も午前中くらいはいいかも知れない。あわてて半シュラーフにもぐり込む。

一月五日　雪のち吹雪

顔に雪が当たるし、なんだかシュラーフの上が重い。眼をあけてみてタマゲタ。屋根にしていたツェルト・ザックが雪の重みで全部足の方にズリ落ち、頭の上はタンネの枝しかないのだ。われわれの胸から上は、林の下に眠ってるのとなんら変わりないのだ。それでもみんな丸くなって子ブタのように寝ている。午前二時ごろだろう……。きっとみんな疲れているのか、よい夢を見ているのだろう。わざわざ起こすのも気の毒なので独りで半身起こし除雪作業と屋根作りを始めた。僕の隣りから順にみんな起き出し、自分の顔に雪が当たるのであきれていた。午前三時から四時半まで再び全員定位置に戻りよく寝た。

今日のこの雪は一番密度が多い。見る間に積った。朝食を終え、明るくなったが、出発する勇気はない。昼食の余りのサラミソーセージなど嚙りながら、ゴロゴロしているが、みんな勤務先の都合で時間切れの感が早くもやってきた。なかでもT君は新婚三十何日とか、

「こんな雪で、しかもこんな下の方でウロチョロしていては、奥又の池に着くまでに一体全体何日経つだろう……。僕は今日下りるよ」

とジョウ談まじりでいい出した。そうなるとやはりニョウボ持ちのO君が「僕もそうしようかな」とT君になびいた。O君には可愛い男の子もいる。正月くらい家にじっとしているのが親の常だ、とチョンガー組の僕とW君が忠告めいてみたが、もうすでに今から帰れば正月は過ぎてしまう……。

十一時過ぎ、ボタボタ降る雪の中を、O君とT君は不必要な登攀道具などを背に、登路を徳沢に下りて行った……。

残ったチョンガー組の僕とW君は食糧を整理してみると、なんと優に二人で一週間分はある。もうこうなったらネバレルだけネバッテなんとか池に出て、目的のDフェースをミヤゲに帰京しようと、かえって呑気になった。午後からは食べたり寝たり、けっこうイソガシかった……。

僕は雪の降る音が気になって仕方がない。日本のオシバイではドーン、ドーンと太鼓の音に合わせているが、子供の唄にはコン、コンだし、西洋では一体なんと聞こえるのか？

このツェルト・ザックに当たる雪の音は変テコだ。ボタ、ボタ聞こえるし、風が出てくるとサラサラ。ツェルト・ザックを内側からバタバタハタクと積った雪が落ちてスッ、スッと乾いた音に変わる。暗くなってからどうも音がしないと思ったら雪が止み、また星が出ている。O君やT君は気の毒だなあー。もしかしたらまたこの星を見て、明日の朝までにここに戻って来るぞ、と僕とW君は話しながらビバーク用の半シュラーフに無理をして肩まではいり込んだ。実によく眠れるものだ。

一月六日　小雪・吹雪・小雪

また今日も
透った煙草の灰に似た
いやらしい雪が
乱舞している……

これはその日の日記の書き出しだ。W君もきっとこのように綴ったろう。なんでもかんでも着ているもの以外はゴリゴリに凍った荷を背に、九時近くW君と僕は出発した。初めは右にトラバースが一〇〇メートルほど、一昨日のフィックス・ロープを背にしたので荷はだいぶ重い。トラバースを終えると馬鹿ラッセルの雪壁が三十メートル、そして待望の岩場である。アイゼンが初めて、その威力を発揮するのだが、このチムニーからリンネ状の三十メートルワンピッチ、ブッシュこそあるが意外にテゴワイ……。というのも荷があるからだ。

W君が一昨日この岩場にもフィックス・ロープをたらして来たので、重荷を背にしたまま強引に登り出す。荷物はツリ上げようというのに、若さにまかせて……。僕は二時間近くも雪と彼のお尻を見守り立ち続けていた。彼も二十メートルほど登ったところで荷をデポした。僕の番が来たが初めから荷を背に登ることは反対だった。案の定チムニーの一番せまいところで、荷がツカエて無理。またぞろ取付点のスタンスに戻り、荷をツリ上げ用のロープにつなぎ空身でチムニーの上に出てみる。上からW君もおりて来て、共に荷をツリ上げようとするが、僕がグイと先に引くとロープだけスルッと上がり、荷はスルッとヌケテ雪壁をコロガッテ落下してしまった。

W君と顔を見合せたが、あの荷の中にはツェルト・ザックを始め、アタック用の食糧、ガソリンコンロにガソリンなどほとんど必需品ばかり。あれがないと今夜のビバークにもこと欠く。さっそくアップザイレンで荷のコロガッタ通りに下降することにする。初めのワンピッチおりた雪面にツェルトやウィンドヤッケ、アルファー米、ヘッドランプなどを発見したが、そこから下は全く急峻なブッシュ地帯だ。思い切って二ピッチほど下降してみたがステナワとかカメラのベルトしか発見できない。

初めツェルトのあった地点に戻ると雪の中三十センチくらいのところから、ポータブルラジオや、ヨーカン、アタック食糧の袋など重い物が出てきた。一時間ほど雪の中を掘ったり突いたりしたがそれ以上なにも出てこない。時間を見ると、もう午後一時を廻っている。拾ったばかりのツェルト・ザックをかぶり、アタック食を少しずつ食べながら、今後の行動をW君とうち合せるが、イサギよく引き返すことに決定。

再びチムニーよりリンネに出てW君の荷のところへ……。W君は荷を取付点のスタンスに下ろす作業。僕はリンネをぬけ一昨日W君の最高到達点まで登り、フィックス・ロープの撤収作業にとりかかった。ここから上部を眺めるとすぐ右手に又白の池がありそうな感じだ。もうさしたる悪場もなさそうだが全く残念だ。でも考えてみると昨日のビバーク地より高度にして一〇〇メートルも登っていないだろう。

ルックザックを落した僕はツェルト・ザックを行商人のようにかついで、トボトボ昨夜のビバーク地に戻って来た。

ビバーク地より中又白谷側へ急な沢を下りる。雪崩が心配で、あまり壁のそばに近よれないが、沢の真中で山日記のはいった袋を拾う。この調子だとまだ何か落としたものを発見できるかも知れないと、ジョウ談まじりに中又白谷のF_1のところまでおりて行くと、なんと僕のルックザックが口を開けてコロガッテイル。タッシェには、ガソリンのはいったポリタンクもコンロも、カラーフィルムのはいっているカメラも、その上ご丁寧に忘れていた昼食用のオコシが凍ったシュラーフの上に、乗って置いてある。なんと距離にして一キロ以上、高度にして三、四〇〇メートルも落下して、ちゃんと僕らの来るのを待っているとは、なくしたものを数えた方が早いようだ。白黒のフィルムのはいった安カメラと、手袋や薬品の袋とカラビナくらいのものだ。どうせ、こんなところはだれも来やあしない。雪に包まれて春になったら出てくるだろう。

僕らがこんなにばらばらになったり、冷たい雪の下にはいらないでよかったよ、と無駄口をたたいて中又白谷のF_1を見上げた。

『どうしよう。大方荷が出てきたから、時間的に遅いけど中又白谷でも登ろうか？』

随分二人は迷ったが、F_1を眺めながらビバークすることにした。ちょうど薄暗くなるころだった。おそらく夏だったら新村橋まで十五分、徳沢まで二十五分か三十分の地点だ。ありったけのガソリンを空だきにしシュラーフを乾したり尻をアブッタリ愉快な一夜だった。

やはり夜になって、あの嘘つきな星がまた蝶ガ岳の上に耀き出した。もうだまされないぞと思ったが外は馬鹿に冷え込んだ……。

一月七日　小雪・晴・小雪

ガソリンがなくなったとき、明るくなった。またまた小雪が舞っている……。

昨夜初めて気がついたが、僕の両足の靴ずれは肉が飛び出し靴下に血がへバリついてヒドイものだ。やはり徳沢におりよう……。ガソリンもないし、でも夏で三十分のところが梓川に出るまで三時間以上もかかったほど猛ラッセルなのだ。W君は荷も重い。梓川に出て新村橋の対岸に来て、だれかのラッセルを発見し、一級国道並みの有難さを味わった。前穂の頂きも少しずつ見え始めた。陽だまりに荷をおろし大休止。四つん這いになって行っても明かるい中には徳沢の冬小屋に着ける……。

晴れた　霽れた
雪の奴　とうとう
降り尽くしちまったよ
あの雪の奴らめ

銀色の池

バスは中の湯までしか行かなかった。

荷はさほど重くないので次の車を待たずに歩き出したが、釜トンネルの中でラテルネがないのに気がついた。どうせだれかやって来るだろうと思って、できるだけゆっくり歩んだ。

中の湯止りのバスに乗客は三十人ほどいたが、上高地まで歩くのは僕一人だけらしい。独りというものはよい、どこで休もうが寝てしまおうがいっこうにかまわないし、おまけに腹もへらない。

釜トンネルをぬけてから雪融けの道を小一時間ぶらりぶらり行けば大正池だ……。

春まだ浅い大正池と田代池
岳は霞んで眠たそうだ
逆光線の水面

銀色に輝き
岳も樹々の緑も
すべてがフラットだ

大正池もよいが僕は田代池が好きだ。特に雪融けの頃が一番好きだ……。

湿原といえばすぐ尾瀬ガ原を人々は想い出すだろう……。それほど尾瀬の湿原は大きく有名だが、このわが田代池からくらべれば、山ヤの僕等にとっては『トルニタラナイ草原』に過ぎない……。尾瀬だってよいところだ、別に悪口はいいたくないけれど、湿原のよさは、はるかに田代池の方が好感がもてる。第一に小さくまとまっているし、バックの山が優れている。訪れる人も意外に少ない……。

バス道にチラホラと残雪がある季節の田代池なんて、岩魚《いわな》と兎いがいには誰れもいるはずがない。僕は道端に重いザックを放り出して、できるだけゆっくり田代池の中央部にはいって行った。フキノトウが残雪を割って大きなエーデル・ワイスのようにもがき出ている。何度も何度も小さな流れを兎のようにジャンプして、やっとカラマツの倒木がある池のド真中に出た。西穂高の稜線はこの辺から見ると歯のこぼれた鋸に似てどこかマガヌケている。岳沢は広い熊手のように眠そうな空いっぱいに張りつめている。

……上高地はよいところだ。俗化したなどと歎く人がいるけれど、それらの人々は夏の河童橋しか知らないからなんだ。この春浅い上高地と田代池、神々の休息の地はここにまだあるのだ。

田代池で昼寝をしたり山を眺めたりして小一時間も過ごした。バス道に戻ってザックを背負ったら、大正池の方から「ウンウン」うなりながらバスがよちよち登ってきた、そんなに急坂でもないのに、きっと残雪があるからスリップするのだろう。

「乗りまっしょう」

運ちゃんもノンビリしたものだ。僕はザックだけバスに乗せてもらい、バス停留所まで歩くことにした。荷物がないと気がぬけたようだ。帝国ホテルの赤い屋根はすぐそこだった。

別に用事はないが木村さんの小屋に寄ってお茶を飲み、あまりタメニナラヌ話をする。

帝国ホテル前からの雑木林はいい。特に春先のこの季節は、営林署前あたりからバスの停留所付近まで続くカラ松林はもう緑の小さな芽を全身にマトッテ美しく続く。

バスの待合室に僕のザックがポツンと置いてあった。再びザックを背に河童橋から岳沢への道に歩んだ。今日は久しぶりに明神池を回って行こうと思ったので。明神池は悪徳神主？　に拝観料をセシメラレルので裏道から行けばその心配はない。たかが十円か二十円の拝観料だが、気分的にイヤだ。裏からソット拝観？　した方がはるかに気持がスーッとする。

明神池への裏道は、岳沢に行く道を左にみて熊笹の小道に分れる。梓川の右岸を行くので、六百山や霞沢岳が梓川をへだてて樺やカラ松の上にクッキリと見える。本道よりも道幅がグッとせまいので裏道らしく、かえって時間がはかどる。

河童橋から一時間強で明神池の末端、通称三の池に出る。上高地の古老の話によると、明神池は六の池まであるそうだが、三の池から下の四、五の池は今は水溜りか小川程度で池という感じはない。六の池にいたっては、幅二メートルくらいで池だかなんだか分らない。明神池の池畔には前記の悪徳神主？　がいる社務所もあるが、穂高神社の奥の院も在る。社務所はともかく、小さなヤシロは穂高神社の奥の院としては好ましい。池の蒼さもバックの明神岳の最南峰も、せまい空の中で輝やいている。

僕はここでも何することなく一時間余りも池と山に向ってボンヤリして過ごした。時期が早いので懸念した例の悪徳神主？　もいなかった。

嘉門次小屋も無人のようだ。上高地の主といわれた嘉門次がこの静寂の池畔をえらんで住みついたのはうなずける。

小屋や神社が在るだけに、この明神池は田代池以上に無気味な静けさがあった。吊橋を渡って本道に出た。徳沢までの道にも点々と残雪は在った。人に出合うこともなくのんびりと歩き過ぎ、徳沢の広場に着いたころは薄暗くなっていた。

徳沢園は主家の方もすでにあけていたが、かつて小屋番までやった冬小屋の方に泊った。この小屋は冬の匂いがするし、ランプの灯は山に来た感を全身に受けとめることができる。

翌朝、サブザックの身軽で徳沢の冬小屋をあとにしたのが八時。新村橋から梓川の対岸に渡り、残雪を利してそのまま中又白谷にはいった。この谷の下部を行けば奥又白谷の松高ルンゼに達する最短コースである。

松高ルンゼは中段の滝が二カ所ほど雪面から露出して濁った水が吹き出していた。

このルンゼの横に中畑新道という尾根道があるが、雪の状態が悪そうなので松高ルンゼを登ることにした。雪崩の残ガイはうすぎたないものと相場は決っているが、このルンゼのデブリは意外にも美しい。

河原の白い磧《かわら》のような硬いデブリを越えて、いよいよ登行が始まる……登行とは少し大げさかも知れないが、ちょっとした緊張が必要だ。中畑新道と中又の尾根から、ときどきスノーボールが落ちて来る、どうせ大きな雪崩など出る心配はないのだが、『ハッ』として思わず右か左に跳んでしまう。独りというものは気楽でいいけれど、このような急斜面を登るときには困る。上を見たり、ステップを切ったり、一人三役くらいのカツヤクをしなくてはならない。

松高ルンゼの登りは小一時間も費やしてしまった。右の中畑新道尾根にずり上がったのは十時を少し回っていた。

北尾根が
ワッと眼前に
雪の大斜面は
バルトロ氷河だ

ヒマラヤだって
奥又白谷だって
雪の白さは岩の硬さは
かわるまい
この空の蒼さも観てくれよ

僕は独りでこの巨大な雪の斜面と硬き岩壁を、いつまでもいつまでも観ていた。

奥又白の池はすぐそこにある。最後の登りというのは時間を喰うものと決っている。宝の木と呼ばれている樺の木がある鞍部はすぐ左手に見えるが、トラバースぎみに登るこの斜面は雪もくさり、登りにくいことは天下一品だ。もうすぐだ、もうちょいだ、と思って三歩登って二歩ズリ落ちてしまう始末だ。

奥又白の池は、まだ雪の下になっていて、

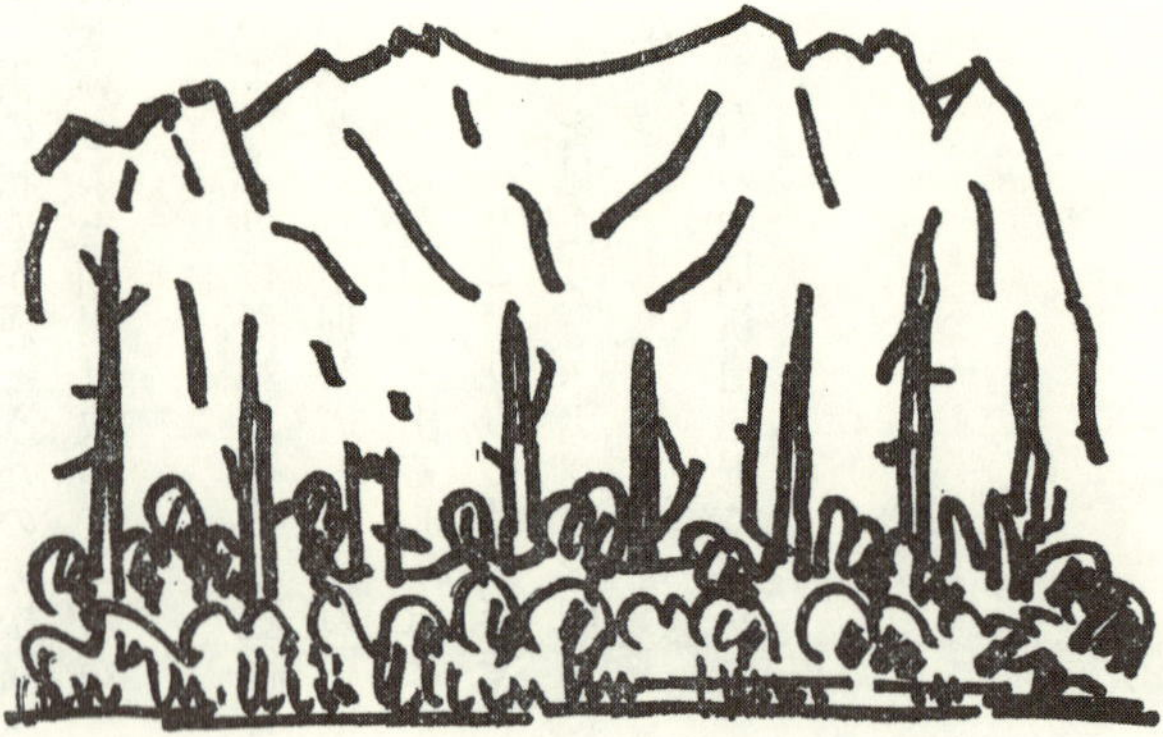

直径一メートルほどの金魚鉢ほどしかなかった。僕は又白の池がおそらく雪の上に小さくなっているだろうとは思ったが、その水の色は想像もしなかった。

セルリアン・ブルーというのは空の深い色かと思っていたが、やっぱりあの空はコバルト・ブルーだろう……セルリアンの水を僕はガブガブ飲んだ。歯が痛いほど冷たく、味は意外にも泥くさかった。

その小さな小さな池を眼の前に、尻当を広げて大アグラをかいて北尾根の岩壁を瞠《みつ》める。セルリアンの小さな池も、逆光線でながめると銀色にギラギラ輝き水銀の水溜りのように光り映えていた。

張り詰めたコバルトの大気
僕の白い帽子が染ったんじゃないかと
あわててぬいだ
硬い岩壁も光る雪も
すべてが銀色の小さな池に
映《は》え耀《かがや》き　まとまっている
水銀のように

澱《よど》んではいるけれど
霧よりも冷たく鏡のようだ
奥又白谷の池
吾が愛する
小さな銀色の池

長塀山

長野県にはよい山がいっぱいある。おそらく槍ガ岳や穂高連峰がなかったら、この長塀山《ながかべやま》なんて取り残されて、訪れる人もいないだろう…。

上高地へ行くために島々あたりを通過する人は年間何万人だか知らないが、八森山という、立派な山があるのを知らない人が大半だろう。この八森山ほどでもないけれど、わが長塀山は取り残された山の一つだ。

大滝山から蝶、常念、またその逆に常念岳方面から蝶、大滝山と縦走しても、ロクに五万分の一の地図を見ぬ登山者は、長塀山を見落してしまう。見落されて私は大変うれしい。あんなよい山を、ドサドサと何万人もの登山靴に踏まれて、紙くずだらけにされてしまったら本当に残念だ……私は本当に、心からこの「長塀山」を愛している。

「長塀山」二五六四メートル九〇センチ。この付近の山ではたいした高さでもないし、名前だって、ちっともよくない。

ナガヘエ山なのか、チョウベエ山なのか、ナガカベ山なのか？　とよく尋ねられる。長塀というのは、おそらくアテ字なのだろう。

上高地が、神河内か上河内かとか上内とかいわれる以前（？）松本城の御用材を伐採するとき、徳本峠《とくごう》を越して何人かのキコリや荷役が、梓川の、いわゆる今の徳沢周辺から釜トンネルいったいの上高地の平に入山した。まだ地名、山名などロクにないところだ。荷役頭やキコリのリーダーが幾つかのブロックに分かれて御用材を伐り出した。そのときの一人に長平（ナガヘイ）という男が徳沢周辺から今の長塀山の山麓で仕事をして梓川に木を流した。この男は荷役頭かキコリかは不明だが、おそらく、長塀山の初登攀者ではあるまいか？　長平――ナガヘイではなくチョウヘイだろうという人もいるけれど、それなら長平衛とつづったかも知れない……明確なことはわからないが、安曇村史か松本城史にでも出ているかも知れない……この松本城の御用材云々の荷役頭、またはキコリ頭の名前は、そのまま今の上高地で地名になっているところが多い。奥又白谷の、又四郎。または又二郎。善六沢、玄文沢、八衛門沢、大平（タイヘイ）平、など幾つかが今だにその名を残している。梓川に木を流す以上、当然沢すじの木が伐採されたと考えられる。だが長塀山だけが山名であり、沢や平の名前ではない。たしかに長塀沢というのも最近の二万五千分の一の地図などにはあるが、これはあとから沢名がでたものだろう。たいした沢ではなく、水などほとんど流れていない、ガレ沢だ。たとえ長塀沢が先だとしても、やはり山名は尊い。私は、長平君が長塀山の初登攀者で、その山麓で木を切っていたと考えたい。

なにゆえ、長塀山がそんなによいのか？　これは第一にあまり人が登らないのと、展望がいいからだ。

人が行かないのは蝶、大滝の稜線から少しはなれているのと、あまり良い道がないからだ。それに、頂上付近は「シラビソ」が密生して、蝶ガ岳などからくらべれば槍・穂の展望は上半分しか眺められないせいもあろう。ところが、私はその上半分しか見えない槍・穂が好きだ。「ハイマツ」や「シラビソ」の間から見る岩山の姿は実に美しい。上半分だけで十分過ぎてしまう。まだまだ、いいところはいっぱいある。六、七月になると、池というより水たまりが小沼のようになって気が付かない人もいる。その可愛い池がなんとも美しい。ハイマツやコメツガにおおわれてグリーン・カーペットの中で光り輝き、槍・穂が頭を出している。またこの水が格別うまい。きっと「エビアン」のように多量なミネラルがはいっているのかも知れない。

残雪と小さな湖
誰ァれも居ない
この小さな湖
偃松《はいまつ》のその色
白檜曽《しらびそ》の風化された
骨枝と
綿菓子のような
さるおがせ……
乾いたコメツガの上に
一人　大の字になる……

遠い　岩山を眺める
陽光は大気は
淀《よど》み　湖の色にとけ込んでいる
みんな　瞳の中に
掌の中に在る……
そんなに　小さくまとまった
山を　私は知らない……
残雪期の一番よい「長塀山」の詩《うた》はつきない……。

一体私は「長塀山」に何回ぐらい登ったろうか？　私の小さな山日記をしらべても無駄な話だ。十年ほど以前、この山には道らしいものがなかった。いわゆる、ケモノミチか猟師のフミアト程度のものが徳沢から山頂に点々と残っていた……長平時代のものだったかも知れない。むしろ、蝶ガ岳から「長塀山」の頂までは明瞭なフミアトがあった。稜線から尾根伝いに梓川に出るみちとしては当然、誰もが歩きたくなるだろう。その十年ほど以前、私は徳沢園で冬の番人をやっていたことがある。春になれば小屋の人も大勢やってくるので、私など無用になってしまう。徳沢園のオヤジ上条進さんと、やはり冬の番人をやっていたことのある碓井徳蔵さんの三人で指導標を作り、ジョレンなど持って毎日道をつくりながら、その指導標をかついで適当なところにつけて歩いた。指導標にはナンバーを入れて、一からはじまり、五十くらいで山頂に達したように記憶する……。徳沢園の広場で白い板切れに、「長塀山へ」「長塀山へ」と何十枚もペンキで書く仕事は楽しかった。ナンバーを入れるついでに、四十番目くらいから「もうちょいだ」とか「ここらで一ぷく」などとついでに書いておいた。

徳沢園の右手、診療所の裏手の長塀山登山口に大きな「長塀山登山口」か「入口」と書いたのも僕がペンキで仕上げて立てたはずだ。その後、徳沢のオヤジたちによって道はどんどん整備され、ますます登りやすくなった山頂に、丸太のベンチを造り、ゴミ捨て場も造ったはずだ。だけど一番最近、私が長塀山に登ったとき山頂にゴミが増えたのにはたまげた。それに登りながら気が付いたけど、いつか付けた指導標が随分へっている。指導標なんて無くたって十分、女、子供でも登れる尾根だ。しかも大ゲサと閑にまかせて、ナンバーを入れたりしてべたべた、付けすぎていたので気になっていた。おまけに私が「もうちょいだ」とか「がんばって……」なんて書いておいたので、いたずら書き用の板きれと間違ってか、やたらと落書きが多くなっていた。ナンバーもどういうわけかデタラメにかけかえられていた。山頂からの帰路、気が付いたものだけはずして、徳沢の方へ投げ捨ててしまった。せっかく自分で書いて取り付けたのに、なんのことはない。また取りこわしているのだからいい気なもんだ。

「長塀山」の特徴の一つは山頂付近までほとんど展望がきかないことだ。シラビソの老木やカラ松（下の方だけ）の大木であたりが薄暗く、展望はさえぎられ、木の匂いしか感じないのだ。頂上についてはじめて開ける展望。それだけに意外と早く山頂に達するし、登り甲斐もある山なのだろう。

徳沢に来る日帰りの登山者に、これから五、六時間で簡単に行けるいいところ……として私は幾つかの場所を推薦するけれど、長塀山へ行った人は、たいがい、「ツマラナイ」といってむくれて帰ってしまう。奥又の池へ行った人は得々とそのダイナミックな岩塊と神秘的な池を語ってゆく。何故、わが「長塀山」がツマラナイのか、これは途中の展望がないのと山頂だけ行ってくるからなのだ。極端な人は、

「あなたのいう通り三時間余りも下ばっかり見て登り、ちっとも槍も穂高も見えないので、また下ばかり見て下りて来ちまった」。もっともこの人が出発してから一時間ほどして雨が降り出したので、たとえ山頂へ行っても、なにも見えなかったろう。

なにも見えないといえば、やはり梅雨《つゆ》どきに小雨の中を三人で徳沢から長塀山だけ往復するといって出発した人がいた。雨具と水筒だけで五時間ピッタリで帰ってくるといって出発した。私は小雨の長塀山はすすめなかった。それでも頂上はどこか踏まなくては気がすまないという。彼らは六時間目に横尾方面から全身ぐっしょり濡れて、元気で帰ってきた。彼ら三人は水筒だけの軽装と小雨のため、どんどんとばして見えるはずもない展望なんて省略し、わき目もふらずに登ったそうだ。気が付いたら下っている。これは変だと思って幾つか小山を夢中で越えたら、今度はハイマツの中に行きあたり、濃いガスと小雨の中をハイマツをこぎながら水平に歩いたら立派な道に出た。登って来た道でないことはわかったけど、ぬれねずみのまどんどん下りたら横尾に着いてしまったそうだ。これはあきらかに「長塀山」の山頂より蝶ガ岳の中腹をトラバースして蝶ガ岳から横尾に出る登山道を下ったもの

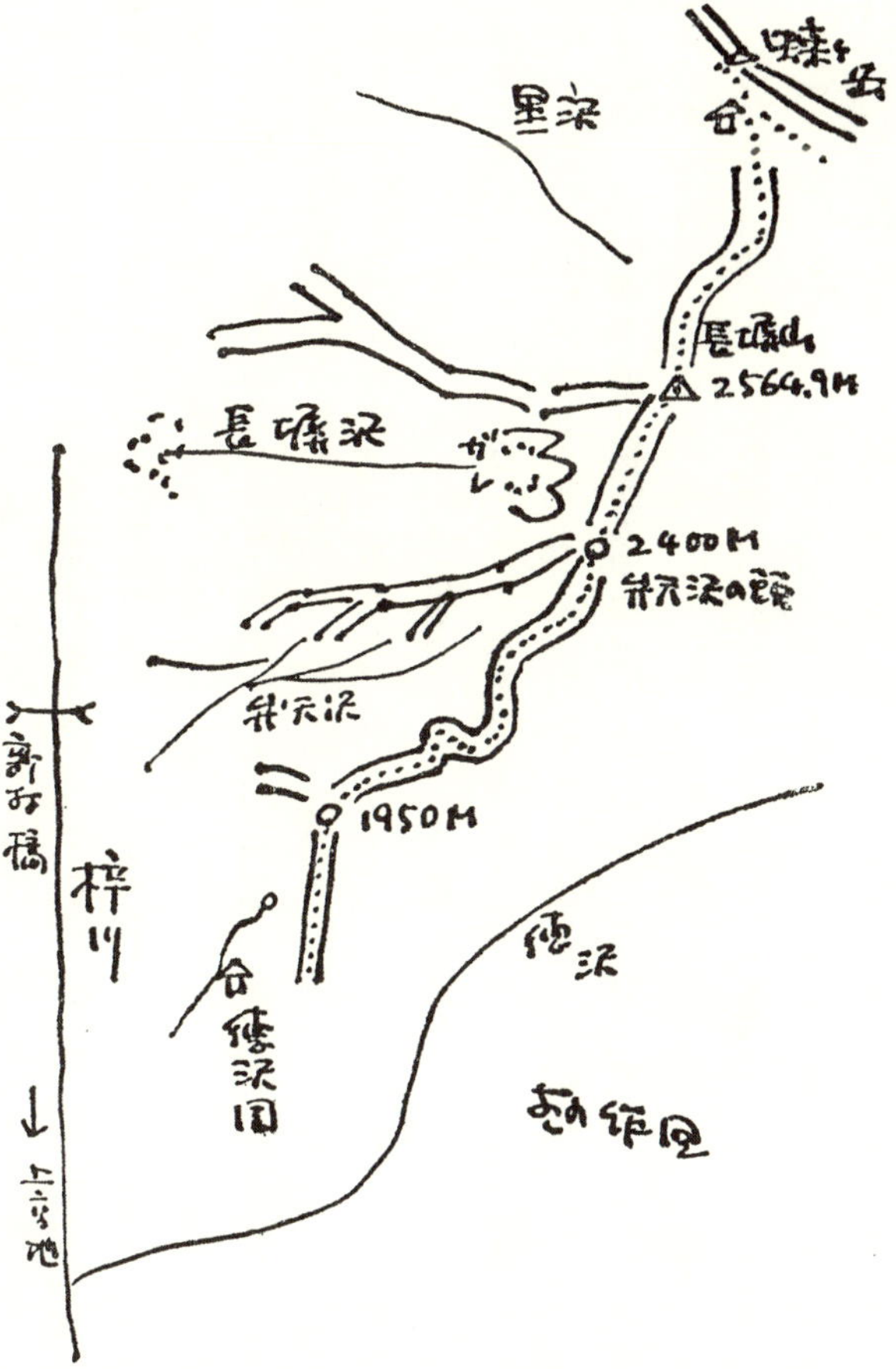
長塀山
2564.9M
長塀沢
ガレ
2400M
1950M
新村橋
梓川
徳沢
徳沢園
上高地

だ。「長塀山」は下ばかり見て登っていると、そんな目に合う山なのかも知れない。

やはり十年ほど以前、三月の長塀山に大勢で出かけた。当時私たちの山岳会では、私が徳沢園で小屋番をやっていた関係上、徳沢園合宿というのをよくやった。このときは槍と奥穂を徳沢から日帰りするのが合宿の主目的だった。その意味から足ならしと、槍・穂見物をかねて長塀山に初回に登ったのだ。積雪期というのは、こういう森林帯の登りはいやなものだ。ワッパとアイゼンを併用して、交代でラッセルしながら四時間もかけて登ったろう……。いっこうに山頂に達しない。天候は三月にはめずらしいほど暖かく、空は蒼く澄んでいた……。「こりゃあ変だ。尾根だから迷うはずがない……」とみんなで不思議がっていると、斜面六十度もある雪壁に出喰わした。徳沢側に雪庇さえ出ている。みんなで面白がって登り切った。これが夏の山頂だった……。槍と穂高の展望は今までのうちで一番明瞭だったし、強い印象がいまだに残っている。

「さあここが山頂だから、直下に沢を下れば長塀山だから奥又の出合のトイメンにつくよ」とばかり、私が先頭で尻セードで下りはじめた。すぐ森林帯に入り込んだ。沢は急で水も出てきた。それでも、すべれるところまで尻をつきながら愉快に下った。梓川に出たらどうも様子がおかしい。目の前に奥又白の出合なんてありゃしない。なんのことはない黒沢を下降してしまったのだ。横尾の山荘がすぐそばに見えた。みんな徳沢までの小一時間ぶつぶついいながらもよく歩いた。徳沢に着いて、「芳野さんのような長塀山の大ベテランもこんなことがあるのですか?」といわれて恥ずかしくなった。

積雪期の長塀山は急な尾根の登りなので、ラッセルがきつく、えらいことが多い。七、八年前、正月に二度ほど登ったけど、吹雪かれてやはり頂上がわからなかったことがある。一回目は一日がかりのラッセルでバテてしまい、二回目は頂上付近と思われる地点で三時間以上、ツェルトをかむり吹雪を避けていたけど、結果は第一回目と同じだった。展望がきかなかったり天候が悪ければつまらないのは、長塀山だけの特徴でもあるまい。

長塀山をスキーで下降した人はあまりない。私の知る限りでは山川勇一郎画伯と上村さんに、当の私の三人だけだろう。たしか四月の中ごろだったろう……徳沢の番頭、ヨシシゲ元帥《げんすい》と山川先生、上村さんに私の四人で長塀山から蝶ガ岳の尾根に雪洞を掘って、私とヨシシゲ元帥はその日のうちに下山した。そして山川先生たちはスキーをかつぎ上げてその付近で絵を描いたりスキーを楽しんでいた。二、三日して私もスキーをかついで再び登った。

「なあに、あのデカブツの先生がスキーで降るのならオレだって」と思った。一日雪洞に泊めていただき、蝶ガ岳付近で私もチョロチョロとスキーを楽しみ、翌日一足先に豪快な滑降をやってのけた。最大斜度六十度。ほとんど一メートルおきにシラビソの旗門がある。エッジのない単板のスキーはよく滑った。滑ったというと聞えはいいけど、ほとんどが落下に近かった。

横滑りはまだいい方で、キンタマセイドウと木から木にめがけ、だき付きながら、登りよりも時間をかけて必死になって徳沢に帰着した。パンツの中まで雪と氷が入り込み、全身凍傷一歩手前だった。それでも徳沢までスキーをぬがなかったのは我ながらあっぱれだと、今でも時々ほくそえむ。山川勇一郎先生は古いスキーのカッパだったろう。上村さんも女性スキーヤーとしては古い一級か指導員なので、私の太刀打ちできる相手ではない。私のスキー術はそれから三年後にはじめて五級という位を頂戴したのだから。

天国・地獄・蔵王越え

冬山は、いくら標高が低いといっても、あまりなめるものではない。

蔵王越えは僕の長い間の念願であっただけに、もっともっと慎重にやるべきだった。

それにしても、僕が蔵王へ出発する数日前から、山仲間は「本当にリフトに乗るのか?」とか、後輩などはわざわざ電話でおせっかいにも「リフトの乗りかたをお教えします」とか、まったくうるさかった。

はじめの計画では、蔵王越えのパーティは男女合せて七、八名。それがだんだんへって四人になった。またその四人の中からヒマラヤに行くためにわれわれの蔵王越えに参加できぬ者まで出てしまった。

一月二十八日の夜、上野駅にやってきたのは僕とK嬢の二人だけ。そしてついにこの奇妙なアベック蔵王越えのカップルができてしまった。

汽車の発車五分前にやってきたK嬢の姿を見て、僕は思わず「あッ」といってしまった。大型のキスリングザックをかついで乗り込んで来たからだ。僕は普通のスキーヤーのようにサブザックだけである。蔵王越えとはゲレンデの延長ではないのか？　なぜこんな大きな荷が必要なのか、山形でバスに乗りかえてから僕が巨大な荷を背負うはめになった。少なくとも二十キロはある。僕の倍くらいの重量だ。

重量といえば、この辺でK嬢のことを少ししゃべらせていただく。彼女のウエイトは彼女の名誉のためにまだ一度も尋ねたことがない。が、彼女が僕の軽い荷を背にリフトに乗ったら、二、三十センチ、リフトがぐっとバックした。僕のうしろにいたスキーヤーが「ロープが切れるといけないからあとにするよ」と思わずつぶやいた。ゲレンデ荒しという言葉があるが、彼女のおヒップのスタミナで、ゲレンデは完全に荒らされてしまうので、みごとなスロープでもK嬢がいるかどうか雪面を見ればすぐわかる。いつかK嬢の友人から、彼女の会社の三バスト、三ケツにランクされているという話を聞いたことがある。

パラダイス・ロッジに着き、その彼女の巨大な荷を開けて僕はふたたびたまげた。やはりミスなるが故に、衣類とお化粧道具が大半であった。あとは全部食糧品。

二十九日は終日吹雪いていたが、夜行の疲れも忘れ、何度もリフトに乗り、海水浴場のように混雑したゲレンデでころげ回った。明日はいよいよ山を越えるので、彼女にストック制動を教えたが、やはりウエイトのちがいか、新品のコンパインドのストックが折れてしまった。夜は風が出はじめたが星も出てきた。もしかすると好天になるかも知れない。仁王様のようなコックさんが、蔵王越えのベテランだというので、地図を出しいろいろと明日の行程を尋ねて、はやめにベッドの中にもぐり込んだ。僕たちと同室の人も、明日の山越えについて天候やコースについて心配してくれた。

三十日、少し寝すぎたが、八時にはロッジを出発することができた。天候は吹雪である。ロッジを出発する時、支配人らしき老人が出てきて、今日は天候が悪いから、どうしても山を越えるなら、ガイドを雇いなさいとすすめてくれた。それにスキーの先生らしき人も、変てこなアベック・スキーヤーをじろじろながめ「とても無理だから中止しなさい」とみんな僕たち二人に気をつかっていた。

たしかに天候は悪かった。が、リフトの終点から地蔵岳の頂上までは、百人近いスキーヤーや樹氷見物の人がぞろぞろ行くので、心強く、強風もさほど気にならない。

荷が重いのと、K嬢のシールは借り物なのでときどきはずれ、地蔵の頂上で昼近くなってしまった。頂上から熊野岳までのだだっ広い稜線は、さすがにスキーヤーは一人も見当らず、いよいよ冬山らしくなってきた。なによりも冬山の厳しさを感じたのは、強風雪だ。僕は三度、自分の体が宙に浮き、気がついたときは雪面にたたきつけられていた。彼女はどうだろうと後ろを振り向いて見たが、やはりウエイトの違いか、堂々と制動をかけながら僕の後をついてくる。二十日ほど前に穂高の滝谷で遭遇したあの強風と、さして変りはなかった。いやむしろ、いつか十二月の富士山でくらった突風のあの瞬間最大四十五メートルというやつと、さほど変りはなかったかも知れぬ。

そんな中を、やっと熊野岳の山頂とおぼしき地点に達した。じっとしていると風に飛ばされるので、休むひまもなく、地図とコンパスだけをたよりに、広い斜面を南下したが、二、三十分行くと、どうも見たような地形に着いた。強風のなかでよくみると、さきほど通過したはずの熊野岳山頂である。リングワンデルングだ。いささかゾッとしたが今さら引返すことも不可能だ。ベツアルードコンパスと地図だけをたよりに慎重に刈田岳に向かう。

今度はどうやらうまくいったらしく、馬の背に出ることができた。モンスターの大きなケルンを発見した時のうれしさ、何か先日滝谷の岩稜を完登した時以上に興奮している自分に気がついた。

だが馬の背は風が強かった。僕はまた何度か吹き飛ばされた。彼女は、と見ると、やはり堂々としているが、驚いたことに、ほっぺたにエビノシッポができて、まるでモンスターのようだ。蔵王の世界的に有名なあのモンスターも、強風と雪、ひどい霧のため、ゆっくり眺めることもできなかったが、人間の、しかも、うら若いお嬢さんのモンスターを見たのでほんとうにたまげてしまった。顔面凍傷である。この調子なら手も足もやられているかも知れない。大きなケルンの裏側に風をよけて、ツェルト・ザックを張る。白い子豚のようにころがりこんできたK嬢が「この中と外ではまるで天国と地獄ネ」とポツリ言った。やはり相当まいっていたのだ。バーナーに火を点じ、手足を暖め、熱いお茶を飲みながら遅い昼食をとる。刈田岳の山頂の神社がすぐそこにあったが、もう日没もせまっていたし、また僕は吹き飛ばされるおそれがある。休む閑もなく賽磧めがけておりる。

二十分もおりたころ、風は小止みになったが、まっくらになってしまった。ヘッドライトをたよりに大きくまがりながらがむしゃらに下るが、K嬢と僕の距離はぐんぐんはなれてしまう。時計を見るともう二十一時だ。とにかく、スキーをはいたまま十時間以上もたった。今から無理をして小屋へ着いたところで、明日の昼汽車には乗れっこない。宿泊料節約の手前も、ビバークした方がよさそうだ。樹氷の根元にツェルト・ザックを張り、スキーを並べて二人腰かけ、火をたいた。

K嬢は、またポツリと「天国と地獄ネ」といった。

一月三十一日、夜明けまでの時間は、そう長いはずはなかった。蔵王小屋に着いてから、山形県から山越えをしてくるはずのアベックが遭難したらしいと聞き、驚いて警察とパラダイス・ロッジに電話をした。もう少しで捜索隊が出ちまうところだった。遠刈田の温泉までは長く単調な路だった。

バスの中で笠雲をかむった刈田岳を見て、本当に「天国・地獄・蔵王越え」だと思った。

今回の、この蔵王越えの話を山の仲間にしたら、ビバークは予定の行動だろう、とか、ビバークのツェルトの中はさぞ熱かったろう、などといわれたが、決してそんなことはなく、非常に寒い夜であったし、僕はほとんど眠れなかった。が、K嬢はビバーク魔を目の前にして、冬眠中の白熊のように豪快なイビキをかいていた。

詩と散文詩

山靴の音

耳を澄ましてごらん
……ほら　ね　ね……
何処からか
古い記憶の
山靴の音が
聴こえてくる
ほら　僕の全身に
滲透《しみ》わたるように…

ケルン

先蹤者の尊い行為……
古い苔むした
小さなケルン
この積石《ケルン》は　いったい誰が
いつごろ積んだのか?……
知らない……
知らない……
先蹤者の尊い行為……

青い空

誰かがいった
きっとその青い空に
指をだせば
指先は
真蒼に
染まるだろうと

そら　さあ

あなたの
白いシャツだって
染まるでしょう

僕は
その中にある岳を
一人みつめる
そして
描く夢も
みんな——

ながい路

その路はながく
そして　その路は遠かった

振り向くと
その路は　深い夢の中に迷い込み
今にも消えそうになっていた

そんな遠い路の中に
謎めいた灰色がある

それが灰色でなければ

僕はそれをよく知っている

あの悲しそうな
ワナにかかった　兎の瞳のようだ

その路はながく
そして　その路は遠かった

僕はまた重いルックザックを背に
歩きだした

無責任な僕の足と首は
また
どこかで休み
うしろを振り向くだろう

雪山と孤独

僕はもうなんの刺戟をも
感じなくなった
あんなに街にいる時は
たまらなく
雪山を恋していたのに
あんなに街にいる時は
たまらなく
孤独を求めていたのに

僕はなんで
こんな余分な神経の負担を
しなくてはならないのだ

コンクリート作りの
雪山だって
いっこうに
もうかまわないのだが

雪

朝から戸外《おもて》は吹雪いていた
粉のような雪
「雪山の姿は女性だ　裸婦だ」
と思ってた……
それはゆるやかなスロープでの話だった
この　いやらしい　吹雪と岩山の姿は
いったいなんだろう
この悪魔め

午後になり雪は止んだ
夕刻……凪もまどろんだ

今日ははじめて戸外《おもて》に出てみた
さっきの　雪は止んだ……
というのは風が死に
雪降る音が止んだのだ
大きな　かたまり　小さな　かたまり
雪は止んではいない

夜は雪が積もるぞ
新しい雪が積るぞ

雪は止んでないんだ
悪魔を踏みつけて
新しい雪が積るぞ
……きっと　ね

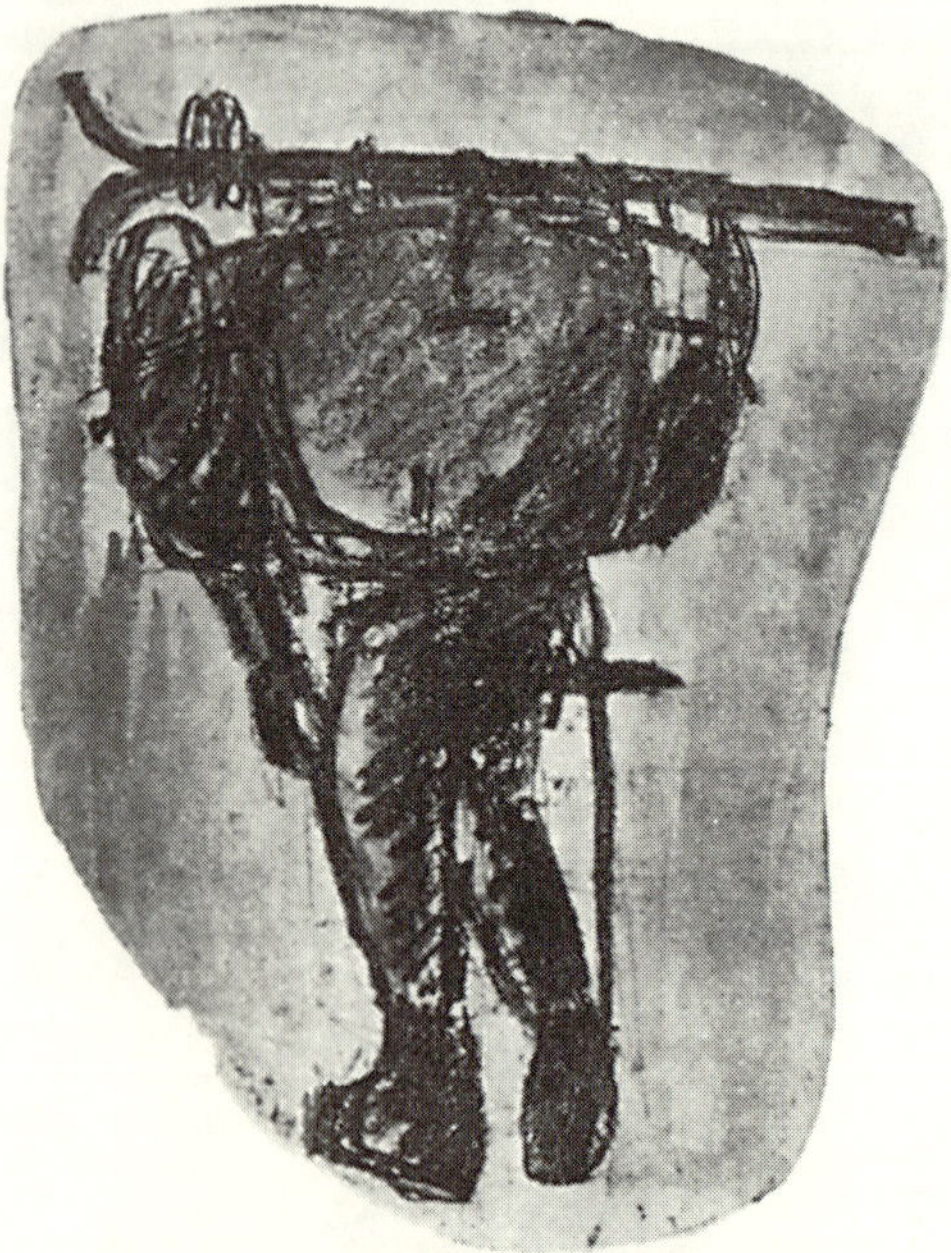

"山に入る日"
ルックザックは重い
はるかな雪山は
樺の間に間に
眩しく映ゆる
僕はひとり
小みちを歩んで
いつもの様に
ルックザックは重い

出発点

おもてには
雪穴の入口を
ふさぐように
ピッケルとアイゼンが
置いてある
数知れぬ
星屑と雪夜の中で
大きく蒼黒く
せまる氷壁に
それらが
対峙している

——奥又白の池　三月——

徳沢の冬の小屋で

寂しいって？
とんでもない

そりゃあ
ちったあ
寂しそうな
あのフクロウの
夜のうたでも聴いてりゃあ
奴を慰めてやろうかくらいのことは
考えるね

だけどね
フクロウの奴だってね
別に寂しいようと
うたってるわけじゃあ
あるめえ

おれだって
おんなじことよ
なんにも
うたう気はないね

ただ　あたりが
あんまり
静かなだけさ

氷と雪の山巓

氷と雪で閉ざされた
巨大なチムニー
蒼白な岩溝にうなるアックス
横っ飛びに走るするどい水
飛散する氷と石片は
僕の瞳を打つ

いったい岳とはなんだろう

僕はそのチムニーを登った
夢中に攀った

そしてずりあがった
その山巓には小石が
レントゲン色の吹雪をともない
ヒューン　ヒューラ　ヒューラ　ヒューーン
と舞っている
岳は　冷たく痛く
快い不可思議
僕には解くことのできない
謎の音楽

冬と時

雪と氷が
一枚のベールのように
山襞を　包んでしまう

村人たちが
炉端にちぢこまってしまう
すると
僕の世界がやって来る

雪よ氷よ
岩よ滝よ
そして
樅の木よ

お前たちは　もうすでに
僕のものなんだ
僕の仲間なんだ
あの温かい榾火とともに
もうみんな僕の友達になったんだ

Haken に寄せて

鋭どい刃先
鈍なる尻底
お前は「岩釘」か「岩楔」

Haken よ
お前はうたえ
いつものように
僕はお前の尻をたたき
音頭をとる
お前は
赤児のように
泣き出すか

いいや　きっと快く歌うだろう
「歌う」その金属音の音律
僕はお前の唄う「歌」に聴きほれている

堅炭岩の印象

K1　K2　K3は
斜陽の中に　りんと……
　その岩肌は黝々とせまり
　なにものかを威圧する

堅炭岩よ　僕はお前の
息の匂いを感ずる
　やがて陽は沈むのだろう
　その岩かげに……

闇……
そう　夜だ
僕はその姿を知らない
　巌と聳えたその岩峰
　鬼の歯のようなあの岩稜
……
霧よ湧け
陽は沈め
堅炭岩はこれから眠るのだ

洋燈《ランプ》のこと

ソノ傘ハ波ウチ
ソノ縁ハ薄紅ニ塗ラレテイタ
わが愛する書
加藤泰三の「霧の山稜」の洋燈の一節だ
お前はなぜ洋燈（ヨウトウ）というのだい
その昔　お前は
はるばると西洋からヤッテ来たのか
お前の傘は昔のまま波うち
その縁はまだ薄紅だ
そして変らぬ光よ

オレタチの灯よ
洋燈よ……
洋燈よ　お前も腹がヘッタろう
そうなんだ
お前はもう一週間も石油を飲んでないもんな
――一月　徳沢の冬小屋で――

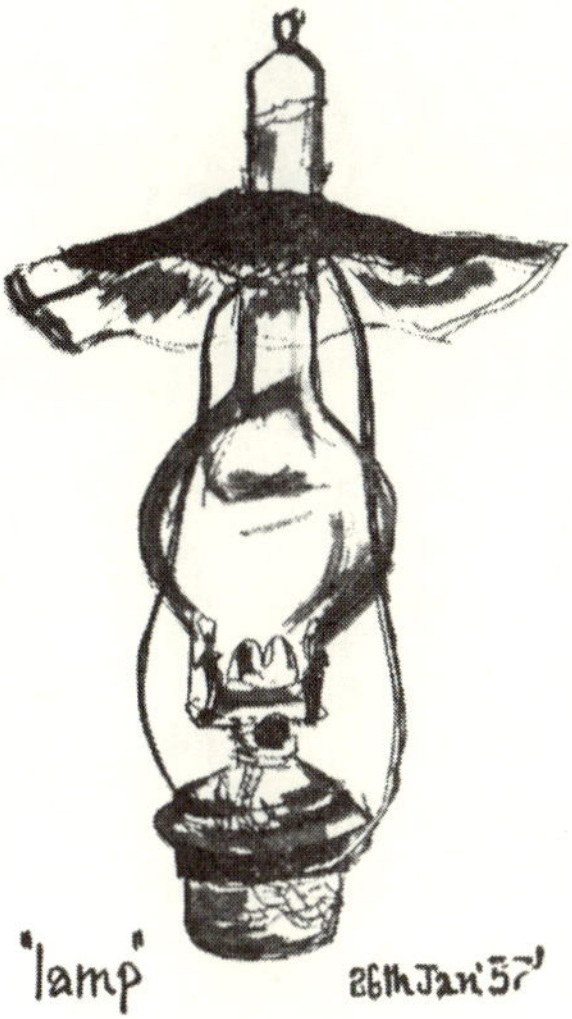

ある隊列

われわれの間には
つねに
ある時間と距離が
保たれていた

まるで
あの鈍い牛車の列のように
一定の時

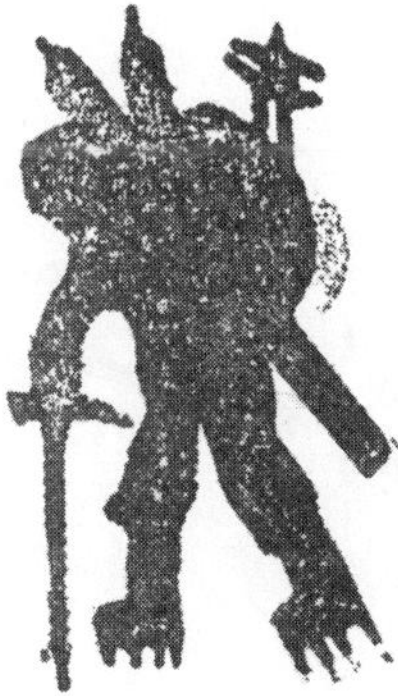

一定の間隔
それは　誰も
意識はしていない
白い永いみち
寒い荒れたみち

山なみ

見知らぬ山が
幾重にも　幾重にも
遠く連なる
白い大波のようだ
僕の瞳は　まるで
土管のように
頭の中へ筒ぬけだ

山　山　また山
白い大きな波
その　うねり

それらが
日本アルプスでもヒマラヤでも
僕は　いっこうにかまわない

その太古ながらの
静謐な白い波

夢

夢はまだそこにあります
忘れられぬように
そっと眼の前においてあります

楽しい甘い夢……？
いいえ　いいえ　ちがいます

もっと強烈な……
ある山の頂きで
ある岩稜で
強風にあおられ

積んだケルンのように
まだ覚えています
今もそんな夢をみております
いいえ
目の前に据えじっと眺めております

やがてもう夜が明けるでしょう
あの薄紅色と蒼い紫色の空間に
黒々と影を引く岩稜と山嶺

僕の眼玉はまだみております
夢はまだそこにあります

密猟者になりたい

密猟者になりたい
何にも恐れることはない
人間は　誰もいないのだから
そこには深雪と野獣
それに俺と銃が……
密猟者になりたい
俺の狙いは不正確か？
野獣は笑う

奇妙な奴だ　獣も俺も
密猟者になりたい
掟を犯しても
自然に対する人に……

三ノ窓チンネ

おお三ノ窓チンネ
クレオパトラ・ニードル
僕はお前のとりこになった
それから何年お前のもとに
通い続けたか？
未登攀の岩壁には処女の媚態がある
と誰かがいっていた……
僕はその言葉に引かれたのかも知れない
そしていつか　とうとう僕のものになった

けがれを知らぬ　その麗しさ
冷たいばかりにも美しき乙女は

その後お前は浮気なお前は
何人もの黒ん坊に麗しき胸をゆだねてしまった
僕はそれでもあなたを愛します
純白のネグリジェを
はずかしそうにまとったお前を……
おお三ノ窓チンネ
そして
クレオパトラ・ニードル

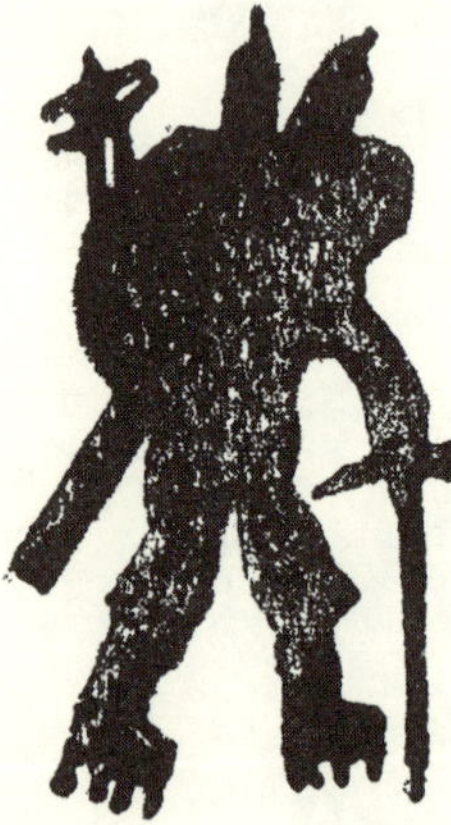

冬山に

僕は陽光より酷霧を
蒼空より
あのレントゲン色の
吹雪を愛する
冷たく痛い
冬山の不可思議を

春の上高地

誰もいない春の上高地……
それは本当快適の一語に尽きる

雪よ……岩よ……若葉よ
そしてこの雪融けの水の饗宴

乾いた枯草の上に寝ころび
遠くかすむ岳を眺める
生命は歓喜に満ち
微風が頬をなでる

共同便所

上高地の小梨平に過ぎたるものが一つ在る
それは共同便所だ
初めて僕がそれを見た時
馬鹿にコヂンマリしたキレイナ山小屋ができたと思って
オソルオソル中に這入ってみた
ナーンダ便所じゃあないか
まだクサクもなんともなかった
それにしてもリッパなもんだ
感心して、一つ一つあけて見て廻った
一番奥のヤツに尻をマクッテ坐ってみた
セメントの乾くにおい　？　がした

ＵＮＣＨＩなんて出やあしない
変てこな気分だ
誰か外に来たような気がした
話し声がだんだん近づいて来る
ここへ来るのかも知れない
ズボンもあげずにあわてて飛び出した
何にも　共同便所だから
あわてる必要なんか無いんだが
二人の女の子が変な顔をして
僕をジロジロ見ていた
あまり不思議そうに見るので
便所の入口をふりかえってみたら
『女子用』と大きく書いてあった
今度は本当にあわてて歩き出した

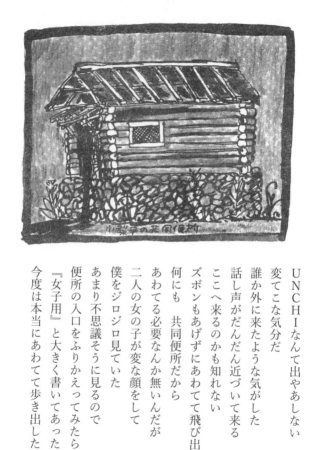

犬と僕

少なくないな……と思って
僕のボールと比較してみた
やっぱり彼奴の方がグット量がある
だまって僕は彼奴をニラミツケ
きわめてまずそうに喰ってみた
彼奴はガツガツ尾を振っていた
——徳沢の冬の小屋で——

冬の雀

僕が徳沢園で越冬している時、一月、二月、三月、の寒い頃、雀が何を見間違ってか、よく室の中へはいってきた。ガラス戸にぶつかって、一、二時間で死んでしまう……。外へでようと思って必死になって、ガラスにぶつかるのだ。

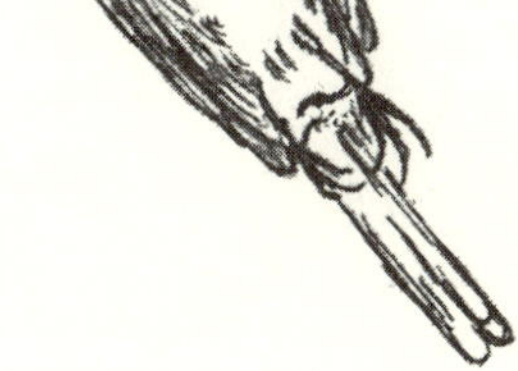

雀の侵入口は多分囲炉裏の煙出しだろう。雪のある外より火のある小舎の方が暖かいのだろう、と思っているといつも僕の思い違いだ。昨日珍らしく室の中に雀がはいっていた。今日はやっぱり冷たくなって薪の上に落ちていた。

登る前夜

みんなよく眠っている……また例のごとく僕だけが起きている。風が出て来た。が、星も煌めいた、そして冷え込んできた。

出発は明日の午前零時か一時だ、みんなの起床時間まであと三時間余りだ、貴重な三時間だ、眠らなくては……いやいや駄目だ。いつものように僕はまだなにも整理していないのだ。今日までの日記も、簡単な記録すらも、みんなの起きる前にやらなくてはならぬことが、本当にうんざりするほどあるのだ。

今度の登攀が成功すれば……いやいや、失敗しても誰も笑うまい……そうなんだいったいあのやせた岩稜や　硬いガラスのような岩壁がなんだというのだ……分らない　分らない。

僕は例のごとく眠れない。

星はかがやき　風が荒々しい。

僕はこんなに落ち着いているんだが……明日からの、いや二、三時間後から始まる登高を、登攀を思えば眠れない。

時計の針を一時間遅らせてから灯を消した。

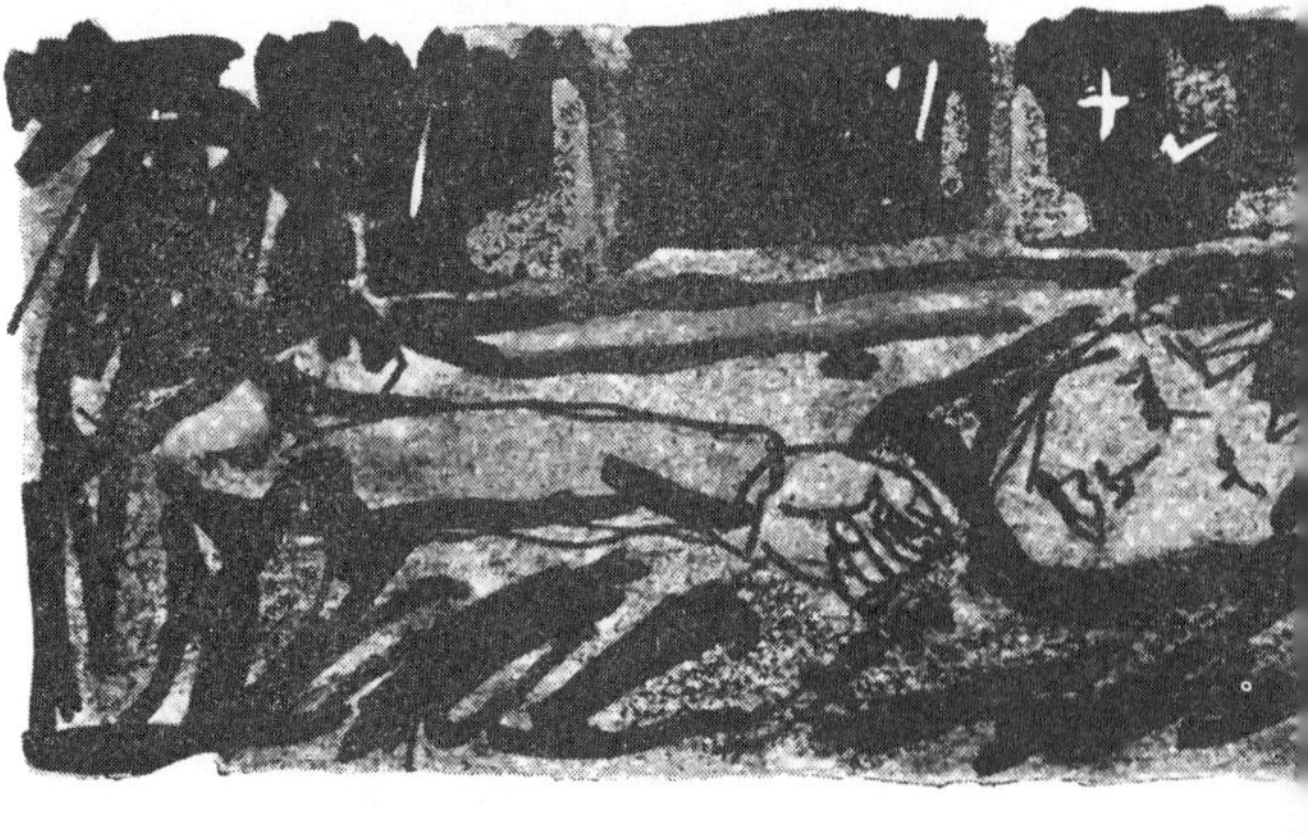

乾いた岩

はげしい、岩との闘いは終った。
が、しかし休息よりも……なによりも、水がほしかった。
僕は空をみつめた。雨が降ることを願った……。
コリコリに乾いた岩タケは、おそらく、もう一週間も水を飲んでいないのだろう……
僕はその岩タケをもぎって口の中へ……
味も何にも無い……。
すでに闘いは終ったのだ。
ザイルは友の手によって捲かれ、僕は何度も空を見上げる……
今ずり上った一枚岩の下から霧が湧き出したのも知らずに。

――滝谷にて――

氷雪の岩

その岩壁は蒼氷で被われているだろうか
いいや　やわらかく新雪につつまれているかも知れない
それは霧のなかの幻のようにはじめて知った見知らぬものへの憧れ
現実から夢幻の世界へみちびき入れる
……どんなにその岩壁が硬くとも
僕はどうしても手にいれなくてはならない
登るのだ　僕に残された最後の力をふりしぼっても
あの山嶺にケルンを積まなくては
その登攀がどんなにはげしくとも

北穂の東稜のこと

おそらくは一昔前はバリエーションルートとして涸沢に天幕を張ったアルピニスト達が親しんだ岩稜だろう。……が今はいったいどうだ。南稜の夏路より繁昌する。……もののしいネエルドブウツ、ビムラム底、キャラバンシュー、地下タビにワラジｅｔｃ……この南稜の天幕から見ると実に愉快だ。……今、一パーティのアルピニストがザイルをだしナイフリッジを通過しようとしている。……その後のキャラバンシューの二

人のハイカーが大きな岩を落しながらも前のパーティを見る間に追いぬき東稜のコルに降りてきた。……いきなり僕に向ってヤッホーとどなった。
今年の正月、雪と氷で覆われたこの東稜で強風と寒気と闘いながら、十時間近くも続いた登高を思えば、この夏の東稜は夢のようだ。雪の東稜……それは夢かしら……。

榾火

大島亮吉だか加藤文太郎だか忘れたが……榾火《ほだび》は良い友だ、とか、一人で居る時の友は榾火だけだ、その火はなんでも私に語ってくれる……というようなことを読んだ。

実際一人でジッと榾火を見ていると、その火はなんでも僕に語ってくれるし、本当に唯一の友人のような気がしてならない……。

榾火よ　もえろ　榾火よ　もえろ
悲しみも　楽しみも　静かにもえろ
わが友　榾火
大きな鉄びん　煮えたぎるまで
もえろよ　榾火　もえろよ　榾火

悲しみも　楽しみも　静かにもえろ
わが友　榾火
語ろう榾火　お前の炎　消ゆるまで……

僕の榾火に寄せる想いと詩《うた》はつきない　いつまでも
いつまでも榾火とこうして語っていたい……

榾火は僕に話してくれた
山に逝った何人かの友のこと
春　雪山の快適な想い出も
やがてお前が山で果てるだろうということも
僕は一人　静かにお前の話を聴いた

——徳沢で独り、囲炉裏の前で——

登攀を終えて

人々はいうだろう。なぜそんな雪に覆われた高い山の中へ出かけて行ったのだ。そしてなぜ夜中起きして、ザイルを体にまきつけ、そんな絶壁をよじ登ろうとしたのだ……中略……しかしおれたちはそれをしなければならなかったのだ……後略

——井上靖「氷壁」雪の部落より——

僕は思う……。人間は生きている間に何をしようとそれは勝手だろう……。だからわれわれは登ったまでだ。そしてこれからも幾多の氷雪や岩壁を登ってやろうと僕は思う……。エヴェレストの英雄ジョージ・マロリーやサー・ヒラリーが「山がそこにあるから」といってその山を登った……。否、否、否……そこになにかあるからだ。山がそこにあり、何かそこにあるからだ。ハンス・モルゲンターレルのあの水晶採《と》りのお爺さんのごとく、僕は生涯氷雪の岩壁に

なにものかを求めて行くだろう。

夢想と行為と

（街に居る時）

水曜日の午後……

なぜ僕はあの岩山や、嵐を愛するのか。別にこれといった深い動機もなく、なぜあんなに山を熱愛するのだろうと……急に考え込んでしまった。

木曜日の夜……

昨日の安易な気持は深刻になってきた。

金曜日の朝……

人間の、いや僕の生命力の自己表現のために山を選んだ、とか、僕の求めてやまない山々は、人々のより高い岩壁へ、より困難な氷の岩壁を攀ることだと勝手に思い込み午後になった。純正なる目的、それはきっと他《ほか》にあるのだ。

土曜日の朝……

純正なる目的、そんなものが一体あるのだろうか？　それは登山の本質に関する問題だ。

この日の夜は汽車の中。

日曜日……

終日……岩を攀じ、山を歩いた。

月曜日の朝……

汽車から電車へ、街へ、家へ。午後、疲れて、よく眠った。

火曜日の朝……

登山の本質、それは僕には釈明できえない哲学……本当に無目的にならざるをえない。

この日の午後から晩、寝るまで登山の本質と芸術のそれとを並べて、もう一度考えてみた。どこまでも果しなく続く白い、いや真赤な雪原のように、自分の靴底の色は染まるが、行先は分らなかった……。

火曜日の晩……

今度は、登山そのものの価値について考えてみた。いや価値など無いのかも知れない。僕自身の登山を評価しようと努力してみた……。人間であり、僕自身でありまた行為でもある。行為、そうだ、僕は信じたい……。いや自分自身の行為だ。なぜ信じられないのだ。信ずるのだ……。信ずるのだ……。僕に残された唯一の能力なのかも知れない。

……そしてまた水曜日の午後がやってくる。

(山に居る時)

月曜日の午後……

午後になって眼が覚めた。外は吹雪だ。昨日雪の上に出しっぱなしのスキーをあわてて掘り出した。ストーブに点火、朝、昼、夕の兼用の飯を暗くなる頃たべる。

夜、ストーブの残り火をコタツに入れ、ランプの下で本を読む。

どうせ解らないと思いながらも、苦労して、重たい思いをしてかつぎ上げたコムズカシイ哲学書、街に居る時読んだことのない山の紀行文集、それに、いつか電車の中で美しいお嬢さんが読んでいた詩集と同じ題名の詩集。そんなものが五、六冊フトンの横にころがっている……。

僕の読んだのはそんな本ではない「漫画読本」と「笑の泉」。
火曜日の朝……
風は止んだが雪は昨日と同じだ。雪を融かし水を作るのが今日の仕事。
夜、街の灯を思い出し絵を描いてみた。山の中に居る自分がアホウのようだ。
寝る前にまた昨日の「笑の泉」を読んだ。裸の女がいつまでも僕を寝かさない。
水曜日の昼……
また風が出て吹雪とも風雪とも見分けがつかない荒れようだ。街に居る時、
あんなにこの日を待っていたのに……。
晩に三日間の日記を書いた。登山とか芸術とか価値だの本質だのと、街に居る
時真剣に考えていた自分の愚《オロカ》さが、この山に来た日の日記から読みとれる。
木曜日の午後……
なんとなく早起きしたら、雪は止み曇っていたので裏の山へスキーに出かけた。
薄暗くなる頃小屋にもどる。別に疲れていないが、早く床に着く。
金曜日の夜……
がむしゃらに薪を割ったのは気持よかった。思い出したように凍ったパンを

焼いて食べる。

今度晴れたら山に出かけようか、それとも電気のあるところへ、新聞の来る村へ行こうか……とずいぶん迷った。いずれにしろスキーとルックザックは必要だ。


土曜日の朝……

鼻がジンジンと、耳が塩せんべいのように折れるのではないかと思うほど痛く冷たい。

快晴なのだ。膝までのラッセルはつらい、早くスキーをデポしたい。やっぱり村や街にすべり降りるべきだったのか？

終日スキーを担いでの登高は続いた。やっと、ある岩稜の末端でスキーをアイゼンにかえた。登高……何もかも忘れ登った。短かい休息の時、初めて時間を意識した。夕刻と共にこの山嶺に達するであろう。

星屑をかきわけるようにしてその岩稜の頂きに達した……。夜が来たという恐怖、登頂した事実の歓喜、そんな感情の交錯を覚えた。

下りは沢すじを選んだ。雪はツマッテ歩きよい。例の岩稜の末端、スキーのあるところに穴を掘った。雪の穴を、雪洞とよぶにはすこし粗末なものだ。入口から流星が見えた。

日曜日の朝……

昨日のシュプールを辿り何度かコロビながら小屋に着く。別に眠くもないし疲れてもいない。

昼までには時間もある……。またこれから何日か雪と風に閉じ込められるのだろう。

午後。ストーブにあたりながら、今日迄の一週間と街の一週間を考えてみた。僕はもう何の刺戟をも感じなくなった。あんなに街に居る時は、たまらなく雪山を求め恋していたのに……。あんなに街に居る時はたまらなく孤独を求めていたのに……。なんでこんな余分な神経の負担をしなくてはならないのだろう……コンクリート作りの雪壁だって、大理石の岩稜だって、いっこうに、もうかまわないのだが。

夜。寝る前に、昨日と今日の記録を書こうと思ったが手紙に変ってしまった。いつとどくとも知れない手紙に。

手紙というのは面白い。街の事ばかりが気になる……自分の家族の事、山の仲間は一体どうしているだろう、それよりもあの女性は……、僕が秘かに想いをよせていたこと、よし今度街に行ったら恋をうちあけよう。それよりも、いきなり接吻してやろう。……雪と氷の硬き岩壁をアタックするような、あの気持で……。

……そしてまた月曜日の午後がやってくる。

だから僕はいつも思うんだ。
いっそのこと、山のド真中に街があれば……
街のド真中に山があれば……と。

岩塊《いわ》の背後《かげ》

真昼なか、暑い。

風もなく、岩苔も干《ひ》あがっている。

渇ききったベイジュ色の岩肌に自分の指先の汗だけが黝《くろ》く濡れ、それを印象づけて行く。

僕は滝谷の、とある岩塊の中にいた。

岩肌に軀《み》を凭《もた》せて、太い登山綱《ザイル》をゆっくりと引く、岳友《とも》の掌と頭が、僕の足もとにやってくる……また汗に濡れた指先で岩肌を染め上げて行く。ほとんど、その動作は機械的に、いや、夢遊者や熱病の軽患者の行なう反復運動のようにくり返されていた……それも、もう三時間も以前《まえ》から。

やっと僕ら三人が集合できるスタンスを発見した。砂礫は強い陽に焦《こ》げていた。ただそれだけなら静穏な登攀だったろう。

……暑いから、烙くように咽喉《のど》が渇くから、早く岩塔の背後《かげ》に行こう。

登山綱《ザイル》でつながれた想いは、みんな同じだった……立ち上った瞬間に焦げた砂礫を踏みはずした。小石はビヤダルのような巨石をゆるがせ、僕らのスタンスを一瞬に消し飛ばした……。

……突っ放なされた瞬間、僕は虚空を流れる光線《ひかり》の中に、岳友《とも》の真剣そのものの瞳と、ギュッと張られた登山綱《ザイル》をみた……

……それから数時間、僕らは夢中だった。例の岩塔の背後に達したころは、すでに陽もなく薄い霧が湧き出ていた。

眩暈《めまい》がした……。

たしかに、岩塊《いわ》の背後《かげ》に強烈な光線《ひかり》を僕はみた。

ヨーロッパ・アルプスへ

脱出・アイガー北壁

七月五日夕刻、僕たちはついにアイガー北壁の山麓の街グリンデルワルトに着いた。永い間夢に見、想い続けた「北壁」は、目の前の霧のなかにある。この日を何年待ちこがれたことか。大岩壁の下部は霧に濡れて輝き、僕たちは「北壁」用の大荷物を前に、興奮して立ちつくしていた。

アイガー北壁―岩壁の高さ一八〇〇メートル。マッターホルンの北壁、グランド・ジョラスの北壁とならんで「アルプス三つの壁」と呼ばれ、最後まで人間を拒み続けてきた。

一九三八年の初登攀《とうはん》にいたるまで何人もの優秀なクライマーが死に、生還は稀有のこととさえいわれた。初登攀後も、墜死したり凍死したクライマーの数は現在まで二十五人を数えている。「殺人岩壁」「魔の壁」として恐れられ、一時は登山禁止の話も出たことがある。しかし近代登山の技術とテクニックは、ついに一九六一年の登攀を許し、昨年（一九六三年）暮れには技術的に困難とされた降下にも成功している。

この陰惨な壁、一八〇〇メートルもの大岩壁、数々の悲惨な記録を残してきた「北壁」に自分の手で足でとりつきたい。これは僕が高校二年の時、凍傷で両足の足先を切りおとして以来、日本アルプスでの数々の岩登りを通して芽生えてきた憧れであり、願いであった。

その希望は、僕のパートナー大倉大八君の勤務する倉敷のスポーツ服装メーカーの社長が、無償で、全費用を支払ってくださるというこの上ない倖せな条件のもとに、かなえられることになった。そして昨六三年六月五日、勇躍羽田を出発したのである。

僕らはまずフランスの山の都シャモニーに行った。ここで約三週間、氷のトレーニングをするつもりであった。

山の格好をして一人で歩いていた時、ちょうどシャモニーにきていたエベレストに登ったテンジンに間違えられて、

「テンジンだろう」

「ネパール人か？」

と何十人もにわいわいとりかこまれ、違うもなにもいう間もなく、とうとうテンジンに祭り上げられてサインをさせられてしまった。日本文字で「芳野満彦」と書くとネパール文字だと思い、みんな「メルシー」といって喜んで帰っていったのにはあきれてしまった。テンジンこそいい迷惑だったろう。

こうしてシャモニーよりジュネーブの共同通信の長与氏からお聞きしたホテル「ベル・ビュー」へ着いた。このホテルは、一九二一年にアイガーの東山稜（ミッテルレギ山稜）を初登攀した槇有恒氏の親友、エミイル・ストイリー氏の経営のものである。七十四歳の好々爺で日本の登山家に詳しく、僕らにも実に親切であった。

三年ほど前までは現役のガイドであった彼は、今でも山のことになると夢中で、僕らには晴れれば「ヴェッターホルンは良い山だ。あそこに行け」とルート図を持ちだして説明しだした。これには理由があり、僕らがアイガーの北壁に登るらしいというのを感じとり、「わしは日本人が死ににいくのを黙って見ているわけにはいかん」

としきりにいっていた。

ホテルの斜め前のみやげ物店に彼の姉さんがいた。このおばあさんも最高の好々ばあさん（?）で、会う度に「日本人だろう、槇の友達だろう」と握手を求められた。山の大先輩槇有恒氏には一面識もないけれど、槇さんのおかげで僕らはだいぶモテた。

七月も終り近くなり、いよいよアイガー北壁アタック間近になった。好天の時に一度アイガーの山頂よりの下降路を調べるべきだと、日本を出発するとき何人もの山仲間や先輩からいわれてきた。たしかに記録を読むと、吹雪で山頂に達したが、下降路が分らず苦労したものが幾つかある。それほどまでに慎重にならなくとも良かったろうが、やはり気になったので、下降路偵察のために槇有恒氏が初登攀された東山稜を登ることにした。

僕らは北壁について綿密に記録を調べ、トレーニングに多くの日を費やしたが、この慎重さが好天を見逃してしまう結果となったのは、皮肉であった。

東山稜へ向った日は、非常な好天に恵まれ、これが北壁へいくのだったらと残念でならなかった。登山電車の乗りかえ駅クライネ・シャイデクに来たら、大望遠鏡で観光客が大勢北壁を眺めている。僕らも小ゼニを入れて眺めてみると、四人のパーティが北壁のど真ん中を登っている姿が見えるではないか。もう少し装備を持ってくればこのまま北壁へいけたのにと思えば、これから東山稜のクラシックルートへいく僕らが情けない気がしてならなかった。

アイガー北壁の向う側、すなわち南壁の下の登山電車のトンネル穴（アイスメイル駅）から氷河にはい出し、槇氏を記念して造られたミッテルレギ・ヒュッテに一泊した。無人の山稜の山小屋だが、槇氏の若かりし頃の写真が立派な額にデンと在るのは気持がよかったし、これからの北壁へのアタックに大きな勇気が湧いてきた。

こうして下降路の偵察にはなったが、何としても好天を逃したのは事実で、この年の単独登攀も含めて北壁に成功したパーティはすべて、僕らが東山稜に登った日を前後した一週間だったのだ。

ジュネーブ駐在の朝日新聞スイス支局長清水氏が家族と共に、僕らを応援しに来て下さったのもその頃であった。やはり僕らが北壁をねらっていると知ったベルンの日本大使館から「危険だから中止するように」と何度も電話もあった。僕らは二度ほどベルンまで出かけて事情を説明した。それでもガイドをつけろとか、遭難するより帰った方が無難だとか、これには全く困ってしまった。
そうして八月になり、いよいよチャンスがおとずれた。

八月五日。快晴。

「アルピグレンまで写真を撮りにいってきます」とホテルに言って、背広姿のままグリンデルワルトを出発した。荷物はあらかじめ朝日の清水氏の車で駅まで運んであった。あんな好いエミイル爺さんをあざむいてまで北壁を登るのは、本当に後髪をひかれる思いだった。あんなに僕たちの身を気づかってくれたのだ。

アルピグレンというのは、北壁の真下にあるアルプ（アルプスの下の草原帯）の小駅で、農家が四、五軒に山小屋風の薄ぎたないホテルが一軒あるだけだ。だがあたり一面の牧草地帯は絶好の天幕地で、北壁を狙う者たちの良きベースとなるところで、僕らのような北壁亡者にとっては、グリンデルワルト以上に名のとどろいたところだ。

僕が昼寝と荷の点検をしている間、大倉君は取っ付きの雪渓まで路を見にいった。帰ってきた大倉君の話では、意外に取付点まで遠いことと、北壁志願者が多く、天幕が幾つもあり、中には北壁から帰って、泥だらけのザイルや衣類を乾かしている者もあるそうだ。明日天気が良ければ彼らは再度アタックするだろう。僕らもぐずぐずできない。僕らはいよいよ北壁に近づいたことを感じた。

小さなホテルではみんなが僕らを、いやにじろじろながめる。ヒソヒソ話しているのはどうせ「奴らは北壁に死ににいくのだろう」とでもいっているように思えた。夜、天気予報をグリンデルワルトにいる清水氏に尋ねた。あまり良い返事はなかった。

アルピグレンのホテルは、碧い湖の底に沈んだようにすっかり寝静まっていた。薄気味悪いほど静かだ。目覚時計は午前三時に合せてあるが、僕は十分前頃に目が覚めてしまった。

「明日の朝早いから目覚時計を貸して下さい。宿泊料も今夜支払います」

たったこれだけのことをホテルの人に伝えるのに二十分近くかかった。アッケにとられてポカンとしているマダムたちを、強引に僕らのインチキ英語とドイツ語の真似語で分らせて、会計を終えて目覚時計を借りたものの、この目覚時計たるや全く時代物で、このホテルにふさわしいものだった。

時計の国スイスでは、こんな五十年も以前の旧型のものが未だに愛用されているのか？　とにかくあまり当てにならぬシロモノだ。僕はベッドにはいるときからそればかり気にしていた。十分前に目覚める心理的なものも計算にいれた最新型かも知れないと思ったりした。とにかく心臓の鼓動のように動いていることは確かだった。

午前三時。不思議な目覚時計のベルを合図にベッドを下りる。山靴は冷えて少し硬かった。大北壁を登る前にしてはどうも勝手が違う。落着かなくてはいけない。目覚時計を気にしたりしてよく眠れないなど情けない。山靴でギシギシきしむ木造の階段を下りて階下のホールに出た。けれどどうしたことだ。どのドアも閉じてロックしてあるようだ。

「おれたちは北壁を前にして外に出られない……」

僕はあわててしまった。大声をあげて人を呼ぶにはあたりは静かすぎる。仕方がない硬い山靴の先で正面の一番大きなドアを思いきりけとばした。なんなく開いた。ほっとしてしのび出るように、闇のアルプに向って歩きだした。

さあこれでもう誰にも言葉をかけられる心配はない。僕らは星屑だらけの夜空を遠慮なく真二つに画している「北壁」に向って、アルプの小みちをゆっくり登っていった。荷物は一人二〇キロ近くある。肩に食いこむというほどではないが、岩登りには不向きの不快な目方だ。普通の山歩きなら心地よい快適な重量なのに。

北壁の真下の岩屑がちらほらある小みちまで幾度か休んだ。大倉君の足ははやかった。僕は天候と星数ばかり気にしてスピードが余り出ない。地上はこの七文半の足では全く辛い。しかしあの岩では……。

日本の山を歩くとき、または岩登りのとき愛用している夜間用のヘッドランプは重いので、僕らはシャモニーで軽量の手さげランプを求めて、それを手にしていた。手袋をはめていると汗が出て始末が悪い。休むたびに明りを消して、星空の北壁やヴェッターホルンを眺めるのはこの上もなく倖せだった。

北壁の直下に着いたのは五時を少し回っていた。足元から広がるアルプの一帯が、薄紅色の空気に包まれ染まっている。朝焼けだ。登山用語でモルゲンロートなどと気取っていうあの御来光だ。寒さも空腹も忘れてしまうほど夜明けは美しかった。僕らは黙々とザイルをだして結び合った。55度ほどの末端雪渓の傾斜も苦にならない。僕らは張り切っていた。

僕らは、この壁の初登攀者の一人、ハーラーが綴った『白い蜘蛛』の巻末にのっていた詳細なルートの記述をちぎって持ってきていた。この本に、登攀成功のキイは先輩の記録をよく読んでルートを間違えないことだとあったので、ハーラーの記述に忠実にルートを探すことにした。

目の前の岩壁は近くで見ると、僕らの考えていたより実に大きい。どうもルート図より登り易いと思われるところがあったけれど、アンチョコ通り雪渓から左手の岩溝にとりついた。荷物を背にしてはどうしても登れないツルツルの岩溝だ。手がかり足がかりもありはしない。

第一ピッチで僕はもうネをあげかけた。僕は荷を下に置き、空身でやっと二〇メートルほど登り、二個の荷物をザイルで引っぱり上げて大倉君の登ってくるのを待った。彼はザイルをたぐるのが忙しいくらいの早さで登ってきた。

とにかく二人腰を下ろせる場所をさがしてまず一服した。はじめてとりつく名だたる岩場だし、ながめているのに時間をくってしまったのは仕方あるまい。しかも苦労してやっと獲得したのが二〇メートルの第一歩だ。雪渓から岩場にとりつくとき、下の方から登山者がしきりに大声で僕らを呼んでいた。彼らは僕らと大分違う右側の岩場に荷を置きにやってきたのか、再び登った雪渓を空身で下っていった。どうもルートが違うらしい、と気付いたが、とにかく僕らはハーラーの記述通りに登ることに決めた。後で知ったのだが、いま登られているルートはハーラーの記述と大分違っているらしい。何のことはない。やさしいルートをさけてわざわざむずかしい方へとりついていたのだった。

ツルベ式にゆっくりと北壁の下部の岩壁をつめていった。

岩壁をよじ登り、二〇キロ近い荷物をひきあげ、また登る。雪渓にくるたびにアイゼンをつける。絶え間ない落石に神経はとがる。時間はどんどんたつ。四分の一も登らないのに、時計は午後一時をまわっている。

北向きの壁だから大部分陽が当らないのは当り前だけれど、午後になると岩を水が落ちてきて岩肌が冷たく濡れる。ただでさえ冷たい岩は全く凍るようだ。とある岩角の上にズタズタに切れたルックザックが落ちていた。中にはまだ食べられる食糧や使用できる燃料のガスボンベがあったし、その付近には、血の付着したホータイやガーゼまで散らかっている。誰か遭難者の物か。体の底まで痛くなるように手が冷たい。頭の後をまた落石。

濡れた小さな壁を一気に登ると、北壁をくりぬいたトンネルの坑道が近くにみえる。登山電車のグォーンという音と共に岩の中に吸いこまれていくのを聞いていると、苦労して岩壁を登っている僕らは全く別人のように思えてくる。

随分長い間、二人は坑道入口前のテラスで休んだ。北壁だから陽が当らないと考えていたのだが、午後四時すぎて、一部分日光浴ができるところまでやってきた。僕は汗と岩を伝わる冷水で大分濡れていた。ルートを更に左へ左へとって、陽の当る岩場を求めて登った。荷物も何度か荷上げした。

やっと陽光をあびて二人が腰を下ろしていると、落石が激しい。キューンとうなりを上げて落石は鉄砲玉のようにおそってくる。思わずかぶっているヘルメットを手で押え、岩にへばりついてしまった。頭上の「赤い断崖」と呼ばれている大きな垂壁は、庇《ひさし》のようにおおいかぶさっているので、その上からの落石は全部僕らの頭の上を遥か一〇メートルもかすめて落下していく。

着物を乾したり、煙草を喫ったり、下のアルプとイモ虫のようにゆっくり登って行く登山電車を眺めて、ゆうゆうと小便をした。それは霧となって下界へ散っていった。あれやこれや結構忙しい休憩だった。

「むずかしい割目」と呼ばれている岩場の下に、岩穴が幾つかある。その中で初登攀の頃から使われている荷上げ用の岩穴で「湿ったビバーク用岩穴」というのがある。僕らは時間的に早かったが、この岩穴に泊ることにした。午後五時である。荷物が重かった。

腰をおろすと意外に広く感じた。先登者の残置ハーケンなどが幾つかあった。下のアルプで牛がノソノソ動いたり、彼らの首にあるベルが風に乗って鳴き声よりもはっきり聞こえてくる。夕食は米を炊いたり、海苔を食べたり、豪華版だった。

右手にみえるフリストのスキー場から、左手の遠くインターラーケンの街の上方に、なんとなくいやな雲が一面にはりだして、それが赤く染まった。アルペングリューエンという夕焼けも、色が酷ければ天候悪化のきざしだ。ザイルを張って、持参した日の丸など濡れ物を乾かして横になった。まだ残照が美しく岩肌を染めていた。

翌八月七日。夜半から降りだした小雨は霧に変ったかと思うと、小雪になったり、みぞれになったり、変化に富んだ天候だった。大倉君は下山することを主張する。

僕はアイガー北壁では悪天候がつきものだから、一日くらい待ってみようといった。

結局ここにいれば落石の心配はないし、少しでも良くなるまで待つことにして、岩穴の中でゴロゴロ横になっていた。十一時少しすぎ二人の男が登ってきた。相当早いピッチだ。背の高い男と背の低い男。岩場にとり組むにしては奇妙なとりあわせであった。背の高い方がトップで六〇メートルもある長いザイルを使って「むずかしい割目」の基部までやってきた。

僕らが声をかけるとニコニコした。木綿のウインドヤッケは破れて、ここまでの苦闘を物語っている。全身濡れているのは当り前だが、昨日僕らが見た破れザックを拾って背につけていた。暖かいコーヒーをいれてさしだすと、まずそうな顔をしてそのくせ三杯も飲んだ。言葉が全く通じない。彼らはスペイン人らしい。

「イスパニオラ?」

「ウイ」とも「ヤアー」ともつかない言葉でうなずく。英語も独語も駄目らしい。もっとも僕らの言葉もインチキだから、よく分らないのは当り前だ。ただお互いにルート図と簡単な登山用語でうなずき合うだけだった。

大倉君も僕も写真を撮ったので、住所を書いてくれと手帳をさしだすと、小柄の方が分り易く大きな字で綴った。大きい方はしきりに自分のカメラで僕らを撮していた。コーヒーを飲む間も煙草を喫う間もすべて立ったままだった。そして二十分もすると、

「アディオス」

とさっさと登っていった。雨と霧の中を。

午後になっても同じように荒天。スペイン人のことが非常に気になった。どうせ彼らも登っても一〇〇メートルもいけば上出来さと思っていた。無駄なエネルギーを放散するより膝っ小僧を抱いてじっと耐えるのが一番よい。湿った体が寒い。

また夜がやってきた。なんのことはない。昼の延長でただゴロゴロしていれば夜が明けるだろう。足の先を失って岩登りに打ち込むようになったこと、日本アルプスでの初登攀した時の岩場のこと、たった一人冬の徳沢小屋で小屋番をしたこと、そしてその時大倉君と知り合ったのだったと、次々と、走馬燈のように記憶が頭の中をかけめぐっているうち、また、うとうと眠りに落ちたようだ。

八日。完全な雨。五時半には再挙を期して一たん下山を決意した。ザイル一本だけ持って全装備を岩穴にデポ。登山電車の坑道である右寄りの穴に向って下り、そ

れからはあっけないくらいの退散ぶりだった。クライネ・シャイデクまで歩き小雨のグリンデルワルトに着いた。老エミイルは僕らを見てかけ寄り、肩を抱きながら、
「オーマイフレンド」
と喜んでくれた。

悪天候が五日間続いた。十一日やっと晴天が訪れたので、再度、攻撃することを決意した。エミイル爺さんのいないうちにそっと「アルピグレンにいく」と言ってゆっくり出発した。氷河駅のホテルは改築中で泊れず、またクライネ・シャイデクまで歩き豪華なホテル「ベル・ビュー」の五階屋根裏に泊った。

ホールに出るのに山靴をはいているのは気がひけた。ネクタイをつけていないのは僕らだけらしい。ボーイ長がイヤな顔をした。おまけにジュネーブの在留邦人井上氏のところに、長電話をして天気予報を聞いたので、僕らをにらみつけた。大倉君が電話料のツリ銭を五フラン渡したら「サンキュー」の下に「サー」がついた。

翌朝予定通り二時半出発。
「今回は僕らだけらしいなあ」

といったとたんに、ばったり例のスペイン人のクライマーに出くわした。恐らく彼らも一回めはトンネルくだりの口だったろう。彼らは意外にも破れたままのアノラックを着ていた。彼らは右、僕らはほとんど中央に近いところを前後して登っていった。

僕らは荷が軽かったので、今度はスピードが出せた。スペイン隊よりも早く前回のビバーク地、荷物のデポ点に達した。前回はここまで十二時間費やしたのに引きかえ、今度は朝の八時半には着いてしまった。

朝食をすませ、一時間ほど休憩して、九時二十分、再びザイルを結び登高を開始した。荷がぐっと重くなったのでピッチはまた上らない。「むずかしい割目」を二人越えるのに三時間近くの苦闘、天候が良いだけに時間が気になる。ハーケンを岩にたたきこみ、カラビナをかける。ザイルをその輪に通す。この単調な作業。しかし他のことを考えているゆとりはない。岩壁は常に僕らの上へ垂直にどこまでもつづいている。「赤い断崖」の真下を左に登り、ヒンター・シュトイサー・トラバースの基部に着く。

午後一時。簡単な昼食をとり、大倉君が教科書通りに一度上に登り、八〇メートルのザイルをダブらせて左に下り気味にトラバース、思ったより簡単にうまくいった。音に聞えたヒンター・シュトイサー・トラバースも終り、ホッとしたのが三時近かった。

「下では望遠鏡でさわいでいるだろうな」

たしかに大倉君のいう通りだろう。この壁を衆人環視の中で登るというのが、実にいやだ。クライネ・シャイデクのホテルや広場では例の大プリズムで、観光客たちは「酔狂な地上最大のショー」をブランデーでもナメながら眺めているのかもしれない。不快だ。

トラバースが終った地点で四十分近くの大休止。いよいよ「第一雪田」めがけて急な登りが始まる。岩は頭からおおいかぶさってくる。僕らは少しでも高く明るいうちに登らねばならない。スペイン隊のラストが「氷の管」の上部にみえたが、すぐ「第二雪田」に達して姿は消えた。

彼らは常に我々の一〇〇メートルぐらい上にいたが、思えばこれが彼らの最後の姿だった。彼らの落す雪片や岩片を気にしながら「氷の管」の真下に出た。「第一雪田」の最上部だ。この「第一雪田」と「第二雪田」と結ぶルート「氷の管」には予期していた氷がなかった。水量が多く日本でいう滝だ。左手の岩にルートをたどるが、もろくてとても空身でも無理だ。

今日はだめだ。明日かせげばいいさ。八〇メートルほど落石をさけて「第一雪田」の中間の岩まで下降した。ビバークにこれより良い地点は見当らなかった。すでに午後七時。闇と共にすさまじい猛吹雪がきた。はるか下のグリンデルワルト方面は稲妻がすごい。

それでも暖かいスープなどを作り、携帯天幕の中で横になることができた。が、真夜中、全く運悪く気温が上昇した。雪は雨となった。激しい雷雨でたちまち体はぐしょぬれ。

夜が明ければモルゲンロートでアルプス全体は輝くだろうという密かな期待も裏切られ、拷問のような夜明けがやって来た。雨は再び雪となり、五〇センチも積っている。僕らは決断をせまられている。恐らく当分天候の回復は望めまい。悪天候でどうしてあの難所をきりぬけるのか。装備も落している。天候を無視して進むことは過去の記録が僕らに示しているではないか。

だが、このまま下ってしまったら、再びこの壁に向うチャンスがあるだろうか？

許された日限はもうリミットにきている。岩壁の半分以上の地点にきているのに引返すなんて……。はるばる遠くからやってきているのだ。岩場用の寝袋さえあれば文句はないのに。そうすればあらゆる困難に耐えて……口惜しかった。大分時間はすぎた。

「いや三度目のチャンスを待とう。また晴れたら来ればいい」

決意するとザイル一本を持って、一回目の撤退の時と同様下降を開始した。スペイン人が気になったので、「イスパニョオール」と何度か呼んでみたが、返答はなかった……。

午前八時半。悪場はすべて滝となっていた。僕らはドロ水と氷、小岩片を頭からかぶりどおしだった。登りに三時間もかかったところを十五分で下降できたのも、寒さと全身の凍らんばかりの濡れ方からだろう。

クライネ・シャイデクの広場では、霧と雨、小雪の壁を、群衆が例のプリズムでながめていた。

僕らの姿を駅頭でみつけて、

「お前たちの勇敢な下降をみていたよ」

とホテルのボーイ長が握手を求めてきた。勇敢でもなんでもなかった。僕らは凍らんばかりに寒かったし、第三回もアタックするつもりで下降してきたのだから。

次の日、吹き飛ばされた装備の一部を買いにシャモニーまでいった。まだ三回目を期待して。ところがジュネーブでスペイン隊遭難の報を聞いた。

天候はあれからずっと悪い。ホテルの望遠鏡は大変な人だかりだった。やがて人々は、三六〇〇メートルの地点に宙吊りになっているスペイン隊を発見する。ヘルメットの上に二〇センチも雪をつもらせ、遺体は風にゆれていた。

十六日、僕らは半信半疑のまま、晴天になったので、再び「アルピグレンに……」といってホテルを出た。アルピグレンの老ガイドは、

「彼らは死んだ。もう登るのはよせ」

といって北壁の上部を指した。

しかし三度、あの岩に挑もう。明日晴れればまた登ろう。決意は変らなかった。例の目覚時計を二時に合せて床についた。だが一晩中遭難のことが気になった。二人とも目を覚して煙草を吸ったり、寝つかれなかった。二時には二人ともベルの音をきかなかった。三時近くなって窓から外を眺めると、案の定天候は悪く、北壁は

氷霧でおおわれてなにも見えなかった。ただ全体を雪崩がごうごうと落ちていくのが聞えた。

八月中旬というのに、もう夏は終ってしまったのだ。

僕らは窓に顔を押しつけて、残してきた装備のことを思い、三度目のアタックを思って気ぬけしたように立ちつくしていた。

マッターホルン北壁

静かだった。まるで凍った海の底にでもいるように、冷え冷えとした静寂だけが、その山小屋を支配していた。

一九六五年八月四日。

午前一時ヘルンリ小屋（マッターホルン小屋――三二六〇メートル）は寝静まっていた。

私はほとんど眠れなかった。四階の一番奥の部屋――しかもその屋根裏の一室も満員だった――隅のベッドから、熟睡している大勢の登山者を気づかいながら、山靴を静かにはき、一階の食堂へ降りて行った。

シュワルツゼーの私たちのベースキャンプ（二六五〇メートル）を、渡部恒明は遅くとも十二時半には出発するはずだ。約二時間でこの小屋につく予定。

それにしても、私の起床は早すぎた。

小屋から水を汲みに外に出て驚いた。風が意外に強く、飛雪のなかにマッターホルンが光っていた。星は銀粉を黒い紙に吹きつけたように、大気に張りつき、輝いている。

風さえなければ最高のチャンスだ。

水場のドラム罐は薄氷が張り詰め、入口の横にある温度計は氷点下三度。真夏のアルプスの雪線近くでは、そんなに寒い方ではないだろう。今度のアタックのために求めたバロメーターの目盛りも、二つほど上昇している。

真夜中のこの小屋はまるで無人の山小屋のようだ。起きているのは私一人。ぶ厚く重い扉は実にいやな音がする。

熱い湯をわかして二杯目の紅茶を飲む。食欲は全くない。煙草ばかりやたらと喫う。

短いローソクがかたむき、もう終りに近づいたので、食堂から出て階段のわきのマリアの像に、太いローソクを頂戴しに行った。像の前で点火してみた。マリアは私を見下ろし、ほほ笑んだように思った。

こんなとき、私は外国式に祈ることを自分流に知っていた。「天にましますわれらの神よ。われに二日間の晴天と健康を与え給え」。勝手なもので、神や仏などおよそ拝んだことのない私が、こんなときだけ真剣に祈ることができた。

紅茶しか飲めないので、残った朝食のブロートとブッテルなどを、ローソク台の横にお供えした。神に祈る。

こんな気持はアタックに向かう日にだけおきるのだろうか。今日のマッターホルン北壁のアタックは三度目である。前の二回、やはりシュワルツゼーの小さな無人の教会へ行き、秘かに祈った。「われらに晴天を与え給え」と。だが今回は教会には寄らずじまいだった。

健康を祈らなかったから、前回のアタックのときには呼吸困難になり、胸が痛く、北壁の真下から三日がかりで、はうようにしてツェルマットにたどり着いた。そして、ドクターから急性肺炎と診断されて、絶対安静、登山禁止といわれたのが、五日前の七月三十日だった。だから今回のアタックでも、私の体の調子をみるために、渡部よりも一足先に、わざと荷を重くして、前日に小屋まで登ってみた。呼吸も脈搏も正常だった。私以上に渡部が気を使ってくれた。

二時十分、例の重い扉は強風とともに開いた。渡部だった。

「体の調子は？」

「ウン、今までで一番快調だ」

「よし、やろう。チャンスだ。風が強いけど……」

風など恐れるわれわれではなかった。

アタックを終えて、再びこの小屋に立ち寄るために、帰路の食糧と小屋代金などを入れた小さな袋に、日本語で〝渡部、芳野用品〟と記してホールの壁に掛けた。三日後、遅くとも四日後には、再びこの小屋に立ち寄るだろう。

午前三時十分、ラテルネの光のなかで、われわれはシュタイク・アイゼンを着装した。

風速二十メートルはあったろう。

飛雪をさけて、素手でのこの作業はつらかった（小屋から十分ほど登った、マッターホルン氷河のコル、一般ルートは、ここからアンザイレンする）。

われわれは、ザイルもつけずに、何度も往復したマッターホルン氷河を、一気にかけ降りる。クレバスの位置もセラックの巻き道も、勝手は知っている。星明りと氷河の硬さで歩きよかった。

三時四十分、マッターホルン氷河の大きな段（セラック地帯の入口）でザイルを出す。

北壁を登る前に、どうしてもこの段を通過しなくてはならない。右側の氷河の厚味は五十メートル以上ある。雪が多いので、氷河の横の雪壁を登る。この地点は参考書によると、アイス・グレード（氷の等級）四級から六級とあったが、われわれは前後四回通過しているので、気楽だったし、実際には氷の段の右にある雪壁を登ったので、スノー・グレードは四級ぐらいだったろう。その百メートルあまりの雪壁を過ぎると、再び平坦な氷河となる。

いつか風も小止みになり、夜もやがて明けようとしていた。

北壁の真下まで、広い平坦な氷河を約二十分行くと、取付点のラントクルフトに着く。

四時三十分、三つ道具は出され、再びザイルを結び直す。

モルゲンロートに光り輝くオーバーガーベルホルンが、われわれのスタートをみつめていた。《登りの氷壁》といわれる大氷壁は、取付点が極端に悪い。アイス・

マッターホルン北壁登攀ルート

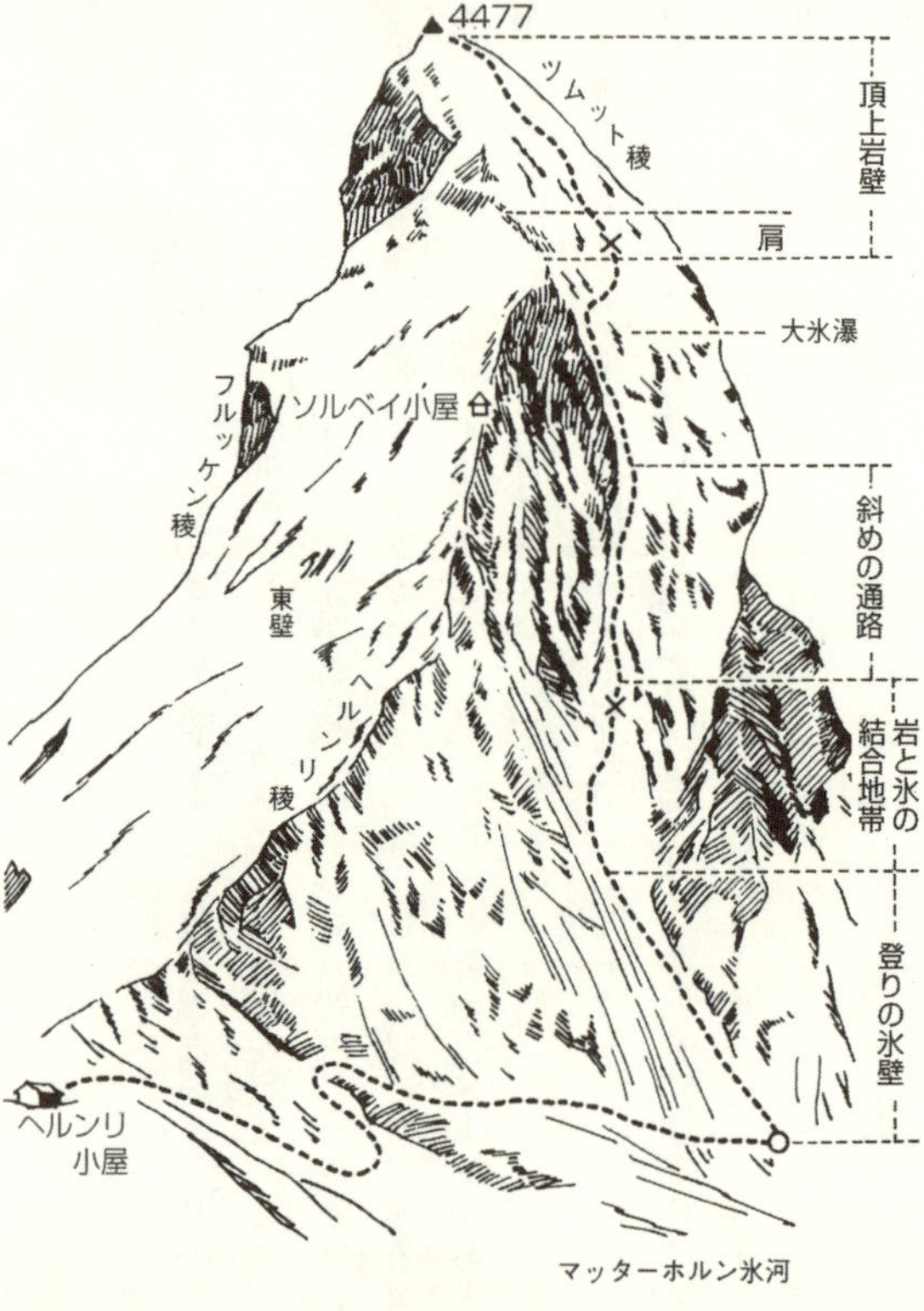

○印　取付点
×印　ビバーク点

グレード第六級はあるだろう。渡部がザイルのトップに立ち、垂直に近い氷壁をアイス・ハーケン二本を使用して登り切った。はじめのワンピッチを克服すれば、あとは出っ歯のように山靴の先端に突き出た十二本爪のシュタイク・アイゼンを氷に踏み込み、右手のアイス・バイルのピックを氷に突きさしてハンド・ホールドとする。左手にもアイス・ステッチェル（鉄の鋭い棒、約十五センチ）を持ち、力一杯氷に突きさし、右手同様ハンド・ホールドに。単調だが緊張の連続の登行。

氷の斜面は平均して約五十度だ。われわれは六十メートルのザイルをドッペルに使用していたので、少し短く感じた。何ピッチ目かで私がトップに立ってみたが、スピードははるかに渡部が勝っていた。こういう大氷壁を登る理想的な方法は、いわゆるツルベ式で、二人が交互にトップに立つのがよいが、渡部の身は軽く、彼の希望もあって、はじめから荷を私が多く背負い、ラストを受け持った。私がこの《登りの氷壁》でトップに立ったのは、わずか十メートルに過ぎなかった。

おそらく取付点から四ピッチ、五ピッチも登ってしまえば、この大氷壁での下降は、登るよりも困難な状態だろう。われわれは必死に頑張った。つま先二本の爪は痛く、両手の感覚はにぶくなってきた。

登る前に、われわれは誓い合った。「もし、われわれが六十歳まで生きながらえるとしたら、それは五十歳で返上しよう。残った十年間の全精力を、この壁に打ちこもう」と……。

しかし、その必要はまだなかった。余裕は十分すぎるほどあった。急斜面の氷壁で、二人同時に立つということは大変困難な仕事だったけれど、私が渡部のところに到着して、お互いに一本のアイス・ハーケンに身をゆだねて、片足で立つ。わざと硬い氷をきざみ、口にほうりこんだ。「冷蔵庫の氷より少し硬い」といい、また水筒の冷えた紅茶を氷と共に口に含み、「マッターホルン・オンザロックだ」などといって笑い合った。

われわれの努力は、壁全体の十分の一はむくわれた。最初の長い《登りの氷壁》は突破した。小さな岩と氷の岩稜を、右上右上へとたどることにした。すでに十時半を廻っていた。

この北壁には、アイガー北壁やグランド・ジョラスの北壁のように、正式なルートというものはない。登攀者が各自その氷の状態に応じて、ルートを選定する。だから地名の固有名詞も、全く大ざっぱなものだ。われわれのルート・ファインディングは正確だったとはいいきれないが、大体初登攀のルートをたどっていた。《岩と氷の結合地帯》へのトラバースは、手のアイス・ステッチェルも、アイス・バイルも、つま先の二本の鋭い鉄の爪さえ受け付けないほど、氷は硬くコンクリートされていた。硬いというよりも、まるでこの辺の氷は、地球の中心まで達しているのではないかと疑いたくなるほどだった。

登る前に落石のことも随分計算にいれていたけれど、われわれの登攀時は、雪と氷が多いせいか、その発達した氷で浮石がすべてコンクリートされているのか、落石は皆無に等しかった。ただ、ときどき頭上からこぶし大の氷片が、ビューンとわれわれ目がけて落下してくる。しかし、これもわれわれの背後に飛んで行き、危険にさらされるようなことはなかった。

時間的に遅くなったのか、足先の痛さに比例して、登攀のピッチも遅くなった。トップを行く渡部が、急に深い氷のルンゼ状のラビーネン・ツーグのなかで、「右上にステップがある!」と叫んだ。

スイスの名ガイド、ミッシェル・ボーシェが、二十日ほど以前に、ウインパーのマッターホルン登山百年祭を記念して、夫人を伴いこの北壁を登っている。地元では大変な噂だった。もちろん女性で初の北壁登攀者であり、しかもウインパーの登頂百年目だった。その登攀の模様はテレビにも中継されたほどだった。その後、悪天候と積雪のため、何度か北壁にアタックする者もいたが皆敗退した。われわれが二回目のアタックのとき、チェコスロヴァキアの女性が、やはりそのご主人だろうか、二人で登るのだといって、小屋に来ていた。私が呼吸困難で、はうようにしてマッターホルン氷河を上がって行くと、彼女は大きなステップを切り、荷を背負うといってきかなかった。彼女の陽焼けした顔の中の青い瞳が印象的だった。

おそらくミッシェル・ボーシェがその最愛の夫人のために切ったステップなのだろう。二十日前の蒼氷に、大きな爪跡が点々と残っている。そんなとき、やはりボーシェの努力も感じたが、夫人のためにというほほえましさで一杯だった。急峻な氷と岩の大斜面で、遥かなる日本をちらっと想う。

今頃、日本は真夜中か？　暑いだろうか？　妻やわが子は……。二歳になろうとする娘の美穂がおもちゃにしていた穴の明いた赤いおはじきを、私はお守りのように常にポケットにいれていた。手袋の上から握りしめてみる。氷のホールドよりは遥かに温かく手ごたえがある。「パパー」としかいえなかったあの小さな娘は、きっとよく眠っているだろう。再び、赤い小さなおはじきを握りしめ、氷の斜面と闘った。

《岩と氷の結合地帯》……上部には肩からの大オーバーハングが、黒々と迫っている。われわれは、そのハングの直下まで登り切った。ここで初めて残置ハーケンを発見した。時間はまだ四時だった。このハーケン位置に到達する最後のピッチで、硬い氷に自分自身を安全に支えるためのキックステップする力が、次第に弱まってくるのがよくわかった。たしかに必死だった。私は足先が痛く、両の手はしびれて冷たくなっていた。渡部はさすがに九州男子だ。何ひとつ愚痴もこぼさず、常にザイルのトップに立って登りつづけていた。

残置ハーケンを発見して、今度は垂直な岩壁を登ろうといい出した。その岩壁はたしかに誰かが登っている。五メートルほど頭上に、赤錆びたハーケンがガッチリとあった。氷から解放されて、岩場にアイゼンをぬぎ、アタックすることも考えられる。だが、上部は完全にオーバーハングだった。おそらく五級から六級の岩場だろう。二人ともあまり気のすすまない岩場だ。長い間、二人で一本のハーケンにすがりながら休憩した。休むということは急に疲労を増すものだ。

私は右足の靴の中が痛くなり出し、時間が経つにつれて、その痛さは増した。休憩したため、登高は困難になってしまった。この痛さが、もしなくなるなら、片足くらい切り取って、三、四百メートル下の氷河になげ捨てたかった。

「今日は早いけれど、ここで泊ろうや」と渡部からいい出した。時間的にはたしかに早く、まだ二時間や三時間は十分行動できる。彼には不満だったかもしれない。自分から私の足を気にしていい出してみたのだ。私の答えが、「なあに大丈夫だ」というのを期待していたのかもしれない。

氷の斜面をL字型に切り開き、背後の岩に新たにハーケンを打ち、やっと腰をかけることができた。この作業に三十分も費やした。二人とも腰をおろして、マッターホルン氷河に足をブラリとなげ出したのが五時十分前。ずいぶん早いビバークだった。

右足の疼痛も、熱い紅茶とアルファ米の雑炊で忘れることができたし、山靴もアイゼンもぬいで、やっと今日の苦闘を語り合い、明日のために、「余裕のあるビバークも、たまにはいいや」とへらず口をたたいた。寒気もさほど身にしみなかった。羽毛服にぬくぬくと身を包み、スイスメタを燃やし、常に湯を飲んだ。おそらく気温は氷点下五度くらいだろう。バロメーターも少しは上昇した。高度は三七五〇メートルだった。

どういうわけか、前夜二、三時間しか眠れなかった私が、再び一睡もできずに、一晩中ごそごそと起きていた。無理に寝ようとするのがいけない。何か食べていればよいだろうと思い、やたらとサラミだ、レーズンだ、チーズだと食べて、ついに夜が明けてしまった。


八月五日。

あい変わらずオーバーガーベルホルンが正面に快晴を知らせてくれる。羽毛服を持たない渡部がよく寝たのには驚いた。おそらく七、八時間は眠ったろう。私が四時頃から大量にお湯をつくり、紅茶ミルクをガブガブ飲んだ。渡部がその朝食に参加したのが五時。

「眠らなくても大丈夫ですか?」と、自分が眠ったことが恥かしそうな顔つきで、彼もよく食べた。

朝食を摂りながら、昨日われわれが登って来た《登りの氷壁》の下を眺めていると、渡部が「あっ、誰か登ってくる」とさけんだ。たしかに小さなアリのような黒点が攀じている。

「なんだか、アイガー北壁組の日本人のような気もするなあ」しばらく眺めていたけれど、あまりゆっくりしていると、彼らに追い付かれてしまう。われわれも出発しよう。

荷を整理し、二人同時に立ち上がった。そのとき、二人の間に置いてあったビバーク用の食糧の袋が、あっという間にマッターホルン氷河めがけて落下した。「チキショウ!」口ぎたなくその袋をののしった。

その返礼のように、今度は熱い紅茶のはいった水筒がすべり落ちた。全くの不注意だ。ビバーク用の食糧がない。二人ともガックリきたけれど、まだザックの底には二回分のスープの素とベーコンがあったし、二人のポケットの中には、今日の行動食として、サラミソーセージ、チーズ、チョコレート、レーズン、アメ玉と、今分けたばかりだった。

負けおしみのようだが、二人とも、「荷が軽くなった。それだけ早く登れるぞ」といい合って出発した。五時三十分。

私の意見通り直上は中止して右の雪稜を廻り込んで、上部の《斜めの通路》に出た。約三ピッチ、一時間とかからなかった。《斜めの通路》、ここは上部が一片の雪も氷もなく、大きいところは二、三メートル張り出し、そのほとんどが垂直だ。斜めに走る大岩壁の直下を、その壁にそって氷のルンゼ状を右上右上にたどるのが、唯一の登路のように思えた。入口のチムニー状の脆い岩が悪く、氷の硬い割には赤茶けた岩片がボロボロとはげた。

トップの渡部が、約四十分苦労して登り切る瞬間、「ゴメン！」と大声で叫んだ。私の頭の上に、ゴーン、ゴーンと、われわれが背にしているザックほどの大岩が落下して来た。身を引くこともできなかった。思い切り小さく体を右にさけた。幸運にも、私のヘルメットには小岩片が三つほど命中しただけだった。ザックほどある大岩は目の前で幾つかに割れ、硝煙に似た臭いを残して、数百メートル下に吸い込まれて行った。しかしその一つがザイルに命中し、赤い十ミリのザイルは半分ほど切れてしまった。

たしかにそのピッチは悪かった。岩場はせいぜい四級ぐらいだろうが、氷が硬く、彼の苦闘のあとがありありとわかった。

この斜めの通路の氷はその後ますます硬く、渡部が通過したあとでも、私の足の力では足先の爪が受け付けず、再びステップカットを要した個所があった。

おまけにダブルのザイルの片方は、私の五メートル前で半分切れている。一メートルのスリップも許されなかった。いやスリップなどするわれわれではなかった。登ることだけにただただ熱中していればよかった。ジッヘルのポイントには、意外にハーケンが打ち捨ててあった。ルートの正確さにも自信があった。

《斜めの通路》の所要時間は約六時間。ソルベイ小屋とほぼ同高度の地点（四〇〇三メートル）で右の雪稜に出た。大きなリングハーケンがあったし、《斜めの通路》は氷のルンゼと化し、ヘルンリ尾根（一般ルート）の肩に達している。その肩から大勢の登山者が荷を捨てるのか、何か金属性のチャラン、チャランという音がしたと同時に、アイゼンが目の前を落ちて行った。古い太い一般ルートのフィックスロープも氷づけになって落ちていた。

今朝がた、出発するときに《登りの氷壁》を攀じていた二人は、ちょうど昨夜のわれわれのビバーク地点の真下にいた。われわれのステップがあったとはいえ、割合早いスピードだ。負けてはいられない。われわれもがんばらなくては……。

ゆるい雪稜は二十メートルで終り、再び氷の張り詰めた岩壁となった。右上に七、八十メートルはあろう、巨大な氷瀑ともツララともつかない蒼氷が、われわれを見下していた。その氷瀑の左にわれわれはルートをたどった。残置ハーケンが幾つかあったが、いつかそのルートも、多量の氷で見失った。

右上に横断するように出ると、下から見た氷瀑の左上に出たような気がした。しかし上部は完全に薄氷で被われた垂壁だった。四十メートルばかり下降し、ヘルンリ側に出る方がはるかに楽に思えた。午後五時になろうとしている。

三十分ちかく二人とも迷った。不安定な氷の斜面の上で、右か、一度下り左かのルートの選定で、いい合いになった。結局渡部の意見に従うことにした。私はこの水平な氷と雪の不安定なトラバースは、全く自信がなかった。

ダンブランシュの上空にあった雪雲は、一瞬にしてマッターホルンを包んだ。小雪がちらつき、熱い頬を冷やす（五時三十分）。天候が悪化し、しかもこの大トラバース、私は何か「死の臭い」を感じた。娘のおはじきを素手であまりに硬く握ったので、二つに割れているのに気がついた。

しかし、二人で三、四時間はかかると思ったこのトラバースも、実際には一時間で突破することができた。午後六時半になっていた。死に直面したとき、われわれはこんなにもすばらしい力が発揮できるのか。小雪の降るなかで、今、克服したルートを見下ろして、二人とも岩角につかまりながらビバークの用意をした。昨夜の場所よりはるかに安定した斜面だった。

今朝がたの二人は？　われわれの下二百メートルの地点で苦戦しているのが見えた。

七時半、ツェルトザックをかむる頃、雪は止んで、再び星が輝き出した。私は二日間ほとんど眠っていなかったので、八時半に渡部に起されるまで、死んだように眠っていた。空腹など全く気にならなかった。私が眠っている間に、彼が固形のスープをとかし、熱い湯の中で一時間も費やしてベーコンを煮ていた。私は二口ほど飲んだが眠くてたまらなかった。昨夜より寒気が厳しく、夜中に二人ともアイゼンをぬぎ、氷の斜面に突きさしておいた。

八月六日。

四時に渡部が「大変だ。スイスメタがない」といい出した。二人とも昨夜はよく寝過ぎたのだ。五十センチ以上も体がずり落ち、昨日のあのトラバースルートが足下にあるのに驚いた。これで燃料もない。何としても渡部は湯を飲みたいという。仕方なくローソクを二つに切り、氷をとかした。

その間、私の右足のアイゼンがないのに気がついた。氷の斜面に突きさしたまま寝たのは、全くの不注意だった。自分の体で落としてしまったのだ。出発するのに時間はかからなかった。朝食をする必要もなければ、私が片方のアイゼンをはく手間もいらなかった。

四時四十分、登攀は開始された。昨日のトラバースから思えば、片足アイゼンがないといっても、楽なものだった。氷の部分が少なく、雪が多くなってきた。小さい岩稜を幾つか右上に越し、ツムット山稜めがけて登った。岩は脆いが、今までわれわれがたどったルートから思えば、全く問題になるような個所は捜そうにもなかった。

途中の岩稜で、北壁の記念にと、私のザックにこの壁の岩片を二、三十個も詰め込んだ。空腹にはずっしりとこたえたけれど、右足のアイゼンなしのスリップ止めにはなったようだ。

ツムット・グラートまで右上に、右上にと登る作業は、「山頂が近い」という思いだけで、登り甲斐があった。

ヘルンリ・グラート（一般ルート）を登る何パーティかの登山者が、われわれの登りっぷりを眺めていた。いつかツムット・グラートに出てしまい、あわてて北壁に戻った。また登るとツムットだ。何度か北壁に戻り、とうとう頭上の十字架を引っぱっている鉄のワイヤーロープが見えてきた。……九時二十分だった。

この辺ではじめてツルベ式に、私と渡部が交代でトップを切った。でも長くはつづかなかった。やはり私の右足は不安定だったのだ。

空腹のため、何度も新雪を見つけて口にほうりこんだ。

もし大気のグレード、空の深さ、蒼さのグレードがあるとしたら、このときのグレードは第六級の蒼さで、黒に近い深さがあった。

山頂の鉄の十字架は、にぶい光を放ってわれわれを見下ろしていた。

頂は、四四七七メートルの三角点は、もうザイルの長さにして二十メートルとはなかった。最後のワン・ピッチだ。私は胸が高鳴るよりも先に、眼頭が痛かった。

ほとんど全行程をザイルのトップに立って頑張った渡部が、「芳野さん、先に行ってください」と、下を向いて何度もいった。

少しいいあらそったけれど、素直にザイルのトップに立った。

やさしい岩と硬雪の斜面だった。途中にハーケンが一本あったので、慎重にカラビナをかけ、ザイルを通した。十時四十五分、私は頂に立った。渡部が来るのに五分とはかからなかった。

われわれ二人はついに山頂に達したのだ。日本人の誰もがなし得なかった、アルプスの三大北壁の一つを、今、われわれは登り切ったのだ。

私はよきパートナー渡部恒明の顔と、山頂の十字架のマリアの顔を見くらべて、小さな迷い子が母親にめぐりあったように、理由なく、あとからあとから涙が出てきた。

フレンド稜登攀

小舎を出発したのは午前四時を廻っていた。のどかなアルプからいきなり氷河にはいり、暗いうちにザイルをとり出して、全員アンザイレンをする。

どうせ七、八時間の登攀だろうし、夕食は全員そろってシャモニの安レストランで、ワインかビールで今日の登攀を祝って酔いつぶれるだろう。それにしても、このフレンド稜はいくら夏の最後の快晴とはいえ登山者が多過ぎる。われわれが五人、ガイドを伴ったフランス人が一組とガイドレスのフランス人二人組、イギリス人の二人組で計十二人もが一つの岩稜に取り付いているのだ。

ぼくにとって、このフレンド稜というのは永い間の念願だった。だから気の合った二、三人で、五、六時間でパッと攀じてみたかった。

まだ薄暗いうちに、ぼくらはアイゼンをはいた。だだっ広いペルラン氷河で何度か迷う。後続の若いイギリス人の二人組がすぐぼくのあとからやってきて、「ワン・ビバック?」と尋ねる。何のことか、とっさには分らなかった。彼ら二人は馬鹿でかい荷を背にしている。おそらく一人三十キロはあるだろう。あとで分ったことだが、スリーピング・バッグまで持参していた。それにしてもたいした度胸だ。取付点も分らずに、アイゼンもはかず、ザイルすら出していない。薄明るいのにヘッドランプをつけたまま忠実に、ぼくらの後からついてくる。

氷河のラントクルフトでぼくらは迷ってしまい、取付点ではすでに明るくなってしまった。五人というのは大人数なので、A、T君を先行のワングループとし、後からぼくとF、H君が登ることにする。ガイドを伴ったフランスのアベック組は相当早いピッチでぐんぐんと登っていく。その後のガイドレスのフランス人の二人組が実に下手くそなパーティで、やたら大きな石をぼんぼん落す。それにしても下部はやさしいのと、休憩すると寒いので、ツルベ式にどんどん攀ることができた。

フレンド稜というからには「稜」という観念があるが、本当の稜に出たのはたった一度だけで、あとはほとんどクーロアールの登攀だ。ヨーロッパの大きな「稜」

などというのは実際に登ってみれば「壁」の場合が多い。ただ遠くから見て「稜」になっているに過ぎないのだ。

このルートを登る前に、H君が原書で簡単に調べて「なあに簡単だ」と言った。帰国後ぼくは再び調べた。ガストン・レビュファ著『モン・ブラン山群』――特選一〇〇コース――の中で近藤等先生は次のように訳しておられる。

「ダイレクトに頂上に抜け出るものではないが、すばらしいルートである。まずなによりもその構成がいい。高さ半ばまでが岩場、つづいて登り行くにつれて傾斜が増大する理想的な、まじりけのない雪稜、最後にミディ・プラン山稜の三七二〇メートル付近に抜け出る困難な岩のロニヨン。左右では巨大なセラックに俯瞰されているクーロアールが雪崩に掃蕩されていることが多いのに、ここばかりは安全確実なルートである」。

H君は三十歳、T君も同年代で、共にシャモニに五、六年暮らしている優秀なロック・クライマーである。日本に帰って働くよりも、岩を攀じ氷や雪を愛する好青年だ。A君もまたニューヨークで働き、休暇をみつけてヨーロッパの岩場で遊ぶ同年代の好青年。F君はフランス人でパリジャンだが、シャモニに住みつき大工見習のアルバイトで、もっぱら岩を攀ることに生きがいを見出している二十三歳の若者である。当のぼくだけが四十歳も半ば過ぎ、中年太りを気にしながら現代のクライマーたちのあとからヒョコヒョコと攀るのはなんとなくこっけいな姿だったかも知れない、というよりも、ぼくを除いた四人とも、シャモニを中心として、夏冬問わず幾多の難ルートをこなした第一線の六級クライマーだ。彼らはヨーロッパの壁だけではあきたらずに、遠くアンデスやヒマラヤの岩をも攀る猛者どもであり、外国語に弱いぼくの良きインタープリターでもある。

F君とH君は長身で、おそらく百八十センチはあるだろう。それに二人とも腕力がある。ぼくが小さなオーバーハングを乗っ越せないでガリガリとステップを踏んでいると、H君がヒョイと八ミリのザイルで引き上げてくれるかと思うと、今度はF君が、かがみ込んで何やらフランス語で言う。上のH君が「Fをハシゴ代りにアイゼンのままハングを乗っ越して下さい」。二メートル近いフランス人の柔かいハシゴがあれば、どんな難場もなんなく攀る、というよりもエスカレーター式に登れる。

昼近く、やっと四、五級と思われる難場も終了して、ザイルをとき大休止した。もうエギュ・ド・ミディの山頂がすぐ右手に見える。思ったよりも早く終った。

中天の太陽をヌクヌクと受け止めて、五人揃ってゆっくりと出発、傾斜四十五度内外の雪稜に出て再びザイルを組むが、もうすでに岩の登攀は終ったし、あとせいぜい二百メートルくらいの登りだと思うと急に疲れが出て、ヒマラヤンピッチになる。ぼくは恥も外聞もなく、やたらと雪や氷をかじり休息する。H君やF君には悪いが、五十歳に近いぼくの体力の限界であったかも知れない。

先行のT君とA君は再び岩場が出て来たといって、アイゼンをぬぐかどうか議論しているようだ。ガイドブックに記してある岩のロニヨンである。このロニヨンを右に左に巻いて氷の壁を登れば、ミディ・プランの稜線に出ることは可能だろう。しかし先行のアベックガイド組もロニヨンの正面を登っていた。「人間が登ったんだから、なんとかなるだろう」とへらず口をたたいてロニヨンに取り付く。

八十メートルばかり登ると垂直のもろそうな壁があり、二、三本残置のハーケンがある。ルートとしては悪そうだが最短距離だ。向って左の急峻な氷のジェードルのど真中にもアイスハーケンが二本三本とあるし、右のオーバーハングにも古びたハーケンが見える。初登攀者のE・フレンドは一体どこを登ったのか？　すでに陽は沈み氷を含んだ午後の霧が、ときたまぼくらを痛めつけるように、どこからともなく襲ってくる。

A君が果敢にも正面の壁に挑戦しているとき、ぼくら四人は小さなピナクルと雪稜の上で再び大休止。

若いイギリス人の二人組が重荷を背にやっとぼくらに追い着いた。薄暗いときに別れてからだから、約十時間ぶりの再会だ。明るいところで見ると、なかなか精悍な若者だが、あまりにも荷が多過ぎる。ぼくが煙草をすっていると、一本くれという。馬鹿でっかい家財道具いっさいを背にしているのだから、煙草くらいあるのだろうが、休むときでもその巨大なルックザックを決して下ろそうとはしない不思議な青年たちだった。

案の定、この最後の垂壁は最悪のものだった。トップで越したA君、二番のT君も「これは四級や五級じゃない、きっとA1くらいある。本当にフレンドが登ったのかなあ」といいながらも割合短時間で登り切った。ぼくは何度か宙づりになり、力尽きてバタバタあばれた。その度にH君とF君がヨイトマケよろしく引き上げてくれた。「八ミリのコードは引っぱりにくい」と二人ともぼくを恨んだ。

　少しでも荷を軽くするために、ぼくはザイルは八ミリを持参した。始めからH君はなんとなくコワイといっていた。なにしろ八十キロ以上のウエイトだし、今まで九ミリ以下のザイルは使用したことがなかったそうだ。ぼくの体重は六十キロにもみたないので八ミリで十分だと考えていたが、やはり空中でブランとしたときにはなんとなく心細かった。両足の下に千メートル近く下のペルラン氷河がキラリと光ったときには、姑息な手段で楽をしようとしたことがくやまれた。

　最後の悪場からさらに約四十メートル

ずり上ると、ぽこっとした雪のドームに到達して、この千二百メートルにも及ぶ大岩稜は終った。エギュ・ド・ミディのテレフリック（ケーブルカー）の駅がすぐ右手にあった。でもH君が「さっきシャモニ行きの最終は行ってしまった」と知らせてくれた。これで今夜はシャモニでワインどころか、水も食糧もろくになく、無人の山頂駅の冷たいコンクリートの上で一夜を明かすことになるだろう。

高山での夕暮れは美しい。のどの乾きも空腹も忘れて、ときたま晴れる霧の間に遠くマッターホルンが、そして赤紫のグラン・ド・ジョラスが、まるでメルヘンのお城のように、夕霧の中から浮かび出しては消える。ぼくは一人みんなより遅れて、カメラも出さずに、まるで阿呆のように眺めていた。

これは一九七八年八月も終りの記録だ。冬のアルプス三大北壁を登ったり、ヒマラヤの八千メートルの壁を酸素なしで登るような時代では、取るにたらない記録ともいえないようなものだが、ぼくにとっては初めてアルプスに出かけた一九六三年からの念願のものだっただけに、本当にうれしかった。ところが、帰国して「フレンド稜を登った」とある三十年来の岳友に話したら「ああ、フレンド稜、あれはスキーで降りた人がいるそうだ」といわれて、ガックリした。

ぼくだってスキーをはいてただ降るのだったら、エベレストの南壁だろうとアルプスの三大北壁だろうと、全部アプザイレンで下降すればできないことはない。人の登攀にケチをつけることはじつにたやすい。やはりぼくの三十年来の友人に三浦雄一郎というスキーの名手がいるが、彼とてフレンド稜をスキーで降りるような馬鹿な真似はしないだろう。ジャンプの選手でも千メートル近い高度は、おそらくパラシュートをつけてもいやがるだろう。もしスキールートになったとしたら、あの大岩稜の初登攀者エドワード・フレンドがなんというだろう。ぼくもあの岩稜がスキールートと化したら、竹馬にでも乗ってスキーと競争して下降しよう。

文庫版改版のためのあとがき

考えてみるとこの『山靴の音』は一九五九年の秋に朋文堂という山の出版社から出版されたから、もう四十三年も前のものだ。私が二十八歳のとき山の雑誌などに記録として発表したものが主で詩や雑文などは山岳会の通信誌に書いたものが多い。中でも山の詩や八ヶ岳遭難などは十七歳のときから約十年間、書き描きためたもので、スケッチ・ブックにあったもの、手帖の切れ端にあったものなど、正に青春の日の記録と詩、散文だから実に稚拙なものが多い……それだけに今、七十歳になった私にはなつかしい。

私は東京に生れそだった。第二次大戦の終戦のとき中学二年生だった。東京の大空襲も経験している。学校も焼け、焦土と化した街からは私の生れた上野の山の一角から丹沢の大山のバックに富士山までがよく見えた。喰うために買出しと称して東京から主に中央線に乗りあてもなく村や野を歩いた。中学二年生や三年生が父親の背広や母親の衣類など持って農家を訪れてもあまり収穫などなかった。そのうち買出しなどそっちのけで誰れも居ない山を歩いた。たしかに焼野原から山へ行けば自然はそのまま、昔のままだった。「国敗れて山河あり」と少年の心は山をとらえた。

終戦後すぐいろいろな流行があった。一番初めはダンスだそうで次に山登りと、ちょっとおくれてスキーだそうだ。短期間ではフラフープとかいろいろなものが流行したが登山とスキーだけは長く続いたそうだ。「三人寄れば山岳会」などという言葉もその頃出現した。一九四〇年代後半から一九五〇年代、一九六〇年代前半までの約十五年間が私にとっても一番山を歩いたときだった。だから二十七歳で初めて自分の山の本が出版された時は本当にうれしかった。

『山靴の音』というのは『ヤマグツノオト』で『サンカノオト』ではない。私が山に登り出した頃は今と違い靴底に鋲が打ってあった。雪渓や岩場などですべらぬように靴底が傷まないようになっていた。軍隊靴を真似たものかもしれない。ムッガーとかトルコニーというといろいろ鋲があったが新しいうちは良いがそれが鉄製だから当然摩耗して駅の階段などで良くすべって尻もちをついた。夜山路を歩いたり岩場などで靴底が石に当ると火打石のように火花が出たり音がした。その山靴の火花や音が私の山登りの始まりだったので『サウンド・オブ・マウンテン・ブーツ』という詩を作ったのが、『山靴の音』の出発だった……。

やはり一九四〇年代後半から五〇年代、六〇年代と山の本は案内書を始め技術書、外国の翻訳書、海外遠征の書物などいろいろと出版された。その多くの山の書物の中でも『山靴の音』は出版社が変り二見書房から四季書館と重版した。そして一九八一年二月本書中公文庫版は編集上山に関係のない詩などをけずり新たに「ヨーロッパ・アルプスへ」の三篇を加え、頭に「新編」をつけた。中でも「マッターホルンの北壁」は、日本人による初登攀ということで私には忘れ難いものだ。一九六五年の夏のものだが、現在では高校生の上級者や大学生の技術でも登れるかも知れないが、なにせ三十何年も前の記録だ。

一九五〇年代六〇年代前半は古き良き時代とはいえ日本の登山史において画期的年代で、その黄金期に国内の積雪期登攀とヨーロッパ・アルプスへの挑戦の両方に関わることができたことは、私にとって極めて倖運であり、誇りに思っている。

そして二〇〇〇年も過ぎ去った今、このコンピューターの時代に古い山の本がいまだに読まれているのは本当にうれしい……私の年代の人ばかりか若い人がこんな人生もあったのか?　と思ってくれれば、なおさら倖甚だ……。

芳野満彦

(二〇〇二年四月刊行・中公文庫BIBLIO『新編　山靴の音』より収録)

解説

藤木高嶺

一九七九年七月、スイス・アルプスは珍しく快晴つづきだった。芳野満彦さん、三浦雄一郎さん、今井通子さん、加藤保男君、私と、多彩な山仲間が顔をそろえた。ツェルマットの裏山、スネガに登り、雲一つない晴れ渡った青空に突き立つ、マッターホルンのピラミッドを仰ぎ、それぞれに思いにふけった。

水中メガネのようなサングラスをかけ、ハンチングスタイルの芳野さんは、古ぼけた皮製のザックから、おもむろに中身をとり出した。ガスコンロ、小型コッフェル、抹茶、ソーメン、トランプ、折りたたみ将棋盤、磁石、高度計、温度計、おみくじ……。小さな袋から次々と出る品物に、みんなあきれたり、感心したり。最後に色鉛筆、カラーマジック、水彩絵具、スケッチブックを取りだし、サラサラとスケッチをはじめながら、みんなにお茶を入れてくれるのだ。

山小屋の水彩画を描き終えた芳野さんは、即興の詩をそえて私にプレゼントしてくれた。その雰囲気にぴったりの、見事な出来栄えに私は感激した。

グリンデルワルトに移動すると、芳野さんはアイガー北壁の西端岩場で試登したいといい出した。芳野さん、今井さん、加藤君らが来ていると聞きつけて、フランスのシャモニーからかけつけた四人の山男のうち、白野民樹君がパートナーになった。

バランスのよい軽快なピッチで、芳野さんは難所をぐいぐい乗り越えていった。あの足で、あの年で、信じられないような動きだ。垂直岩場八十メートルの試登を、芳野さんはたったの三十分で終えた。四十メートルザイル、二ピッチ。「人間じゃない、神様だ」と、パートナーの白野君は驚嘆した。オーバーハングを楽々と腕力で乗り切った芳野さんが、抜けた前歯をみせて笑いかけてきた。

岩から下りた芳野さんは、コツコツとうってかわった不自由な足どりで歩きながら、「私から山をとったら何も残らない。私は岩登りがうま過ぎるから、神様が足を切ったのだ」と言った。実感のこもった言葉だった。

あの足で――。芳野さんの足はかかとから先まで、たったの十二センチしかない。五文足の山男といわれるゆえんだ。そのいきさつについては本書にくわしく書かれているが、高校二年のとき、冬の八ヶ岳で遭難し、九死に一生を得たが、凍傷で両足先を失った。

私は後ほどその手術をした医者から、当時の話を聞く機会があった。外科医松井文英氏は「大みそかの夜、コツコツと音をたてて診察室にはいってきた芳野さんを覚えています。象の足のように堅く凍ったひどい凍傷でした。しかたなく脚の三分の二を切断しました。その後、少しは肉が盛り上がったようですが、ふつうの人間なら一人歩きも無理でしょう。精神力が人一倍強く、根性のある人だから、立ち直れたのでしょう」と話した。

医者が松葉づえか義足でないと、一生歩けないと診断したにもかかわらず、芳野さんはくじけなかった。半年後には歩けるようになり、二年後には岩登りをはじめた。登山靴は底を堅くし、足首をきつくしめて固定させた。だからいつも足首に靴ずれができる。

芳野さんが岩登りに特別の情熱を燃やしてきたのにはわけがある。歩くことではどうしても人に負ける。しかし、岩ならば手をうまく使って、足の不自由さを十分にカバーできるからだ。

一九五五年ごろから、芳野さんの超人的な活躍が始まった。日本アルプスの著名な岩場という岩場に、むしゃぶりついていった。冬季の剣岳チンネ中央チムニー、冬の前穂高北尾根四峰正面フェースなどなど、日本の山岳界で芳野さんの手になる初登攀の記録は、十以上もある。上高地徳沢園で、一人越冬生活を続け、岩に登り、遭難救助活動をしたこともある。〝伝説的な山男〟とさえいわれた。

私が芳野さんと始めて山行を共にしたのは、一九五九年六月の穂高涸沢であった。健在だった父九三、画家の足立源一郎さん、作家の井上靖さん、スキー界の長老・猪谷六合雄さん、それに第二次ＲＣＣのメンバー数人が加わっていた。芳野さんが私の親父のことを「神様だ」といって尊敬していることを、はじめて知った。〝神様〟は人前で話すのが苦手の芳野さんに、本を書くことをすすめたという。

芳野さんは吉尾弘さんをパートナーとして、私の撮影のモデルとなり、穂高滝谷上部の松濤岩のオーバーハングを登ってみせた。このとき、人間のわざとも思えぬ身軽な動きに目をみはり、「聞きしにまさる」と、私は感動したのが忘れられない。『山靴の音』の初版が朋文堂から出版されたのがその年の秋で、私は特に印象強く思った。

一九六三年夏、私はグリンデルワルトでくやし涙にくれる芳野さんと会った。大倉大八さんと組み、日本人として初めてアイガー北壁に挑戦すると聞き、カナダ・

エスキモーの取材の帰途、本多勝一記者とともに彼らを追ってきたのだ。だが、千八百メートルの魔の北壁の千メートル地点まで達しながら、悪天候のため無念の撤退を強いられたのだ。芳野さんとともにツェルマットに行き、アルプス気分を満喫したが、マッターホルン北壁を見つめる芳野さんの目は、異様に輝いていた。

翌年、アイガー北壁に再挑戦。失敗。そして翌々年の一九六五年夏、芳野さんは第二次RCCの仲間、渡部恒明さんとともに、日本人として初めてマッターホルン北壁を完登した。長年燃やし続けてきた執念が、その情熱と不屈の闘志で、足のハンディをカバーしてついに実ったのだ。新田次郎氏の『栄光の岩壁』のモデルである。

二人は引き続きアイガーの北壁をねらうが、芳野さんは足先からの出血がひどくて断念。代わって渡部・高田光政さんのペアがアイガー北壁に挑み、高田さんは日本人として初登攀の栄光を手にしたが、渡部さんは頂上目前、墜死した。芳野さんにとってもアイガー北壁は、悲劇の岩壁として胸にやきついたことだろう。

芳野さんの足跡はさらに広がり、コーカサス、ドロミテ、韓国の山や岩壁に登り、ついに一九七〇年にはネパールに行き、ひそかにヒマラヤ登山の下見をしてきた。

ヒマラヤは芳野さんの子どものころからの夢だった。しかし、アプローチの長いヒマラヤ登山はほとんどあきらめていた。早く歩けない、山道や雪や氷河の上では不安定で、バランスをくずしやすいからだ。しかし芳野さんはヨーロッパ・アルプスの氷河を歩いているうちに、自信がわいてきた。それに、前人未踏のピークに立った経験が一度もないことが、ヒマラヤの未踏の巨峰への情熱をよみがえらせた。芳野さんは「人が行くから行くのではない。外国の登山家の多くは、ヨーロッパ・アルプスでトレーニングしてからヒマラヤへ行っている。私はヨーロッパからヒマラヤへ、オーソドックスな道を歩むだけです」といった。

翌一九七一年春、芳野さんは東京GHM山岳会隊の隊長としてヒマラヤの未踏峰（当時）、ダウラギリ4峰（七六六一メートル）にいどんだ。

八人の隊員たちはシェルパ五人とともに登頂をめざしたが、七十数年ぶりという悪天候と大雪で悪戦苦闘し、ついに六二七二メートル地点で登頂を断念し、下山しなければならなかった。

帰国した芳野さんは私に電話してきた。「ダウラギリ4峰の第二キャンプでイエティ（雪男）を見つけ、写真にとりました」と。

私はびっくりして水戸市の芳野さん宅にすっとんでいった。目撃したイエティの二枚のスケッチを見ながら、当時の模様をくわしく取材した。問題のフィルムを大阪に持ち帰り、急いで現像した。イエティに向ってシャッターを切った三コマだけが、なにも写っていなかった。私はショックだったし、朝日新聞は大特ダネを逃してしまった。吹雪の中で、ピントや露出を合わす暇もなかった一瞬のことだったから、無理もないことだ。その時、第二キャンプにいたのは芳野さんだけで、あとから登ってきた隊員もシェルパもその話を信じなかったが、現場に残された足跡を見ておどろき、シェルパは一目散に下山していったという。

芳野さんは「藤木さんには悪いが、写っていなくてよかった。私みたいにイエティに興味のない者が目撃し、写真までとってしまったんだから、もし写っていたら、わざわざイエティ探検に出かける人たちに申し訳ないと思う。それにみんなの夢を奪ってしまうことになるのだから」と、電話で話した。

芳野さんがスケッチした絵のイエティは、いかにも淋しそうで「私を探さないで、そっとしておいてほしい」と、訴えているふうに見えた。

その後、芳野さんは毎年、ネパール・ヒマラヤ、ヨーロッパ・アルプスに出かけている。トレッキングやツアーのエスコートかガイド役として同行するためだ。有名な山男だから、「芳野満彦さんとヒマラヤを歩く会」といった調子のものが多い。

一九七六年三月、芳野さんがエスコートするネパール・ヒマラヤのトレッキングに同行した。参加者は山小屋経営者たちの親睦会である山松会のメンバーが中心で、佐伯文蔵さんをはじめ著名な山男が多く、第二次RCC仲間の作家・安川茂雄さんも加わった。なぜか芳野さんは不機嫌で、安川さんとけんかばかりしていた。そのため、エスコート役は私に押しつけられてしまった。

その後もときたま芳野さんが荒れているという情報が伝わった。その原因を知って私はびっくりした。最近若い連中が、ヒマラヤの巨峰に、ヨーロッパの大岩壁に、次々と新しい記録をたてていくのが、たまらないのだ。

これは時代の流れとして当然のことなのだが、芳野さんにとってはくやしいことなのだろう。あの足で、あれほどのことをやってのけた人が、いまだに人に負けない情熱を燃やしつづけているのだから、まったく頭の下る思いだ。

（一九八一年四月刊行・中公文庫『新編　山靴の音』より収録）

芳野満彦　登山と表現の青春

布川欣一

Ⅰ．芳野満彦インタビューから33年

1985年2月下旬、私は渡辺正和カメラマンと、水戸市の運動具店モリ商会に芳野満彦を訪ねた。当時、私は『山と溪谷』誌に「登山史を語る山道具」を連載中で、その第5回めの「17㎝登山靴」撮影とインタビューとが目的だった。

芳野は50歳台半ば、口髭を蓄えメガネをかけて、ややいかつい感じを与えられた風貌を記憶している。例の登山靴撮影の傍らで話を聴いた。話題がマッターホルン北壁初登攀に及び、妻に宛てた電報に触れた。と、いかつい顔がはにかんで、「若かった。万感こもごも、興奮してたね」と語ったのを鮮明に覚えている。

「17㎝登山靴」とは、本書「八ヶ岳遭難」に記す災禍によって、凍傷のために両足の先端を失い、その足に合わせて注文したもの。靴下を何枚も重ねて履いたが出血がひどく、やがて使わなくなった。この靴、現在は早稲田大学會津八一記念博物館に預けられている。（芳野由縁の遺品には、福岡県立嘉穂東高校に卒業生「渡部恒

明の遺品」として展示するピッケルもある。エバニューの清水健次が制作して63年に芳野へ。それをアルプスで渡部に贈り、渡部が64、65年の登攀で用いたという。マッターホルンを芳野と、アイガーを高田と攀じた渡部である。この経過は映像作家・小笠原和子の教示による）また「電報」は、本書「マッターホルン北壁」に記す日本人初の快挙達成直後、ツェルマットから発した“ZERMATT YORI AIOKOMETE WARE KITAKABENI SEIKOSERI”のこと。

この取材から33年、今は、芳野も渡辺もすでに亡い。

II．『山靴の音』3種の版から「完本」へ

『山靴の音』と題する芳野の著作には3種の版がある。最初の版は朋文堂、1959年10月刊。次いで二見書房、66年12月刊（72年、山岳名著シリーズに改版。75年の四季書館の特装限定版は同内容）、三つめは中公文庫、81年2月刊、書名に「新編」を付す（2002年、BIBLIOに改版）。それぞれ収録作品に異同があり、そのすべてを収めたのが、この「完本」である。

書名『山靴の音』の由来、最初の朋文堂版の内容については、巻末に収めた「文

庫版改版のためのあとがき」に芳野が書いている。

ここに記す〈二十八歳のとき山の雑誌などに記録として発表したもの〉とは「青春の日の記録」中、1957、58年の初登攀記録5編を指す。〈詩や雑文は山岳会の通信誌に書いたもの〉は、芳野が中心にいた山岳会アルムクラブの「アルム通信」に寄せた作品をいう。同じブロック中の他の5編がこれに当たる。〈山の詩〉や〈書き描きためたもの、スケッチブックにあったもの、手帖の切れ端にあったもの〉のうち、散文は「徳沢の生活」に、詩やスケッチは「詩と散文詩」にまとめた。また、「ヨーロッパ・アルプス」の3編は中公文庫版に新たに加えられた。「アイガー北壁」は63年、「マッターホルン北壁」は65年、「フレンド稜」は78年、すべて8月、日本人初登攀の記録である。なお、「山靴の音」と題する作品は朋文堂版にも中公文庫版にもなく、同題の8行詩とイラストを収めたのは二見書房版だけだ。

Ⅲ. 組織の極地法に個人技の岩壁登攀を対置

「5文足（約12㎝）のアルピニスト」と称された芳野満彦。彼が国内外で達成した登攀活動の大きな高みは、この国の登山史上、エポックを画すと評価されている。

大正期半ば（1920年代）以降、この国の登山界の先頭に立っていた大学・高校（旧制）山岳部の学生・OBたち。彼らは30年（昭和初期）ころから、ヒマラヤ登山を意識し、イギリスに倣って極地法の習熟を主な目標とした。その成果は、敗戦後の56年、マナスル初登頂に結実した。極地法とは、多勢を頼る極地探検の方法を巨峰登頂に応用したもので、キャンプを前進させながら荷あげと高度順化とを併せ、最終キャンプからパーティ中の適任者を登頂させる。

マナスル初登頂の年には、井上靖の小説「氷壁」が新聞連載され、また、その前後、ヨーロッパのアルピニストによる岩壁登攀やヒマラヤ登山を綴った書籍の訳書刊行が相次いだ。たとえば、G・レビュファ『星と嵐』、H・ブール『八千メートルの上と下』、J・コスト『アルピニストの心』、G・レイ『アルピニズモ・アクロバチコ』、F・ロッシュ『ザイルのトップ』、A・デシオ『K2登頂』などなど。経済復興も進んで、空前の登山ブームが到来した。「三人寄れば山岳会」――小規模山岳団体が群生、そのなかから、クライミングに際立って熟達した「一匹狼」が並び立つ。アルムクラブの芳野も、そんなひとりだった。

極地法には無縁、大学山岳部を主体とするヒマラヤ登山に切歯扼腕する社会人クライマーのあいだから、卓越した登攀技術を組織をこえて結びあい、難度の高い岩壁の冬期に挑む活動が生まれた。その活動を通して、58年には第二次RCC（ロック・クライミング・クラブ）結成に至る。

わが芳野は、50年代後半に国内で、60年代前半にはヨーロッパ・アルプスで、そんな活動の先端を担った。それは「極地法でヒマラヤへ」に執着し続けるこの国の登山界に、組織に頼ることなく、個人技を基礎にして拓いた新しい分野だった。

Ⅳ. 〝青春の山〟が放つ眩耀と尽きぬ魅力

『山靴の音』初版刊行から60年にもなろうとするが、なお読み継がれるのは、右の8編に及ぶ初登攀記の魅力によるだけではない。より強く惹きつけるのは、芳野が青春の命を賭けた山に対するひたむきな愛と憧憬と没入が放つ眩耀である。

素直な言葉で自由に謳う詩は快い。大胆なタッチで的確に構成されるスケッチも楽しい。が、最も鮮烈な印象を与えられるのは、巻頭の「八ヶ岳遭難」だろう。遭難翌年の春に執筆。とても高校生の筆とは思えぬほどの冷静さで日々の状況を克明に記し、刻々に吐露する心情が強く胸を打つ。初め「アルム通信」に、次いで『山と溪谷』52年11月号に発表、朋文堂版以降すべての版に収められている。

僚友・八巻尋治の凍死を見送った芳野。遺体にオーバーをかけ、友を奪った山に復讐の念を抱く。が、すぐ山に大敗を喫した現実に気づく。そして、山を、友としてではなく、〈たった一人の恋人としてきたのだ〉と思い返す。

赤岳直下の石室に籠って5日目、地図の裏に「遺書」を認める。父母にでも兄弟にでもなく、〈いちばん愛する山に宛て〉て。地獄の針の山も天国の山も美しく見えようが、私は〈一人で地獄へ行く〉。〈針の山のガイドで暮そう。さようなら〉と書いて目を閉じた。そこへ、顔見知りの猟師が、次いで兄が救助に入って来る。ついひと月前、ともに白馬岳へ登った兄は2歳年長で長男の広弥。早大山岳部員だった。

凍傷した両足の先端から切断された芳野は、「足の爪を切る必要がなくなった」と父に語る。早大商学部教授でアウトドア好きの父・武雄。息子に不屈の意地を感じ、「もう山は止せ」とは言わず、好きな道を進ませる決心をする。そして、三男の政詞らによる早大ワンダーフォーゲル部設立に際して部長に就く。そんな家庭環境にも支えられた芳野は、奇跡的な復活をとげ、登山三昧の人生を生きた。

私は、この1編に、登山家・芳野満彦の原点を見る。（文中、敬称略）

付　記

本書は2002年4月に中央公論新社から中公文庫BIBLIOとして刊行された『新編　山靴の音』を底本とし、朋文堂版（1959年）から「詩と散文詩」に詩22編、二見書房版（1966年）から「徳沢の生活」に随筆5編、「詩と散文詩」に詩1編と散文1編を追加収録しました。挿画は前述の3種の版から収録しました。

一部例外を除き、常用漢字表に掲載された旧漢字は常用漢字に改めました。振り仮名は原則として原著のものを用いています。

今日の人権意識、自然保護意識に照らして考えた場合、不適切と思われる語句や表現がありますが、当時の時代背景とその価値に鑑み、そのまま掲載してあります。

完本 山靴の音

二〇一八年十二月一日　初版第一刷発行

著　者　芳野満彦
発行人　川崎深雪
発行所　株式会社　山と溪谷社
郵便番号　一〇一―〇〇五一
東京都千代田区神田神保町一丁目一〇五番地
http://www.yamakei.co.jp/

■乱丁・落丁のお問合せ先　山と溪谷社自動応答サービス
電話　〇三―六八三七―五〇一八
受付時間／十時～十二時、十三時～十七時三十分
（土日、祝日を除く）
■内容に関するお問合せ先　山と溪谷社
電話　〇三―六七四四―一九〇〇（代表）
■書店・取次様からのお問合せ先　山と溪谷社受注センター
電話　〇三―六七四四―一九一九
ファクス　〇三―六七四四―一九二七

カバーデザイン　天池　聖
フォーマット・デザイン　岡本一宣デザイン事務所
印刷・製本　株式会社暁印刷
定価はカバーに表示してあります
©2018 Yoshino Mitsuhiko All rights reserved.
Printed in Japan ISBN978-4-635-04858-3

ヤマケイ文庫ラインナップ

新編 単独行
新編 風雪のビヴァーク
ミニヤコンカ奇跡の生還
垂直の記憶
残された山靴
梅里雪山 十七人の友を探して
ナンガ・パルバート単独行
わが愛する山々
星と嵐 6つの北壁登行
空飛ぶ山岳救助隊
私の南アルプス
生還 山岳捜査官・釜谷亮二
【覆刻】山と溪谷
山と溪谷 田部重治選集
山なんて嫌いだった
タベイさん、頂上だよ
ドキュメント 生還
日本人の冒険と「創造的な登山」
処女峰アンナプルナ
新田次郎 山の歳時記
ソロ 単独登攀者・山野井泰史
トムラウシ山遭難はなぜ起きたのか
凍る体 低体温症の恐怖
狼は帰らず
マッターホルン北壁
単独行者《アラインゲンガー》 新・加藤文太郎伝 上／下
大人の男のこだわり野遊び術
空へ 悪夢のエヴェレスト
ビヨンド・リスク
黄色いテント
ドキュメント 気象遭難
ドキュメント 滑落遭難
ドキュメント 道迷い遭難
ドキュメント 雪崩遭難
ドキュメント 単独行遭難
ドキュメント 山の突然死
K2に憑かれた男たち
「槍・穂高」名峰誕生のミステリー
深田久弥選集 百名山紀行 上／下
溪語り・山語り
新編 底なし淵
新編 溪流物語
アウトドア・ものローグ
マタギ
野性伝説 羆風／飴色角と三本指
野性伝説 爪王／北へ帰る
大イワナの滝壺
第十四世マタギ
山人たちの賦
紀州犬 熊五郎物語